斯尔教育
SINCERE EDU

财务管理

会计专业技术中级资格考试辅导用书·冲刺飞越
（全2册·上册）

斯尔教育　组编

北京理工大学出版社
BEIJING INSTITUTE OF TECHNOLOGY PRESS

·北京·

图书在版编目（CIP）数据

冲刺飞越. 财务管理 : 全2册 / 斯尔教育组编.
北京 : 北京理工大学出版社, 2024. 6.
(会计专业技术中级资格考试辅导用书).
ISBN 978-7-5763-4248-2

Ⅰ .F23

中国国家版本馆CIP数据核字第2024E4G545号

责任编辑：申玉琴　　　　　文案编辑：申玉琴
责任校对：刘亚男　　　　　责任印制：边心超

出版发行 / 北京理工大学出版社有限责任公司

社　　　址 / 北京市丰台区四合庄路6号

邮　　　编 / 100070

电　　　话 /（010）68944451（大众售后服务热线）

　　　　　　（010）68912824（大众售后服务热线）

网　　　址 / http://www.bitpress.com.cn

版 印 次 / 2024年6月第1版第1次印刷

印　　　刷 / 天津鸿景印刷有限公司

开　　　本 / 787 mm×1092 mm　1/16

印　　　张 / 19

字　　　数 / 270千字

定　　　价 / 40.50元（全2册）

备考财务管理科目考试的同学们，当你拿到本书的时候，我希望你已经学习过基础阶段的课程或具备一定的财务管理知识。本书并不适合零基础小白学习。

本书精选了财务管理科目考试中的88个重难点，并非全覆盖，但也足以帮你拿到60分+的成绩。因此，考前吃透本书就足够了。需要说明的是，本书并非按照官方教材的章节顺序进行编写，而是将关联性较大的知识点形成"模块"进行编写，以帮助同学建立知识点之间的联系。

需要提醒各位的是，请同学们充分重视本书中的"通关绿卡"栏目，这是各位提分的锦囊，其中嵌入了大量的解题技巧，掌握后可以大大提高解题效率！

当然，财务管理科目考试不仅要求同学们扎实掌握知识点，更需通过实际计算来加深理解。为此，我们特别配套了专属习题册——飞越必刷题篇，希望同学们能认真完成，并对错题进行深入分析和巩固。另外，在备考的冲刺阶段，同学们还需要进行成套试卷的训练。后续我们也会推出"斯尔模考"，为大家提供机考模拟练习的机会，以便更好地适应考试环境。

最后，中级会计师考试是一门注重基础的考试，无论这几年的考情如何变化，基础内容仍是试卷主体。一方面，同学们要尽可能全面学习、不留死角；另一方面，大家一定要守住核心，牢固基础，不能在简单的知识上犯错。如果基础不扎实，不要光靠增加听课次数感动自己，而是要动手做题，勤总能补拙。考前冲刺，坚持为贵！

祝各位顺利通关，前程似锦！

本书将财务管理全书内容按照模块进行划分，其划分逻辑与88记篇保持一致，但额外补充了"集训主观题"模块，有针对性地训练同学们的计算能力。为了更好地利用本书，现对同学们提出如下几点要求：

第一，把控做题时间。

想要在考场上正常发挥，找到正确的做题节奏、提高做题速度是必经之路。财务管理科目考试时间合计135分钟，时间相对紧张，同学们一定不能在客观题上耽误太长时间，特别是多选题，因为纠结半天可能也没有多大效果。因此，在平时训练时，务必要计时训练，找到做题节奏。

第二，研读应试攻略。

本书为大家撰写了"应试攻略"栏目，设置的目的就是让同学们通过了解和使用解题技巧、做题套路，注意易混易错点等，来提高考场应变能力和做题速度。当然，最完整的解题技巧仍收录在88记篇中，同学们务必多阅读、多理解、多运用。

第三，做完题目，及时复盘总结。

只听课，不做题，等于没学习。只做题，不复盘，等于白做题。所以，及时总结错题、反思原因，至关重要。另外，本书所收录的题目均有一定难度，因此错误率高是正常现象，考前犯错是好事，同学们切勿慌张，查缺补漏才是王道。

希望同学们认真对待本书中的每一道题，充分训练，自信上场。

目 录

88 记篇

第一模块
总 论

第 1 记 企业及其组织形式 / 3

第 2 记 企业财务管理的内容 / 4

第 3 记 企业财务管理目标 / 5

第 4 记 财务管理的原则与环节 / 6

第 5 记 财务管理体制 / 7

第 6 记 财务管理环境——经济环境 / 8

第 7 记 财务管理环境——金融环境 / 10

第二模块
财务管理基础之货币时间价值

第 8 记 利率的概念 / 11

第 9 记 货币时间价值的计算公式 / 11

第 10 记 利率的计算 / 13

第三模块
财务管理基础之收益与风险

第 11 记 衡量资产收益与风险的主要指标 / 15

第 12 记 系统风险与 β 系数 / 16

第 13 记 相关系数 / 17

第 14 记 资本资产定价模型 / 18

第 15 记 风险管理的工具、原则与对策 / 18

第四模块
财务管理内容之筹资管理

第 16 记 筹资管理的基础理论之资本成本 / 21

第 17 记 筹资管理的理论基础之经营杠杆效应 / 25

第 18 记 筹资管理的理论基础之财务杠杆效应 / 26

第 19 记 筹资管理的理论基础之总杠杆效应 / 27

第 20 记 筹资管理的理论基础之资本结构 / 27

第 21 记 筹资的动机 / 31

第 22 记 筹资的方式 / 32

第 23 记 筹资方式之债务筹资 / 33

第 24 记 筹资方式之股权筹资 / 39

第 25 记 筹资方式之衍生工具筹资 / 43

第 26 记 筹资方式之创新方式 / 45

第 27 记 筹资数量预测之因素分析法 / 49

第 28 记 筹资数量预测之销售百分比法 / 49

第 29 记 筹资数量预测之资金习性预测法 / 51

第五模块

财务管理内容之投资管理

第 30 记 投资分类 / 53

第 31 记 项目现金流量 / 54

第 32 记 投资项目财务评价指标概览 / 57

第 33 记 投资项目财务评价指标评价 / 59

第 34 记 独立投资方案的决策 / 60

第 35 记 互斥投资方案的决策 / 60

第 36 记 固定资产更新决策 / 61

第 37 记 证券投资管理 / 62

第 38 记 基金投资 / 66

第 39 记 私募股权投资基金 / 68

第 40 记 期权合约 / 69

第六模块

财务管理内容之营运资金管理

第 41 记 营运资金管理策略——流动资产的投资策略 / 71

第 42 记 营运资金管理策略——流动资产的融资策略 / 72

第 43 记 现金管理 / 74

第 44 记 应收账款管理 / 79

第 45 记 存货管理 / 82

第七模块

财务管理内容之成本管理

第 46 记 成本管理的目标 / 87

第 47 记 成本管理的原则 / 87

第 48 记 成本管理的主要内容 / 88

第 49 记 成本性态 / 89

第 50 记 标准成本控制与分析 / 92

第 51 记 作业成本 / 95

第八模块

财务管理内容之收入与分配管理

第 52 记 收入管理——销售预测分析（量） / 99

第 53 记 收入管理——销售定价管理（价） / 100

第 54 记 价格运用策略 / 101

第 55 记 纳税筹划的原则与方法 / 102

第 56 记 纳税管理 / 103

第 57 记 股利分配理论 / 105

第 58 记 股利政策 / 106

第 59 记 利润分配制约因素 / 108

第 60 记 股利支付形式与程序 / 110

第 61 记 股票股利与股票分割 / 111

第 62 记 股票回购 / 112

第 63 记 股权激励 / 113

第九模块

财务报表分析

第 64 记 财务分析的方法 / 115

第 65 记 偿债能力分析 / 116

第 66 记 营运能力分析 / 117

第 67 记 盈利能力分析 / 118

第 68 记 发展能力分析 / 119

第 69 记 现金流量分析 / 119

第 70 记 上市公司特殊财务分析指标 / 121

第 71 记 管理层讨论与分析 / 122

第十模块

管理会计之预算管理

第 72 记 预算体系与预算管理原则 / 123

第 73 记 预算管理工作的组织及流程 / 125

第 74 记 预算的编制方法 / 125

第 75 记 预算的编制程序 / 127

第 76 记 各类预算编制 / 128

第 77 记 预算的执行、分析与考核 / 132

第十一模块

管理会计之本量利分析

第 78 记 本量利分析模型 / 135

第 79 记 单一产品盈亏平衡分析（保本分析） / 136

第 80 记 产品组合盈亏平衡分析 / 138

第 81 记 本量利分析在经营决策中的应用 / 139

第 82 记 利润敏感性分析 / 139

第十二模块

管理会计之责任会计

第 83 记 责任中心及其考核 / 141

第 84 记 内部转移价格的制定 / 143

第十三模块

管理会计之评价与考核

第 85 记 杜邦分析法 / 145

第 86 记 沃尔评分法 / 145

第 87 记 经济增加值法 / 146

第 88 记 综合绩效评价 / 147

必备清单 / 149

飞越必刷题篇

必刷客观题

第一模块　总　论 / 163

第二模块　财务管理基础之货币时间价值 / 166

第三模块　财务管理基础之收益与风险 / 169

第四模块　财务管理内容之筹资管理 / 172

第五模块　财务管理内容之投资管理 / 182

第六模块　财务管理内容之营运资金管理 / 187

第七模块　财务管理内容之成本管理 / 191

第八模块　财务管理内容之收入与分配管理 / 194

第九模块　财务报表分析 / 198

第十模块　管理会计之预算管理 / 202

第十一模块　管理会计之本量利分析 / 206

第十二模块　管理会计之责任会计 / 209

第十三模块　管理会计之评价与考核 / 211

必刷主观题

第十四模块　集训主观题 / 213

模块	记次	命题角度	页码
第一模块 总　论	第1记	企业组织形式的特点辨析	4
	第3记	关于"短期行为"和"风险"的总结	6
	第5记	集权与分权模式的选择	8
	第6记	通货膨胀对企业财务活动的具体影响	9
		与通货膨胀相关的知识点汇总	9
第二模块 财务管理基础之 货币时间价值	第9记	货币时间价值的计算	
			12
第三模块 财务管理基础之 收益与风险	第11记	各类资产收益与风险衡量指标的辨析、计算	16
	第13记	对于相关系数的理解	17
	第15记	风险管理对策的辨析	20
第四模块 财务管理内容之 筹资管理	第16记	各类因素对资本成本的影响方向判断	22
	第20记	各类因素对资本结构的影响	29
	第21记	筹资动机的辨析及其对资产结构或资本结构 的影响	32
	第22记	各种筹资方式的具体分类	33
	第23记	放弃现金折扣成本决策中的利息计算	37
		债务筹资方式的对比	39
	第24记	股权筹资方式的对比	42
		债务与股权筹资方式的对比	42
	第26记	PPN、中期票据与短期融资券的辨析	47
第五模块 财务管理内容之 投资管理	第30记	投资分类的辨析	54
	第31记	项目现金流量计算的若干提示	56
	第32记	投资项目评价指标之间的关系	58
	第35记	项目决策指标优选问题	60
	第37记	证券投资的估值与决策	65
	第40记	期权合约中交易双方的到期日价值和净损益	70

续表

模块	记次	命题角度	页码
第六模块 财务管理内容之 营运资金管理	第42记	融资策略类型的判断	74
	第43记	不同现金持有量模型的相关成本	77
第八模块 财务管理内容之 收入与分配管理	第52记	关于趋势预测分析法的计算	100
	第57记	判断不同股利理论下的股利支付率的高低	105
	第58记	股利政策的特点判断以及适用条件	107
	第59记	利润分配制约因素的分类以及对于股利政策 选用的影响	109
	第61记	股票股利对所有者权益科目的影响金额	111
	第62记	股票股利、股票分割、股票回购的关系	113
	第64记	各类比率的举例辨析	115
		因素分析法中基准值与实际值的确定	115
	第69记	现金流量分析指标的计算	120
	第75记	不同预算组织的职责辨析	127
	第76记	资金预算的编制	129
		经营预算与财务预算的关系	131
	第83记	各类责任中心的特点、考核范围与考核指标 的对比	142

命题角度	记忆口诀	页码
个人独资企业和公司制企业的优缺点	（1）个人独资企业的缺点："无限责任+有限生命+两难"。 （2）公司制企业的优点："有限责任+无限生命+两易"	4
货币市场和资本市场的特点	货币市场：短（期限短、短期资金）、快（流动性强）。 资本市场：长（期限长、长期需要）、大（资金量大）	10
项目资本成本的计算	可比公司权益起，一加税后D比E。先剔除，后加载，最后代入模型里	24
各类杠杆系数的计算公式	（1）定义式：$EBIT$比上Q，经营杠杆秀一秀。EPS挂上头，财务杠杆起作用。 （2）推导式：变（边际贡献）/犀（息税前利润）/利（税前利润或利润总额）	26
双重股权结构的优缺点	（1）优点：免纷争，防收购，促发展； （2）缺点：易独裁，损利益，引逆道	31
销售百分比法中融资总需求的计算公式	公式1：△收入×比差（推荐做法）。 即：融资总需求=销售额增加×（经营资产销售百分比-经营负债销售百分比）。 公式2：收入%×基差。 即：融资总需求=预计销售额增长率×（基期经营资产-基期经营负债）	50
随机模型回归线的计算公式	三转（转换成本）方差除四机（机会成本），三次根号加最低	76
不同现金持有量模型的相关成本	（1）成本模型："鸡冠短"。 （2）存货模型和随机模型："鸡脚"	77
应收账款占用资金的应计利息的计算公式	"日期变笨"	81
现金管理和存货管理的相关公式	最佳现金持有量：总（现金需求总量）焦（交易成本）虑（机会成本率）。 经济订货批量：总（存货需求总量）订（订货成本）褚（储存成本）橙吃	85
可控成本需满足的三个条件	"看得见、摸得着、捏得动"	142

88 记篇

第一模块

总 论

- 本模块主要介绍财务管理的基础理论，难度不高。其中，重点关注的内容包括：
  - （1）财务管理目标以及利益冲突问题。
  - （2）财务管理的原则。
  - （3）财务管理体制。
  - （4）财务管理环境之经济环境。

竹杖芒鞋轻胜马，谁怕？一蓑烟雨任平生。

——苏轼《定风波》

第 1 记 2分

企业及其组织形式

飞越必刷题：1、9、10

组织形式		具体表现	优点	缺点
非法人	个人独资企业	个体户、私营企业	（1）创立容易。 （2）经营管理灵活自由。 （3）不需要缴纳企业所得税	（1）业主承担无限责任。 （2）难以从外部融资。 （3）所有权转移困难。 （4）企业生命有限，随着业主的死亡而自动消亡
	合伙企业	普通合伙企业 有限合伙企业	（1）合伙企业的生产经营所得和其他所得，由合伙人分别缴纳所得税。 （2）普通合伙人：对企业债务承担无限连带责任。 （3）有限合伙人：以其认缴的出资额为限对企业债务承担责任	
法人	公司制企业	有限责任公司 股份有限公司	（1）容易转让所有权。 （2）有限债务责任。 （3）无限存续。 （4）融资渠道较多	（1）组建公司的成本高。 （2）存在代理问题。 （3）双重课税（个人+企业）

提示：有限责任公司和股份有限公司的区别。

对比项目	有限责任公司	股份有限公司
设立时的股东人数	1～50名股东	1～200名发起人
股权表现形式	权益总额不等额划分； 股权以投资人认缴的出资额表示	权益总额等额划分； 股权以持有多少股份表示
股权转让限制	对内-完全自由；对外-通知业务	相对自由（存在限制情形）

◀ ◀ ◀ **通关绿卡**

命题角度：企业组织形式的特点辨析。

客观题的高频考点，且有一定的辨析难度，请同学们参考如下的总结进行掌握：

组织形式		责任问题	纳税问题
非法人	个人独资企业	无限责任	个人所得税
	合伙企业	普通合伙人：无限连带责任； 有限合伙人：有限责任。 提示：合伙企业的责任尺度要分"人"，区分"普通"还是"有限"	个人所得税或企业所得税。 提示：合伙企业的纳税类型也要分"人"，区分"自然人"还是"法人"
法人	公司制企业	有限责任	个人所得税（股东）+企业所得税

◀ ◀ ◀ **记忆口诀**

命题角度：个人独资企业和公司制企业的优缺点。

(1) 个人独资企业的缺点："无限责任+有限生命+两难"。

(2) 公司制企业的优点："有限责任+无限生命+两易"。

第 2 记 **1分** **企业财务管理的内容**

内容	联系
筹资管理	筹资是基础，筹资数量制约着公司投资的规模，并且企业所筹措的资金只有有效地投放出去，才能实现筹资的目的
投资管理	投资反过来又决定了企业需要筹资的规模和时间
营运资金管理	投资和筹资的成果都需要依赖资金的营运才能实现，投资和筹资在一定程度上决定了公司日常经营活动的特点和方式

续表

内容	联系
成本管理	成本管理贯穿于投资、筹资和营运活动的全过程，渗透在财务管理的每个环节之中
收入与分配管理	收入与分配影响着筹资、投资、营运资金和成本管理的各个方面

第3记 | 2分 | 企业财务管理目标

飞越必刷题：2、5

对比维度	目标			
	利润最大化	股东财富最大化	企业价值最大化	相关者利益最大化
时间价值	×	√	√	√
风险问题	×	√	√	√
长短期行为	短期	长期	长期	长期
其他	（1）未考虑利润与投入资本的关系。（2）另一种表现方式是每股收益最大化—将利润和股东投入结合起来	（1）更多强调股东利益，对其他相关者利益重视不够。（2）股票价格受众多因素影响	（1）价值替代了价格，避免了过多外界市场因素的干扰。（2）过于理论化，不易操作	（1）强调股东的首要地位。（2）利益冲突与协调：①大股东与小股东：a.完善治理结构（中小股东的投票权和知情权、独立董事比例、监事会）。b.规范信息披露制度。②股东与经营者：胡萝卜（激励）+大棒（解聘、接收）。③股东与债权人：限制性借债+收回借款或停止借款
关系	（1）各种财务管理目标，都以股东财富最大化为基础。（2）以股东财富最大化为核心和基础，还应考虑利益相关者的利益——股东权益是剩余权益，其他利益相关者的要求先于股东被满足，且必须是有限度的。（3）在强调公司承担应尽的社会责任的前提下，应当允许企业以股东财富最大化为目标			

命题角度：关于"短期行为"和"风险"的总结。

从财务管理目标这一知识点出发，总结与"短期行为""风险"相关的知识点，以帮助同学们建立知识之间的联系。

（1）关于是否会导致短期行为：

由于利润最大化的财务管理目标采用了按年计算的"利润"指标，因此会导致经营者的短期行为。类似地，如果某个指标也采用"利润"类指标进行计算，也会导致"短期"类的问题，例如：

①对投资中心（责任成本）的评价指标中，投资收益率和剩余收益均采用了息税前利润这一指标，容易引起短期行为（详见第83记）。

②计算经济增加值使用了税后净营业利润，仅衡量当期或未来1~3年的价值创造情况，无法衡量企业长远发展战略的价值创造（详见第87记）。

（2）关于是否考虑风险问题：

①货币时间价值（纯粹利率）：没有风险、没有通货膨胀（详见第8记）。

②资本资产定价模型（CAPM）：仅考虑系统风险（详见第14记）。

③净现值、年金净流量、现值指数、动态回收期：均考虑了风险（详见第33记）。

④内含收益率：不易直接考虑风险（详见第33记）。

第4记 [1分] 财务管理的原则与环节

飞越必刷题：11

（一）财务管理原则

（1）系统性原则（5项子系统构成，是首要出发点）。

（2）风险权衡原则。

（3）现金收支平衡原则。

（4）成本收益权衡原则。

（5）利益关系协调原则。

（二）财务管理环节

（1）财务预测。

（2）财务决策：

财务决策是财务管理的核心，方法主要有两类：经验判断法（如淘汰法、排队法、归类法）、定量分析法（如优选对比法、数学微分法、线性规划法、概率决策法）。

（3）财务计划：包括平衡法、因素法、比例法和定额法等。

（4）**财务预算**：财务计划的分解和落实、财务计划的具体化。

（5）**财务控制**：包括前馈控制、过程控制、反馈控制；措施包括预算控制、运营分析控制和绩效考评控制等。

（6）**财务分析**：包括比较分析法、比率分析法和因素分析法等。

（7）**财务考核**：财务考核与奖惩紧密联系，是构建激励与约束机制的关键环节。

提示：成本管理的内容与上述财务管理环节类似，包括7大部分：成本预测、成本决策、成本计划、成本控制、成本核算（特有）、成本分析、成本考核（详见第48记）。

第 5 记 ｜ 2分 ｜ 财务管理体制

飞越必刷题：12

（一）各种财务管理体制的特点及实践

类型	优点	缺点	实践
集权型	（1）降低资金成本和风险损失，使决策统一化、制度化。 （2）有利于在整个企业内部优化配置资源、实行内部调拨价格。 （3）有利于内部采取避税措施及防范汇率风险等	（1）使各所属单位或组织机构缺乏主动性、积极性，丧失活力。 （2）失去适应市场的弹性，丧失市场机会	（1）制度制定权。 （2）筹资、融资权。 （3）投资权。 （4）用资、担保权。 （5）固定资产购置权。 （6）财务机构设置权。 （7）收益分配权
分权型	（1）及时作出有效决策，因地制宜。 （2）分散经营风险。 （3）促进所属单位管理人员和财务人员的成长	（1）各所属单位缺乏全局观念和整体意识。 （2）可能导致资金管理分散、资金成本增大、费用失控、利润分配无序	（1）经营自主权。 （2）人员管理权。 （3）业务定价权。 （4）费用开支审批权

提示：财务管理体制应当与企业组织体制（U型、H型、M型）相适应，企业组织体制按照集权程度从大到小的排序为U型、M型、H型。

（二）影响企业财务管理体制集权与分权选择的因素

影响因素	要点
企业生命周期	初创：集权
企业战略	业务联系密切（如实施纵向一体化战略）：集权

续表

影响因素	要点
企业所处市场环境	环境复杂：分权； 环境稳定：集权
企业管理层素质	管理层素质高，能力强：集权
信息网络系统	完善的信息网络系统：集权
企业规模	规模小，集权；规模大，根据需要重新设置规划

通关绿卡

命题角度：集权与分权模式的选择。

客观题考点，需要同学们结合题目进行分析，但只要摸清背后原理，即可轻松掌握。通常而言，财务部门掌握着企业"财权"，因此在绝大多数情况下，企业应当选择集权的财务管理体制，除非出现"内忧外患"的情况：

第一，内忧：管理层素质低、信息网络系统差；

第二，外患：环境复杂。

另外，有一个特殊结论需要同学们单独记忆，即企业规模大，不一定意味着采用集权或分权模式，需要重新设置规划。

第6记 **财务管理环境——经济环境** 1分

飞越必刷题：3、6

（一）不同经济周期下的财务管理战略

内容	复苏	繁荣	衰退	萧条
厂房设备	增加厂房设备，实行长期租赁	扩充厂房设备	停止扩张，出售多余设备	建立投资标准（如固定资产投资标准）
人力资源	增加劳动力		停止扩招雇员	裁减雇员
存货储备	建立存货储备	继续建立存货	削减存货，停止长期采购	削减存货
产品策略	开发新产品	提高产品价格	停产不利产品	—

续表

内容	复苏	繁荣	衰退	萧条
市场策略	—	开展营销规划	—	保持市场份额
管理策略	—	—	—	放弃次要利益，压缩管理费用

（二）通货膨胀对企业财务活动的影响

1.通货膨胀对企业财务活动的具体影响

（1）从投资和日常营运角度：资金占用增加，引起资金需求增加（买东西更贵）。

（2）从筹资角度：

①利率上升，加大企业筹资成本（融资贵）。

②证券价格下跌，增加企业筹资难度（融资少）。

③资金供应紧张，加大企业筹资难度（融资难）。

（3）从利润分配角度：利润虚增，资金因利润分配而流失（赚得多，分得多）。

2.应对措施

初期：锁定成本或价格	持续期：多收钱，少花钱
（1）进行投资可避免风险，实现资本保值（此时不投，更待何时）。 （2）签订长期购货（不是销货）合同，减少物价上涨造成的损失（提前将价格锁定在低水平）。 （3）取得长期负债，保持资本成本的稳定（避免利率上升）	（1）采用比较严格的信用条件，减少企业债权（多收钱）。 （2）调整财务政策（如降低股利分配率），防止和减少企业资本流失等（少花钱）

◀ ◀ ◀ **通关绿卡**

命题角度1：通货膨胀对企业财务活动的具体影响。

客观题考点，可以结合以下两个简单的思路掌握：

第一，绝对数角度，钱不值钱→花的多（买东西更贵）、分的多（利润虚增，分配更多）。

第二，相对数角度，利率上升→筹资成本上升，证券价格下跌。

命题角度2：与通货膨胀相关的知识点汇总。

（1）利率构成：

利率=纯粹利率+通货膨胀溢价+各类风险溢价

其中：纯粹利率+通货膨胀溢价=无风险利率。

（2）名义利率与实际利率的关系：

实际利率=（1+名义利率）/（1+通货膨胀率）-1

（3）影响资本成本的因素：

通货膨胀水平高，资本成本高；通货膨胀水平低，资本成本低。

（4）证券资产的风险：

购买力风险，对有收款权的资产影响更大。

第7记 ｜ 财务管理环境——金融环境 `2分`

飞越必刷题：4、7、8、13

（一）金融工具的特征

流动性、风险性、收益性（没有稳定性）。

（二）货币市场与资本市场的比较

对比维度	货币市场	资本市场
特征	（1）融资期限短。 （2）交易目的是解决短期资金周转。 （3）金融工具有较强的"货币性"，具有流动性强、价格平稳、风险较小（短期利率波动小）等特征	（1）融资期限长。 （2）融资目的是解决长期投资性资本的需要。 （3）资本借贷量大。 （4）收益较高但风险也较大（利率波动大）
典型举例	（1）拆借市场。 （2）票据市场。 （3）大额定期存单市场。 （4）短期债券市场。 提示：历年真题中还提及了银行承兑汇票	（1）债券市场。 （2）股票市场。 （3）期货市场（商品、金融）。 （4）融资租赁市场。 提示：历年真题还提及了优先股、可转换债券、银行长期贷款

记忆口诀

命题角度：货币市场和资本市场的特点。

货币市场：短（期限短、短期资金）、快（流动性强）。

资本市场：长（期限长、长期需要）、大（资金量大）。

第二模块

财务管理基础之货币时间价值

● 本模块主要介绍货币时间价值的相关理论与计算问题，对于冲刺阶段而言，这部分内容难度较低，这是前期复习中必须扎实掌握的内容。其中，重点关注的内容包括：

(1) 普通年金与预付年金的关系。

(2) 递延年金的计算。

(3) 名义利率与实际利率的关系。

会当凌绝顶，一览众山小。 ——杜甫《望岳》

第8记 [1分] 利率的概念

利率=纯粹利率+通货膨胀溢价+违约风险溢价+流动性风险溢价+期限风险溢价

其中：

纯粹利率是指没有风险和没有通货膨胀情况下，货币经历一定时间的投资和再投资所增加的价值（货币时间价值）。

纯粹利率+通货膨胀溢价=无风险利率，该利率通常为短期国债利率；如果没有通货膨胀，则短期国债利率=纯粹利率。

第9记 [4分] 货币时间价值的计算公式

飞越必刷题：14、15、16、17、18、21、22、23

货币时间价值计算公式

项目		终值	现值
一次性收付款项		$F=P \times (1+i)^n$ 复利终值系数：$(F/P, i, n)$	$P=F \times (1+i)^{-n}$ 复利现值系数：$(P/F, i, n)$
分期收付款项	普通年金	$F=A \times \dfrac{(1+i)^n-1}{i}$ 年金终值系数：$(F/A, i, n)$ 提示：偿债基金系数与年金终值系数互为倒数	$P=A \times \dfrac{1-(1+i)^{-n}}{i}$ 年金现值系数：$(P/A, i, n)$ 提示：资本回收系数与年金现值系数互为倒数

续表

项目		终值	现值
分期收付款项	预付年金	$F=A \times (F/A，i，n) \times (1+i)$ $=A \times [(F/A，i，n+1)-1]$ 表示：在普通年金终值系数基础上期数加1，系数减1	$P=A \times (P/A，i，n) \times (1+i)$ $=A \times [(P/A，i，n-1)+1]$ 表示：在普通年金现值系数基础上期数减1，系数加1
	递延年金	$F=A \times (F/A，i，n)$	两次折现法、年金做差法
	永续年金	$F=\infty$	$P=A \times \dfrac{1}{i}$

通关绿卡

命题角度：货币时间价值的计算。

客观题、主观题考点，复习时需关注以下三点内容：

（1）n的含义：

①在复利终值系数（$F/P，i，n$）和复利现值系数（$P/F，i，n$）中，n代表计息期数。

②在年金终值系数（$F/A，i，n$）和年金现值系数（$P/A，i，n$）中，n代表年金A的个数。

（2）普通年金与预付年金的辨析：

①在期数相同的情况下，普通年金与预付年金的年金个数相同，而二者的区别仅在于收付款时间的不同：

普通年金：收付款发生于各期期末（1时点至n时点），在0时点没有发生额。

预付年金：收付款发生于各期期初（0时点至$n-1$时点），在n时点没有发生额。

②在期数相同的情况下，预付年金的每一笔收付款时间相较于普通年金均早一期发生，因此预付年金的总价值（无论终值还是现值）均高于普通年金，一律在计算普通年金终值或现值的基础上再"×（1+i）"。

（3）三组互为倒数：

①复利终值系数$(1+i)^n$和复利现值系数$1/(1+i)^n$互为倒数。

②偿债基金系数与年金终值系数互为倒数。

③资本回收系数与年金现值系数互为倒数。

利率的计算

第10记 2分

飞越必刷题：19、20、21

（一）复利计息方式下利率的计算

（1）已知现值或终值系数：查表法、内插法（左右对应、上下随意）。

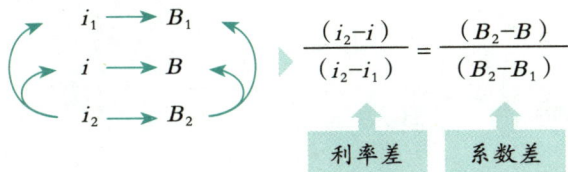

$$i_1 \longrightarrow B_1$$
$$i \longrightarrow B$$
$$i_2 \longrightarrow B_2$$

▶ $$\frac{(i_2-i)}{(i_2-i_1)} = \frac{(B_2-B)}{(B_2-B_1)}$$

利率差　　　系数差

（2）未知现值或终值系数：逐次测试法（要注意现值系数与利率反向变动、终值系数与利率正向变动）。

（二）名义利率与实际利率

1.一年多次计息时的名义利率与实际利率

$i=（1+r/m）^m-1$

其中，i为实际利率，r为名义利率，r/m为计息期利率，m为每年复利计息的次数。

结论：在一年多次计息时，实际利率高于名义利率，并且在名义利率相同的情况下，一年计息次数越多，实际利率越大。

2.通货膨胀情况下的名义利率与实际利率

实际利率=（1+名义利率）/（1+通货膨胀率）-1

结论：如果通货膨胀率<名义利率，则实际利率>0；如果通货膨胀率>名义利率，则实际利率<0。

第三模块

财务管理基础之收益与风险

本模块主要介绍收益与风险的相关理论与计算问题。其中，重点关注的内容包括：

(1) 资产收益与风险的衡量指标。

(2) 资本资产定价模型的计算。

(3) 风险管理原则和对策。

千磨万击还坚劲，任尔东西南北风。 ——郑燮《竹石》

第11记 2分 **衡量资产收益与风险的主要指标**

527 3-1

飞越必刷题：24、221

资产收益与风险主要指标

维度		相关指标	说明
单项资产	收益	预期（期望）收益率、实际收益率、必要收益率	(1) 预期收益率 $R=\sum\limits_{i=1}^{n}(P_i \times R_i)$，反映平均收益，不能衡量风险。 (2) 必要收益率是投资者对某资产合理要求的最低收益率。 (3) 评价投资项目是否具有财务可行性，比较的是预期收益率和必要收益率
	风险	整体风险：方差、标准差、标准差率。 系统风险：β 系数（详见第12记）	(1) 期望值相同时，σ^2 和 σ 越大，风险越大。 (2) 期望值不同时，用标准差率衡量。 (3) β 是市场组合系统风险的倍数
投资组合	收益	期望收益率	资产组合收益等于单项资产收益的加权平均。 提示：权数是价值比重
	风险	整体风险：方差、标准差。 系统风险：β 系数	(1) 组合风险不等于单项资产风险的加权平均，两项资产组合的收益率方差满足以下关系式： $\sigma_P^2=W_A^2\sigma_A^2+W_B^2\sigma_B^2+2W_AW_B\rho_{A,B}\sigma_A\sigma_B$ (2) 组合 β 系数等于所有单项资产 β 系数的加权平均数： $\beta_p=\sum\limits_{i=1}^{n}(w_i \times \beta_i)$

命题角度：各类资产收益与风险衡量指标的辨析、计算。

客观题、主观题考点，复习时需关注以下三点内容：

（1）什么能加权？什么不能加权？

① 三个能：

a.单项资产的预期收益率（期望收益率）。

b.资产组合的期望收益率。

c.资产组合的 β 系数。

② 一个不能：资产组合的风险（方差、标准差）。

（2）加权的权重是什么？

均为价值比重，即购买不同证券所花费的"真金白银"的占比，而非购买的各项证券的个数占比。

（3）基本公式：

方差：$\sigma^2 = \sum\limits_{i=1}^{n} (X_i - \overline{E})^2 \times P_i$

标准差：$\sigma = \sqrt{\sigma^2} = \sqrt{\sum\limits_{i=1}^{n} (X_i - \overline{E})^2 \times P_i}$

标准差率：$V = \dfrac{\sigma}{\overline{E}}$

第**12**记 [2分]
系统风险与 β 系数

飞越必刷题：25、26、27、33、34

（一）系统风险与非系统风险

1.系统风险

（1）含义：系统风险也称不可分散风险、市场风险，是指影响所有资产、不能通过资产组合而消除的风险。

（2）典型举例：政策风险、利率风险、购买力风险（通货膨胀风险）、市场风险等。

提示：证券资产投资的系统风险包括价格风险（怕利率上升）、再投资风险（怕利率下降）和购买力风险（受通货膨胀影响，对有收款权的资产影响更大）。

2.非系统风险

（1）含义：非系统风险也称可分散风险、特有风险、特殊风险，是指发生于个别公司的特有事件造成的风险。

（2）典型举例：经营风险、财务风险、信用风险、道德风险等。

提示：证券资产投资的非系统风险包括违约风险、变现风险、破产风险。

（二）系统风险与 β 系数

某资产的 β 系数表达的含义是该资产的系统风险相当于市场组合系统风险的倍数。换句话说，用 β 系数对系统风险进行量化时，以市场组合的系统风险为基准，认为市场组合的 β 系数等于1。

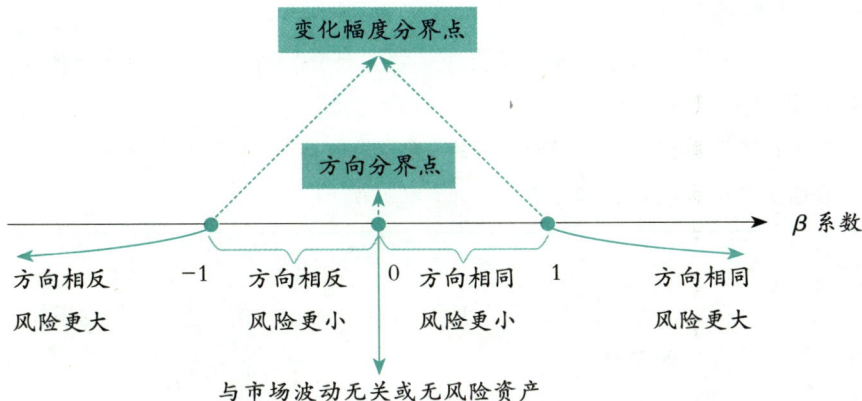

相关系数

第**13**记 [1分]

飞越必刷题：28、29、33、35

相关系数取值	相关性	说明
相关系数=+1	完全正相关	两项资产收益率变化方向和变化幅度完全相同，两项资产的风险完全不能互相抵消
0<相关系数<1	正相关	两项资产收益率变动方向一致
相关系数=0	零相关	两项资产收益率变化缺乏相关性
−1<相关系数<0	负相关	两项资产收益率变动方向相反
相关系数=−1	完全负相关	两项资产收益率变化方向和变化幅度完全相反，两者之间的风险可以充分地（最大程度地）抵消

通关绿卡

命题角度：对于相关系数的理解。

客观题考点，需要同学们准确掌握相关系数的含义。判断难点在于，两项资产有无相关性以及能否分散风险不具有直接关系，甚至这两者之间有点"拧着来"，比如：

情形一：两项资产的相关系数为0，意味着不相关，但仍可以分散风险；

情形二：两项资产的相关系数为1，意味着完全正相关，却不能分散任何风险；

情形三：两项资产的相关系数为−1，意味着完全负相关，能最大程度抵消风险，但仍无法分散全部风险。

第14记 [2分] 资本资产定价模型

飞越必刷题：30、221

（一）基本原理

（1）"资本资产"主要指的是股票资产，而"定价"则试图解释资本市场如何决定股票收益率，进而决定股票价格。

（2）资本资产定价模型是"必要收益率=无风险收益率+风险收益率"的具体化。

（3）表达式：$R=R_f+\beta \times (R_m-R_f)$。

参数	常见表述
R_m	市场平均收益率、市场组合平均收益率、市场组合要求收益率、股票市场平均收益率。 规律：没有"风险"二字
R_m-R_f	市场风险溢价、市场组合的风险收益率、平均风险收益率、平均风险补偿率。 规律：市场或平均+风险收益率/补偿率/溢价，衡量的是股票市场收益率超过无风险收益率的部分
$\beta \times (R_m-R_f)$	股票的风险溢价、股票的风险收益率、股票的风险补偿率。 规律：股票+风险收益率/补偿率/溢价，衡量的是特定股票或投资组合的风险收益率

（二）重要结论

（1）该模型反映了（必要）收益与（系统）风险之间的函数关系。

（2）该模型计算风险收益率时只考虑了系统风险，没有考虑非系统风险，这是因为非系统风险可以通过资产组合消除。

第15记 [1分] 风险管理的工具、原则与对策

飞越必刷题：31、32、36

（一）风险矩阵

风险矩阵，是指按照风险发生的可能性和风险发生后果的严重程度，将风险绘制在矩阵图中，展示风险及其重要性等级的风险管理工具。

（二）风险管理原则

原则	要点
战略性原则	站在战略层面整合和管理企业层面风险是全面风险管理的价值所在
全员性原则	由企业治理层、管理层和所有员工参与
专业性原则	专业人才实施专业化管理
二重性原则	损失最小化管理、不确定性管理和绩效最优化管理
系统性原则	必须拥有一套系统的、规范的方法，建立健全全面风险管理体系

（三）风险管理对策

对策	含义	举例
风险规避	回避、停止或退出蕴含某一风险的商业活动或商业环境，避免成为风险的所有人	退出某一市场以避免激烈竞争；拒绝与信用不好的交易对手进行交易；禁止各业务单位在金融市场上进行投机
风险承担	企业对所面临的风险采取接受的态度，从而承担风险带来的后果	不涉及
风险转移	通过合同将风险转移到第三方，企业对转移后的风险不再拥有所有权。 提示：转移风险不会降低其可能的严重程度，只是从一方移除后转移到另一方	购买保险；采取合营方式实现风险共担
风险转换	通过战略调整等手段将企业面临的风险转换成另一个风险，其简单形式就是在减少某一风险的同时增加另一风险	通过放松交易客户信用标准增加了应收账款，但扩大了销售
风险对冲	引入多个风险因素或承担多个风险，使得这些风险能互相冲抵。 提示：风险对冲不是针对单一风险，而是涉及风险组合	资产组合使用、多种外币结算的使用和战略上的多种经营
风险补偿	对风险可能造成的损失采取适当的措施进行补偿，形式包括财务补偿、人力补偿、物资补偿	企业自身的风险准备金或应急资本等
风险控制	控制风险事件发生的动因、环境、条件等，来达到减轻风险事件发生时的损失或降低风险事件发生概率的目的。 提示：风险控制对象一般是可控风险	控制风险事件发生的概率，如室内使用不易燃地毯、山上禁止吸烟等；控制风险事件发生后的损失，如修建水坝防洪、设立质量检查防止次品出厂等

命题角度：风险管理对策的辨析。

客观题高频考点，整体难度不大，其中较难区分的是风险规避、风险转换和风险对冲这三者之间的关系。总结如下：

类型	手段	风险承担情况	举例
风险规避	回避、停止、退出	该风险消失	对于卖冰淇淋的店铺，天气变冷是一种风险（因为冬天会滞销）。若转型卖面包，则规避了该风险
风险转换	战略调整或使用衍生品	风险1转换为风险2，总风险基本不变	卖冰淇淋的店铺转行卖羽绒服，过去担心冬天，现在担心夏天，但总体风险没什么变化
风险对冲	引入多因素	风险1和风险2互相抵消，总风险降低	卖冰淇淋的店铺也开始卖羽绒服，冬天的风险和夏天的风险正好抵消

提示：上述三种风险管理策略中，风险规避和风险对冲均降低了风险，但是风险转换却未降低风险，因此风险转换不应成为企业惯用的风险策略类型。

财务管理内容之筹资管理

● 本模块主要介绍筹资管理的相关理论与计算问题，属于重点内容，分数占比高，几乎所有内容均为重点，需要同学们全面掌握。

天生我材必有用，千金散尽还复来。——李白《将进酒》

第16记 [4分] 筹资管理的基础理论之资本成本

飞越必刷题：37、38、39、40、41、55、64、65、66、83、222、223、224、237

（一）资本成本的含义

类别	含义	举例
筹资费用	在资本筹措过程中为获取资本而付出的代价，视为筹资数额的一项扣除	借款手续费、发行证券的发行费
占用费用（或用资费用，后同）	资本使用过程中因占用资本而付出的代价，是资本成本的主要内容	向债权人支付的利息、向股东支付的股利

（二）影响资本成本的因素

影响因素	说明
总体经济环境	国民经济健康、稳定、持续增长，社会经济的资金供给和需求相对均衡且通货膨胀水平低，资金所有者投资的风险小，要求的必要收益率低，筹资的资本成本率相应就比较低
资本市场条件	资本市场缺乏效率，证券的市场流动性低，投资者投资风险大，要求的必要收益率高，那么通过资本市场融通的资本，其成本水平就比较高
经营状况和融资状况	企业经营风险高，财务风险大，则企业总体风险水平高，投资者要求的必要收益率高，企业筹资的资本成本相应就大
筹资规模和时限	资金规模大、占用时限长，资本成本就高。但仅是呈正向关系并非线性关系

命题角度：各类因素对资本成本的影响方向判断。

客观题考点，同学们只要把握两个原则即可快速判断某个因素对于资本成本的影响是增加还是减少：

第一，只要发生"坏事"，资本成本就会升高，例如经济环境变差、资本市场缺乏效率、风险高等；

第二，借钱的数量多、时间长，资本成本就会升高。

（三）资本成本的计算

1.各类资本成本（或实际利率）的计算（付出/得到）

筹资方式	计算公式	考点提示
银行借款（长期）或发行债券	$K=\dfrac{\text{年利息}\times（1-\text{所得税税率}）}{\text{筹资总额}\times（1-\text{筹资费用率}）}$	分子扣税，分母扣费
短期借款	（1）收款法：$K=$利息/本金（即名义利率）。 （2）贴现法：$K=$利息/（名义本金-年利息）。 （3）加息法（等额分期偿还本息）：$K=$利息/（名义本金/2）	短期借款成本的高低主要取决于贷款利率的高低（影响利息，包括优惠利率、浮动优惠利率、非优惠利率）和利息的支付方式（影响本金，包括收款法、贴现法、加息法）
优先股	$K=\dfrac{\text{年固定股息}}{\text{发行价格}\times（1-\text{筹资费用率}）}$	分子不扣税
普通股	（1）股利增长模型： $K_s=\dfrac{D_1}{P_0\times（1-f）}+g$ （2）资本资产定价模型： $K_s=R_f+\beta（R_m-R_f）$	若站在投资者的角度，其股票收益率的计算公式为： $R=\dfrac{D_1}{P_0}+g$ 即对于投资者而言，没有筹资费用
留存收益	（1）股利增长模型： $K_s=\dfrac{D_1}{P_0}+g$ （2）资本资产定价模型： $K_s=R_f+\beta（R_m-R_f）$	不考虑筹资费用

提示：D_0和D_1的区别。

这两者的本质区别是：与"D_0"对应的股利发放时点与资本成本的计算时点相同，均为当前时点，通常属于已经支付的股利；而与"D_1"对应的股利发放时点比资本成本晚一期，通常属于尚未支付的股利。常见说法如下：

D_0	D_1
（1）上年的股利。 （2）刚刚发放的股利。 （3）最近刚发放的股利。 （4）本年即将发放的股利	（1）预计的本年股利。 （2）第一年的股利。 （3）一年后的股利

2.平均资本成本

（1）计算公式：$K_w = \sum\limits_{j=1}^{n} K_j W_j$。

（2）权数的确定：

权数	含义	优缺点
账面价值权数（过去）	以会计报表账面价值为基础来计算资本权数	（1）优点：资料容易取得，计算结果比较稳定。 （2）缺点：不能反映目前从资本市场上筹集资本的现时机会成本，不适合评价现时的资本结构
市场价值权数（现在）	以现行市价为基础来计算资本权数	（1）优点：能够反映现时的资本成本水平，有利于进行资本结构决策。 （2）缺点：现行市价处于经常变动之中，不容易取得；现行市价反映的只是现时的资本结构，不适用未来的筹资决策
目标价值权数（未来）	以预计的未来价值［未来的市场价值（选用市场价值的历史平均值，如30日、60日均价）或未来的账面价值］为基础来确定资本权数	（1）优点：适用于未来的筹资决策。 （2）缺点：目标价值的确定难免具有主观性

3.边际资本成本

边际资本成本是企业追加筹资的成本，是企业进行追加筹资的决策依据。筹资方案组合时，边际资本成本的权数采用目标价值权数。

提示：关于资本成本是税前还是税后的问题。

（1）债务资本成本。如果题目直接给出"资本成本"或"个别资本成本"这一说法，则视为是税后的；如果给出"利率"，则需要扣税。同理，如果题目求解的是"资本成本"或"个别资本成本"，则需要扣税；如果题目求解的是"利率"或"实际利率"等，则不需要扣税。

（2）权益资本成本。运用股利增长模型和资本资产定价模型所计算的资本成本均视为税后的。

（3）平均资本成本。由上可知，在计算平均资本成本时，为了保持口径统一，无论是债务资本成本还是权益资本成本，均需要按"税后"口径进行计算。

4.项目资本成本

（1）使用企业当前综合资本成本作为投资项目的资本成本：

使用企业当前的资本成本作为项目的资本成本，应同时满足以下两个条件：

①等风险假设（经营风险相同）：项目风险与企业当前资产的平均经营风险相同。

②等资本结构假设（财务风险相同）：公司继续采用相同的资本结构为项目筹资。

若等经营风险假设或资本结构不变假设明显不能成立时，不能使用企业当前的综合资本成本作为投资项目资本成本。

（2）运用可比公司法估计投资项目的资本成本：

可比公司法是寻找一个经营业务与待估计的投资项目类似的上市公司，以该上市公司的 β 值替代待评估项目的系统风险，这种方法也称为"替代公司法"。可比公司的资本结构已反映在其 β 值中，如果可比公司的资本结构与估计项目的资本结构不同，则在估计项目的 β 值时，应针对资本结构差异作出相应调整。

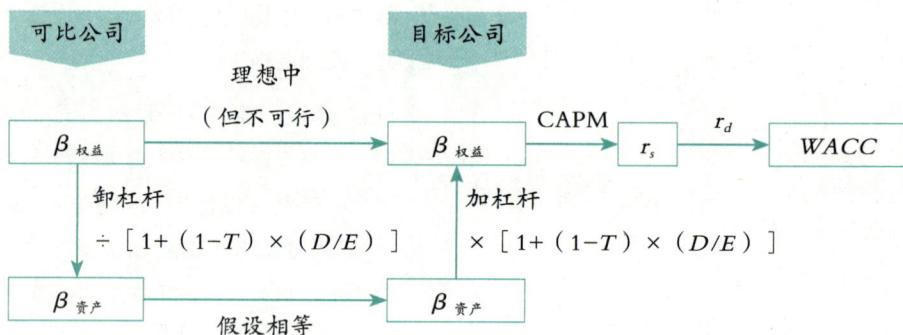

具体计算过程和公式如下：

第一步：卸载可比公司财务杠杆。

$\beta_{资产} = \beta_{权益} \div [1 + (1-T) \times (负债/权益)]$

第二步：加载待估计的投资项目财务杠杆。

$\beta_{权益} = \beta_{资产} \times [1 + (1-T) \times (负债/权益)]$

第三步：根据得出的投资项目 $\beta_{权益}$ 计算股东权益成本。

投资项目股东权益成本 $= R_f + \beta_{权益} \times (R_m - R_f)$

第四步：计算投资项目的资本成本。

综合资本成本 $=$ 负债利率 $\times (1-T) \times w_d +$ 股东权益成本 $\times w_e$

记忆口诀

命题角度：项目资本成本的计算。

可比公司权益起，一加税后D比E。先剔除，后加载，最后代入模型里。

筹资管理的理论基础之经营杠杆效应

飞越必刷题：42、44、67、238

（一）含义

经营杠杆，是指由于固定性经营成本的存在，使得企业的资产收益（息税前利润）变动率大于业务量（产销量或销售额）变动率的现象。

经营杠杆反映了资产收益的波动性，用以评价企业的经营风险。

（二）经营杠杆系数（DOL）

1.定义公式

$$DOL=\frac{\Delta EBIT/EBIT_0}{\Delta Q/Q_0}=\frac{\text{息税前利润变动率}}{\text{产销业务量变动率}}$$

2.推导公式

$$DOL=\frac{EBIT_0+F_0}{EBIT_0}=\frac{\text{基期边际贡献}}{\text{基期息税前利润}}$$

$$=1+\frac{F_0}{EBIT_0}=1+\frac{\text{基期固定成本}}{\text{基期息税前利润}}$$

提示：

（1）如果固定成本等于0，则经营杠杆系数为1，即不存在经营杠杆效应（不存在放大效应）；当固定成本不为0时，通常经营杠杆系数都是大于1的，即显现出经营杠杆效应。

（2）关于计算公式的选择：通常情况下，选择推到公式计算杠杆系数；但若题目中涉及"增长率""变化率"之类的数据，则需使用定义公式进行计算。

（三）经营杠杆与经营风险的关系

（1）经营杠杆本身并不是资产收益不确定的根源，只是资产收益波动的表现。引起企业经营风险的主要原因是市场需求和生产成本等因素的不确定性，但是，经营杠杆放大了市场和生产等因素变化对利润波动的影响。

（2）经营杠杆系数越高，表明息税前利润受产销量变动的影响程度越大，经营风险也就越大。

（3）在息税前利润为正的前提下，只要存在固定性经营成本，就存在经营杠杆效应，经营杠杆系数恒大于1，不会为负数。

（4）企业处于盈亏临界点（EBIT=0）时，经营杠杆系数趋于无穷大。

527 4-3

第18记 2分 筹资管理的理论基础之财务杠杆效应

飞越必刷题：43

（一）含义

财务杠杆，是指由于固定性资本成本（利息费用、优先股股利）的存在，使得企业的普通股收益［或每股收益（EPS）］变动率大于息税前利润变动率（即每股收益承担的风险大于经营风险）的现象。

财务杠杆反映了权益资本收益的波动性，用以评价企业的财务风险。

（二）财务杠杆系数（DFL）

1.定义公式

$$DFL = \frac{\Delta EPS / EPS_0}{\Delta EBIT / EBIT_0} = \frac{普通股收益变动率}{息税前利润变动率}$$

2.推导公式

$$DFL = \frac{EBIT_0}{EBIT_0 - I_0 - \dfrac{D_p}{1-T}} = \frac{基期息税前利润}{基期归属于普通股的税前利润}$$

其中：I_0 是税前的利息费用，D_p 是税后的优先股股利，$D_p / (1-T)$ 是税前的优先股股息。

提示：如果固定融资成本（债务利息和优先股股利）等于0，则财务杠杆系数为1，即不存在财务杠杆效应（不存在放大效应）；当固定融资成本不为0时，通常财务杠杆系数都是大于1的，即显现出财务杠杆效应。

（三）财务杠杆与财务风险的关系

（1）引起企业财务风险的主要原因是资产收益的不利变化和资本成本的固定负担。

（2）财务杠杆系数越高，表明普通股收益的波动程度越大，财务风险也就越大。

（3）在普通股收益为正的前提下，只要存在固定性资本成本，财务杠杆系数恒大于1，不会为负数。

（4）当息税前利润=利息+优先股股利/（1-所得税税率）时，$EPS=0$，财务杠杆系数无穷大。

◀◀◀ 记忆口诀

命题角度：各类杠杆系数的计算公式。

（1）定义式：*EBIT*比上*Q*，经营杠杆秀一秀。*EPS*挂上头，财务杠杆起作用。

（2）推导式：变（边际贡献）/犀（息税前利润）/利（税前利润或利润总额）。

第 19 记 筹资管理的理论基础之总杠杆效应

1分

（一）含义

总杠杆，是指由于固定性经营成本和固定性资本成本的存在，导致普通股每股收益变动率大于产销业务量变动率的现象。

（二）总杠杆系数（DTL）

1.定义公式

$$DTL=\frac{\Delta EPS/EPS_0}{\Delta Q/Q_0}=\frac{普通股收益变动率}{产销量变动率}$$

2.推导公式

$$DTL=DOL \times DFL$$

（三）总杠杆与公司风险

在总杠杆系数一定（保持一定的风险水平）的情况下，经营杠杆系数与财务杠杆系数此消彼长。

企业类型	特征	经营杠杆 （经营风险）	财务杠杆 （财务风险）	筹资方式
资本密集型	固定资产比重大	高	低	权益资本
劳动密集型	变动成本比重大	低	高	债务资本
初创期	产销业务量小	高	低	权益资本
扩张成熟期	产销业务量大	低	高	债务资本

第 20 记 筹资管理的理论基础之资本结构

4分

飞越必刷题：45、46、68、69、70、223

（一）资本结构理论

1.资本结构的含义

（1）定义（狭义）：长期负债与股东权益的构成比例。

（2）最佳资本结构：使加权平均资本成本最低且企业价值最大的资本结构。

2.资本结构理论

理论	主要观点	企业价值表达式
最初的MM理论（无税MM理论）	（1）企业价值：企业价值不受资本结构影响。 （2）股权成本：有负债企业的股权成本随着负债程度的增大而增大	有负债企业价值 =无负债企业价值
修正的MM理论（有税MM理论）	（1）企业价值：企业价值受资本结构影响（抵税价值）。 （2）股权成本：有负债企业的股权成本随着负债程度的增大而增大	有负债企业价值 =无负债企业价值 +负债利息抵税价值
权衡理论	当负债比率达到某一程度时，企业负担破产成本的概率会增加。因此，经营良好的企业，通常会维持其债务不超过某一限度	有负债企业价值 =无负债企业价值 +负债利息抵税现值 −财务困境成本现值
代理理论	（1）代理收益：债务筹资可降低所有权与经营权分离而产生的代理成本（经理人好好赚钱才能还钱）。 （2）代理成本：债务筹资可增加企业（所有者+经营者）接受债权人监督而产生的成本。 （3）均衡的企业所有权结构是由股权代理成本（相当于债务代理收益）和债务代理成本之间的平衡关系决定的	有负债企业价值 =无负债企业价值 +负债利息抵税现值 −财务困境成本现值 +债务代理收益现值 −债务代理成本现值
优序融资理论	先内后外，先债后股	无

（二）影响资本结构的因素

影响因素	对资本结构的影响
经营状况的稳定性和成长率	企业稳定、成长性好→经营风险↓→财务风险↑→高负债筹资
财务状况和信用等级	财务状况好、信用等级高→容易获得债务资金→高负债筹资
资产结构	大量固定资产→固定成本↑→经营风险↑→财务风险↓→低负债筹资 较多流动资产→固定成本↓→经营风险↓→财务风险↑→高负债筹资 资产适用于抵押贷款（通用资产）→容易获得债务资金→高负债筹资 技术研发为主的企业（专用资产）→不容易获得债务资金→低负债筹资
投资人和管理当局的态度	控制权集中→避免控制权稀释→债务筹资 控制权分散→分散风险→股权筹资 稳健的管理当局→财务风险↓→低负债筹资

续表

影响因素	对资本结构的影响
行业特征和企业发展周期	成熟市场→经营风险↓→财务风险↑→高负债筹资
	新兴市场→经营风险↑→财务风险↓→低负债筹资
	初创阶段→经营风险↑→财务风险↓→低负债筹资
	成熟阶段→经营风险↓→财务风险↑→高负债筹资
	收缩阶段→经营风险↑→财务风险↓→低负债筹资
税务政策和货币政策	所得税税率t↑→抵税作用↑→高负债筹资
	紧缩的货币政策→市场利率i↑→低负债筹资

通关绿卡

命题角度：各类因素对资本结构的影响。

客观题考点。可以从以下两个角度掌握影响资本结构的因素：

第一，影响因素有哪些？这是最简单的客观题的考查形式。

第二，这些因素是如何影响资本结构的？本质上需要分析的是债务比重的高低。而影响债务比重高低的影响因素其实可以归为5类：

（1）企业可接受财务风险的高低：可接受的财务风险高，则负债比重↑，反之，则负债比重↓。

（2）取得负债的难度：容易取得（通用资产更易于抵押借款、信用等级高），则负债比重↑，反之，则负债比重↓。

（3）取得负债的成本：成本低（如市场利率低），则负债比重↑，反之，则负债比重↓。

（4）取得负债的收益：抵税效应明显（如税率高），则负债比重↑，反之，则负债比重↓。

（5）对于控制权的态度：希望集中，则负债比重↑，反之，则负债比重↓。

（三）资本结构优化

1.每股收益分析法

（1）基本观点：

第一，能够提高普通股每股收益的资本结构，就是合理的资本结构；

第二，债务资本能够带来财务杠杆效应，利用负债筹资的财务杠杆作用来增加股东财富（即提高普通股每股收益）。

（2）每股收益无差别点的计算：

$$\frac{(\overline{EBIT-I_1}) \times (1-T) - DP_1}{N_1} = \frac{(\overline{EBIT-I_2}) \times (1-T) - DP_2}{N_2}$$

（3）决策：

当预期息税前利润或业务量水平大于每股收益无差别点（*EBIT*）时，应当选择债务筹资方案，反之，选择股权筹资方案（左股右债）。

2.平均资本成本比较法

通过计算和比较各种可能的筹资组合方案的平均资本成本，选择平均资本成本最低的方案。这种方法侧重于从资本投入的角度对筹资方案和资本结构进行优化分析。

3.公司价值分析法

该方法是在考虑市场风险的基础上，以公司市场价值为标准，进行资本结构优化。在公司价值最大的资本结构下，公司的平均资本成本也是最低的。

提示：每股收益分析法和平均资本成本比较法都是从账面价值的角度进行资本结构的优化分析，即没有考虑市场反应，也没有考虑风险因素。

（1）第一步：计算公司价值。

企业价值（*V*）=股权资本价值（*S*）+债务资本价值（*B*）

假设公司各期的*EBIT*保持不变（永续年金），债务资本的市场价值等于其面值，股权资本的市场价值可通过下式计算：

$$S=\frac{(EBIT-I)(1-T)}{K_S}$$

其中，$K_s=R_f+\beta(R_m-R_f)$。

（2）第二步：计算平均资本成本。

平均资本成本=债务资本成本×债务资本比重（*B/V*）+股权资本成本×股权资本比重（*S/V*）

（3）第三步：决策。

即寻求使公司平均资本成本最低、公司价值最大的资本结构。

提示：在采用公司价值分析法计算选择最优资本结构方案时，要注意两个问题。

（1）股票市场价值的计算是假设*EBIT*不变，但并不是以*EBIT*为永续年金计算现值，而是要把*EBIT*转化为净利润后，再进行折现。

（2）计算平均资本成本时，债务资本成本要记得转化成税后的资本成本。

（四）双重股权结构

1.含义

双重股权结构，也称AB股制度，即同股不同权结构，股票的投票权和分红权相分离。

A类股票1股有1票投票权，通常由投资人和公众股东持有。

B类股票1股有N票投票权，通常由创业团队持有。

2.优缺点

（1）优点：

同股不同权制度能避免企业内部股权纷争，保障企业创始人或管理层对企业的控制权，防止公司被恶意收购；提高企业运行效率，有利于企业的长期发展。

（2）缺点：

容易导致管理中独裁行为的发生；控股股东为自己谋利而损害非控股股东的利益，不利于非控股股东利益的保障；可能加剧企业治理中实际经营者的道德风险和逆向选择。

◀ ◀ ◀ 记忆口诀

命题角度：双重股权结构的优缺点。

（1）优点：免纷争，防收购，促发展；

（2）缺点：易独裁，损利益，引逆道。

第21记 1分 筹资的动机

飞越必刷题：47

类别	概念
创立性筹资动机	企业设立时，为取得资本金并形成开展经营活动的基本条件而产生的筹资动机
支付性筹资动机	为满足经营业务活动的正常波动所形成的支付需要而产生的（临时性）筹资动机。如原材料购买的大额支付、员工工资的集中发放、银行借款的偿还（自愿的）、股东股利的发放
扩张性筹资动机	企业因扩大经营规模或满足对外投资需要而产生的筹资动机。这种筹资的直接结果往往是企业资产总规模的增加和资本结构的明显变化
调整性筹资动机	企业因调整资本结构而产生的筹资动机，其原因包括： （1）优化资本结构，合理利用财务杠杆效应。 （2）偿还到期债务，债务结构内部调整
混合性筹资动机	既满足了经营活动、投资活动的资金需要，又达到了调整资本结构的目的。同时增加了企业的资产总额和资本总额，导致企业的资产结构和资本结构同时变化

命题角度：筹资动机的辨析及其对资产结构或资本结构的影响。

(1) 对于筹资动机的辨析，重点提示三点：

第一，支付性筹资动机并不是为了满足日常经营活动的支付需要，而是满足日常经营中的"临时波动"。

第二，调整性筹资动机的调整对象是"资本结构"。

第三，混合性筹资动机不是任意两种动机的混合，仅是"扩张+调整"的混合。

(2) 筹资动机对资产结构（或规模）与资本结构的影响，如下表所示：

筹资动机	资产结构（或规模）	资本结构
扩张性筹资动机	变化（增大）	变化
调整性筹资动机	不变	变化
混合性筹资动机	变化（增大）	变化

第22记 [2分] 筹资的方式

飞越必刷题：48、71

大类	具体方式	直接/间接	内部/外部	长期/短期
股权	吸收直接投资	直接	外部	长期
	发行普通股股票	直接	外部	长期
	留存收益	直接	内部	长期
债务	向金融机构借款	间接	外部	均可
	发行债券	直接	外部	长期
	租赁	间接	外部	长期
	商业信用	直接	外部	短期（含保理）
混合	可转换债券	直接	外部	长期
	优先股	直接	外部	长期

提示：永续债分类为权益工具还是金融负债，应把"是否能无条件地避免交付现金或其他金融资产的合同义务"作为判断永续债分类的关键，如果发行人能够无条件地避免交付现金或其他金融资产合同义务，则该永续债属于权益工具，结合永续债募集说明书条款，按照经济实质重于法律形式原则进行判断。

命题角度：各种筹资方式的具体分类。

客观题考点，属于易错内容，建议同学们结合上表总结以及如下提示进行掌握：

（1）间接筹资方式有两种：向金融机构借款、租赁。

（2）间接筹资形成的主要是"债"，而直接筹资可以形成"债"，也可以形成"股"。

（3）筹资费用（手续费等）：直接筹资＞间接筹资。

（4）向金融机构借款既可以是长期筹资方式，也可以是短期筹资方式。

（5）商业信用是短期筹资方式。

第23记 2分 筹资方式之债务筹资

飞越必刷题：39、49、50、51、52、53、54、55、56、72、73、74、75、84、85、239

（一）银行借款

1.银行借款的种类

（1）按提供贷款的机构分：政策性银行贷款、商业银行贷款、其他金融机构贷款。

（2）按机构对贷款有无担保要求分：信用贷款和担保贷款。其中，担保贷款包括保证贷款、抵押贷款、质押贷款。

2.长期借款的保护性条款

条款类型	具体内容
例行性保护条款	（1）要求定期向提供贷款的金融机构提交财务报表。 （2）保持存货储备量。 （3）及时清偿债务。 （4）不准以资产作其他承诺的担保或抵押。 （5）不准贴现应收票据或出售应收账款
一般性保护条款 "1保持+4限制"	（1）保持企业的资产流动性。 （2）限制企业非经营性支出。 （3）限制企业资本支出的规模。 （4）限制公司再举债规模。 （5）限制公司的长期投资
特殊性保护条款	（1）要求公司的主要领导人购买人身保险。 （2）借款的用途不得改变。 （3）违约惩罚条款

3.短期借款的相关条款

条款类型	具体内容
信贷额度	借款企业与银行在协议中规定的借款最高限额。 （1）有限期限通常为1年。 （2）银行并不承担必须支付全部信贷数额的义务。 （3）银行不会承担法律责任
周转信贷协定	银行具有法律义务地承诺提供不超过某一最高限额的贷款协定。 （1）有效期通常超过1年，实际上贷款每几个月发放一次，具有短期和长期借款的双重特点。 （2）企业通常要对贷款限额的未使用部分付给银行一笔承诺费用。 提示：对于贷款限额内的使用部分支付的是利息
补偿性余额	银行要求借款企业在银行中保持按贷款限额或实际借用额一定比例（通常为10%~20%）计算的最低存款余额： 实际利率=利息/［名义本金×（1-补偿比率）］=名义利率/（1-补偿比率）
借款抵押	贷款额占抵押品价值的比例（30%~90%）取决于抵押品的变现能力和银行对风险的态度
偿还条件	（1）到期一次偿还：加重企业的财务负担，增加企业的拒付风险；相对于贷款期内定期等额偿还方式，会降低实际贷款利率——银行不希望。 （2）贷款期内定期（每月、季）等额偿还：提高借款的实际年利率——企业不希望

4.银行借款的筹资特点

特点		原因
优点	筹资速度快	借款程序相对简单
	资本成本较低（最低）	（1）与发行债券、租赁相比，利息负担更低。 （2）无须支付证券发行费用、租赁手续费用等筹资费用
	筹资弹性较大	（1）借款前或借款期间公司可与贷款机构商定贷款的时间、数量和条件。 （2）可以提前偿还本息
缺点	限制条款多	合同对借款用途有明确规定（例行性保护、一般性保护、特殊性保护）
	筹资数额有限	受贷款机构资本实力限制

（二）发行公司债券

1.债券的偿还

（1）提前偿还。

①特点：提前偿还所支付的价格通常要高于债券的面值，并随到期日的临近而逐渐下降。具有提前偿还条款的债券可使公司筹资有较大的弹性。

②触发条件：当公司资金有结余时，可提前赎回债券；当预测利率下降时，也可提前赎回债券，而后以较低的利率来发行新债券。

（2）到期分批偿还。

特点：因为各批债券的到期日不同，它们各自的发行价格和票面利率也可能不相同，从而导致发行费较高；但由于这种债券便于投资人挑选最合适的到期日，因而便于发行。

（3）到期一次偿还。

多数情况下，发行债券的公司在债券到期日，一次性归还债券本金，并结算债券利息。

2.发行公司债券的筹资特点

	特点	原因
优点	一次筹资数额大	与银行借款、租赁相比，可通过资本市场筹集大额的资金
	提高公司的社会声誉	公司债券的发行主体有严格的资格限制
	筹集资金的使用限制条件少	与银行借款相比，资金在使用上具有灵活性、自主性
缺点	资本成本负担较高	与银行借款相比，利息负担、筹资费用均较高，且不能进行债务展期；但期限长、利率相对固定，能够锁定资本成本

（三）发行短期融资券

1.含义

短期融资券是指企业依照《银行间债券市场非金融企业债务融资工具管理办法》的条件和程序，在银行间债券市场发行和交易并约定在一定期限内还本付息的有价证券，是企业筹措短期（1年以内）资金的直接融资方式。

2.发行短期融资券的相关规定

（1）发行人为非金融企业。

（2）发行和交易的对象是银行间债券市场的机构投资者，不向社会公众发行和交易。

（3）融资券的发行由符合条件的金融机构承销，企业不得自行销售融资券，发行融资券募集的资金用于本企业的生产经营。

3.短期融资券的筹资特点

（1）相对于企业债券，筹资成本较低。

（2）相对于银行借款，筹资数额较大。

（3）发行条件比较严格，必须是具备一定的信用等级、实力强的企业。

(四) 租赁

1.租赁的基本形式

租赁方式	涉及哪几方	租赁物归谁	租赁物谁买	合同关系
直接租赁	出租人、承租人	出租人	出租人	租赁合同
售后回租	出租人、承租人	售前：承租人 售后：出租人	出租人	买卖合同 租赁合同
杠杆租赁	出租人、承租人、资金出借人	出租人	出租人+资金出借人	借款合同 租赁合同

2.租赁的租金计算

（1）计算角度：站在出租人的角度进行计算。

（2）基本原则：出租人付出款项的现值=出租人收到款项的现值。

其中：

①出租人付出的款项主要是指租赁设备的原值。

②出租人收到的款项包括每期的租金和租赁期满时归属于出租人的残值。

提示：如果租赁期满设备归承租人所有，则出租人收到的款项只有每期的租金。

③折现率=利率+租赁手续费率。

提示：对于租赁租金的计算，请重点关注三个问题。

（1）残值收入归谁所有。

（2）折现率是两项之和。

（3）租金是年初支付还是年末支付。

3.租赁的筹资特点

	特点	原因
优点	无须大量资金就能迅速获得资产	融资融物相结合
	财务风险小，财务优势明显	避免一次性大额支付； 利用未来收益偿还每期租金（借鸡生蛋、卖蛋还钱）
	筹资的限制条件较少	相较于股票、债券、长期借款等
	能延长资金融通的期限	融资期限可以接近资产的使用寿命，期限长
缺点	资本成本负担较高	相比于银行借款、发行债券，利息较高，且租金总额通常要比设备价值高出30%（高额的固定租金）

(五) 商业信用

1.放弃现金折扣的信用成本

供应商在信用条件中规定有现金折扣，目的主要在于加速资金回收。企业在决定是否享受现金折扣时，应仔细考虑。通常，放弃现金折扣的成本是很高的（所以，不要放弃，享受它）。

$$放弃折扣的信用成本率=\frac{折扣\%}{1-折扣\%}\times\frac{360天}{付款期（信用期）-折扣期}$$

（1）放弃现金折扣的信用成本率与折扣百分比大小、折扣期长短正相关。

（2）放弃现金折扣的信用成本率与付款期长短负相关。

（3）在放弃折扣的情况下，推迟付款的时间越长，信用成本越小，但信誉将会恶化。

（4）放弃现金折扣的信用成本率与货款额和折扣额无关。

2.放弃现金折扣的信用决策的原因

（1）可能是企业资金暂时的缺乏。

（2）可能是基于将应付账款用于临时性短期投资，以获得更高的投资收益。企业将应付账款额用于短期投资，所获得的投资收益率高于放弃折扣的信用成本率，则应当放弃现金折扣。

3.放弃现金折扣成本的决策

第一步：享受还是放弃？

（1）放弃现金折扣成本率＞短期借款利率或短期投资收益率（放弃的成本大，别放弃），应选择在折扣期内付款，即享受现金折扣。

（2）放弃现金折扣成本率＜短期借款利率或短期投资收益率，应选择在信用期内付款，即放弃现金折扣。

第二步：如果有多个现金折扣政策（互斥决策），选择哪个方案？

选择净收益更大的方案：净收益=折扣-支付银行的利息。

通关绿卡

命题角度：放弃现金折扣成本决策中的利息计算。

主观题高频考点，且有一定难度，请同学们参照以下步骤进行计算：

第一步：计算放弃现金折扣成本，初步确定方向（享受还是放弃）。

若"放弃成本＞借款利率"，应享受折扣，借钱支付货款，若有多个折扣方案可供选择，则进入第二步，确定具体方案；

若"放弃成本＜借款利率"，则不享受折扣，在信用期付款，无需进一步讨论。

第二步：计算净收益，最终确定方案。

净收益=享受的折扣-支付银行的利息。具体而言：

（1）享受的折扣=应付账款×现金折扣率。

（2）支付银行的利息="本金"×"利率"=（应付账款-享受的折扣）×计息期利率=（应付账款-享受的折扣）×借款年利率×（回款期折扣期）/360。

4.商业信用筹资的方式

（1）应付账款：虽然没有利息，但存在放弃现金折扣的成本，其筹资成本与银行信用成本相比较高。

（2）应付票据：可以带息，也可以不带息，其利率一般低于银行贷款利率。

（3）预收货款：购买单位对于紧俏商品往往乐于采用这种方式购货（预付）；销货方对于生产周期长、造价较高的商品，往往采用预收货款方式销货。

（4）应计未付款。

5.商业信用筹资的优缺点

（1）优点：

①商业信用容易获得。

②企业一般不用提供担保。

③企业有较大的机动权。

（2）缺点：

①商业信用筹资成本高。

②容易恶化企业的信用水平（期限短，还款压力大）。

③受外部环境影响较大（受商品和资金市场的影响）。

（六）债务筹资的优缺点

	特点	原因
优点	筹资速度较快	不需要经过复杂的审批手续和证券发行程序
	筹资弹性较大	无永久性资本成本负担； 可灵活商定债务条件，控制筹资数量，安排取得资金时间
	资本成本负担较轻	筹资费用较低； 用资费用低于股权资本； 利息等资本成本可以在税前支付
	可以利用财务杠杆	当企业的资本收益率（息税前利润率）高于债务利率时，债务筹资会增加普通股股东的每股收益，提高净资产收益率，提升企业价值
	稳定公司的控制权	债权人无权参加企业的经营管理
缺点	不能形成企业稳定的资本基础	有固定的到期日，到期需偿还
	财务风险较大	有固定的到期日、固定的债息负担，担保债务在使用上会有特别限制
	筹资数额有限	除发行债券外，筹资数额往往受到贷款机构资本实力的制约

通关绿卡

◀ ◀ ◀

命题角度：债务筹资方式的对比。

客观题高频考点。建议按照下表对比学习：

对比项目	银行借款	发行债券	租赁
限制条件	多	中	少
资本成本	低	中	高

第24记 [2分] 筹资方式之股权筹资

飞越必刷题：57、58、76、77、86

（一）吸收直接投资

吸收直接投资是非股份制企业筹集权益资本的基本方式。

1.出资方式——"5个能，6个不能"

（1）"5个能"：以货币资产出资、以实物资产出资、以土地使用权出资、以知识产权（专有技术、商标权、专利权、非专利技术等无形资产）出资、以特定债权出资。

（2）"6个不能"：不得以劳务、信用、自然人姓名、商誉（前四者价值难以评估）、特许经营权或者设定担保的财产（后两者所有权难以确定）等作价出资。

2.吸收直接投资的筹资特点

	特点	原因
优点	能够尽快形成生产能力	可以直接获得资金、先进设备和技术
	便于进行信息沟通	投资者比较单一，股权没有社会化、分散化，投资者甚至是管理层
	筹资费用较低	手续相对简单
缺点	资本成本较高	相对于股票筹资，投资者往往要求将大部分盈余作为红利分配，且持股比例高的投资者对股利分配政策影响大
	公司控制权集中，不利于公司治理	某个投资者的投资额比例较大，该投资者对经营管理就有相当大的控制权
	不易进行产权交易	没有证券作为媒介（不在资本市场流通），难以进行产权转让

（二）发行普通股股票

1.股票的特点、股东的权利

（1）股票的特点：永久性、流通性、风险性（股票价格的波动性、红利的不确定性、破产清算时股东处于剩余财产分配的最后顺序等）、参与（管理）性。

（2）股东的权利：公司管理权、收益分享权（落后于优先股）、股份转让权（普通股、优先股均有）、优先认股权（优先于优先股股东）、剩余财产要求权（落后于优先股股东）。

2.我国证券交易所概况

交易所	对应板块
上海证券交易所	主板、科创板
深圳证券交易所	主板、创业板
北京证券交易所	新三板精选层

提示：北交所公开发行股票条件。

发行人应当为在全国股转系统连续挂牌满12个月的创新层挂牌公司；最近3年财务会计报告无虚假记载，被出具无保留意见审计报告；发行人及其控股股东、实际控制人最近3年"没犯错""没违法"；最近1年没被中国证监会处罚。

3.股票发行的方式

（1）认购发行。

（2）储存存单发行。

（3）上网竞价发行：事先确定发行底价，发行时竞价决定发行价；按价格优先、同等价位时间优先原则确认认购成功者。

（4）上网定价发行：事先确定价格；按抽签决定认购成功者。（对定价能力要求高，发行周期短）

（5）全额预缴款发行：与储存存单发行相比，资金占用时间短、发行效率更高。

（6）上网发行与配售。

（7）网下发行。

4.股票上市的目的与不利影响

目的	不利影响
（1）便于筹措新资金。 （2）促进股权流通和转让。 （3）便于确定公司价值	（1）上市成本较高，手续复杂严格。 （2）公司将负担较高的信息披露成本。 （3）信息公开的要求可能会暴露公司的商业机密。 （4）股价有时会歪曲公司的实际情况，影响公司声誉。 （5）可能会分散公司的控制权，造成管理上的困难

5.发行普通股股票的筹资特点

	特点	原因
优点	两权分离，有利于公司自主经营管理	所有权和经营权相分离，控制权分散
	能增强公司的社会声誉，促进股权流通和转让	股东大众化，上市公司股票流通性强，有利于市场确认公司的价值（资本市场的作用）
缺点	资本成本较高	与银行借款、租赁、债券筹资相比，股票投资风险较大，收益具有不确定性
	不易及时形成生产能力	与吸收直接投资相比，一般都只是吸收货币资金

（三）留存收益

1.留存收益的筹资途径

筹资途径	性质	用途
提取盈余公积金	有指定用途	用于未来经营发展；转增股本（实收资本）；弥补经营亏损
未分配利润	未限定用途	用于未来经营发展；转增股本（实收资本）；弥补经营亏损；以后年度对外利润分配

2.留存收益的筹资特点

	特点	原因
优点	不用发生筹资费用	与普通股筹资相比，（内源融资）资本成本较低
	维持公司的控制权分布	不改变公司的股权结构，不会稀释原有股东的控制权
缺点	筹资数额有限	最大数额是当期净利润；股东和投资者都希望发放一定股利（握在手里才安稳）

（四）股权筹资的特点

	特点	原因
优点	稳定的资本基础	是企业的永久性资本，没有到期日，无须偿还
	良好的信誉基础	代表公司的资本实力，是其他筹资方式特别是债务筹资的基础
	企业的财务风险较小	不存在还本付息的财务压力
缺点	资本成本负担较重	股权投资者承担较高的投资风险，要求较高的收益率；股利、红利税后支付，无法获得抵税效应；普通股发行、上市费用较高
	控制权变更可能影响企业长期稳定发展	引进新的投资者或出售了新的股票

续表

特点		原因
缺点	信息沟通与披露成本较大	投资者或股东需要了解企业的经营业务、财务状况、经营成果等，特别是上市公司，股东众多而分散，更需要进行信息披露和投资者关系管理

通关绿卡

命题角度1：股权筹资方式的对比。

客观题高频考点。建议同学们按照下表对比学习：

对比项目	吸收直接投资	发行股票	留存收益
资本成本	高（最高）	中	低
筹资费用	低	高	无
生产能力的形成	易	不易	
产权交易	不易	易	—
控制权	集中	分散	
公司治理	不利于	有利于	

命题角度2：债务与股权筹资方式的对比。

客观题高频考点。建议同学们按照下表对比学习：

对比项目	债务筹资	股权筹资
资本成本	低	高
控制权	稳定	不稳定
资本基础	不稳定	稳定
财务风险	高	低
财务杠杆	有	无
筹资弹性	大	小
筹资数额	小	大

提示：

各类筹资方式的资本成本"排排坐"的结论是：吸收直接投资＞发行股票＞留存收益＞优先股＞可转换债券＞租赁＞发行债券＞银行借款。

第25记 **2分**

筹资方式之衍生工具筹资

飞越必刷题：59、60、78、79、238

（一）可转换债券

1.可转换债券的基本要素（部分）

（1）转换价格。

将可转换债券转换为普通股的每股普通股的价格，一般比发售日股票市场价格高出一定比例，如高出10%~30%（这是在当天就确立下来的一个未来的价格，且预期股票价格会上涨）。

（2）转换比率。

每一张可转换债券在既定的转换价格下能转换为普通股股票的数量。

转换比率=债券面值÷转换价格

（3）赎回条款——保护发债方。

发债公司按事先约定的价格买回未转股债券的条件规定，赎回一般发生在公司股票价格在一段时期内连续高于转股价格达到某一幅度时。

赎回条款的功能为：

①强制债券持有者积极行使转股权，亦称加速条款。

②使发债公司避免在市场利率下降后，继续向债券持有人按较高的票面利率付息所蒙受的损失。

（4）回售条款——保护债券持有人。

债券持有人有权按照事先约定的价格将债券卖回给发债公司的条件规定，回售一般发生在公司股票价格在一段时期内连续低于转股价格达到某一幅度时。

（5）强制性转换条款——保护发债方。

2.可转债债券的筹资特点

	特点	原因
优点	筹资功能灵活	债务筹资和股票筹资相结合，筹资性质和时间上具有灵活性
	资本成本较低	与债比：利率低于同一条件下普通债券的利率； 与股比：转换为普通股时，无须另外支付筹资费用
	筹资效率高	转换价格高于当时本公司股票价格，如果债券将来都转换成了股权，相当于在债券发行时，就以高于当时股票市价的价格新发行了股票
缺点	存在财务压力	不转换的财务压力——集中兑付债券本金； 回售的财务压力——集中支付压力

（二）认股权证

认股权证的筹资特点：

特点描述	原因
融资促进工具	保证公司在规定的期限内完成股票发行计划
有助于改善上市公司的治理结构	认股权证能够约束上市公司的败德行为，并激励他们更加努力地提升上市公司的市场价值
有利于推进上市公司的股权激励机制	通过给予管理者和重要员工一定的认股权证，可以把管理者和员工的利益与企业价值成长紧密联系在一起

（三）优先股

1.优先股的基本性质

（1）约定股息：事先约定、相对固定，一般不会根据公司经营情况而变化。

（2）权利优先：在年度利润分配和剩余财产清偿分配方面，优先于普通股股东，但次于债权人。

（3）权利范围小：没有选举权和被选举权；对股份公司的重大经营事项无表决权，仅就与优先股股东自身利益直接相关的特定事项具有有限表决权。

2.优先股的种类

分类标准	具体分类
股息率是否调整	固定股息率优先股
	浮动股息率优先股
分红是否强制	强制分红优先股
	非强制分红优先股
未足额支付部分是否累积	累积优先股
	非累积优先股
是否有权参加剩余税后利润分配	参与优先股
	非参与优先股
是否可以转换为普通股	可转换优先股
	不可转换优先股
是否有权要求公司回购优先股	可回购优先股
	不可回购优先股

3.我国上市公司公开发行优先股的相关规定

根据我国2014年起实行的《优先股试点管理办法》：优先股每股票面金额为100元，上市公司不得发行可转换为普通股的优先股。上市公司公开发行的优先股，应当在公司章程中规定以下事项：

（1）采取固定股息率。

（2）在有可分配税后利润的情况下必须向优先股股东分配股息。

（3）未向优先股股东足额派发股息的差额部分应当累积到下一会计年度。

（4）优先股股东按照约定的股息率分配股息后，不再同普通股股东一起参加剩余利润分配。

4.优先股的特点

	特点	原因
优点	有利于丰富资本市场的投资结构	固定收益型产品，适合看重现金红利的投资者
	有利于股份公司股权资本结构的调整	公司资本结构调整中，既包括债务资本和股权资本的结构调整，也包括股权资本的内部结构调整
	有利于保障普通股收益和控制权	保障收益：优先股的每股收益是固定的，只要净利润增加且高于优先股股息，普通股每股收益就会上升； 保障控制权：优先股股东无表决权
	有利于降低公司财务风险（与债相比）	优先股股利不是公司必须偿付的一项法定债务； 优先股没有规定最终到期日，实质上是一种永续性借款，其收回由企业决定，具有较大的灵活性； 增加了权益资本，从而改善了公司的财务状况
缺点	可能给股份公司带来一的财务压力（与股相比）	优先股股息不能抵税，资本成本高于债务；股利支付的固定性可能成为企业的一项财务负担，也会产生财务杠杆效应

第26记 1分

筹资方式之创新方式

飞越必刷题：80、81、82、87、88

527 4-11

（一）非公开定向债务融资工具（PPN）

1.含义

非公开定向债务融资工具是具有法人资格的非金融企业，向银行间市场特定机构投资人发行债务融资工具取得资金的筹资方式，是一种债务筹资创新方式。

2.特点

（1）简化的信息披露要求。

（2）发行规模没有明确限制。

（3）发行方案灵活。

（4）融资工具有限度流通。

（5）发行价格存在流动性溢价（利率比公开发行的同类债券利率要高）。

（二）私募股权投资（PE投资）

1.含义

私募股权投资是指通过私募基金对非上市公司进行的权益性投资（股权筹资方式）。在资金募集上，主要通过非公开方式面向少数机构投资者或高净值个人募集，它的销售和赎回都是基金管理人通过私下与投资者协商进行的。

2.特点

（1）在资金募集上，主要通过非公开方式面向少数机构投资者或高净值个人募集，它的销售和赎回都是基金管理人通过私下与投资者协商进行的。

（2）多采取权益型投资方式，绝少涉及债权投资。PE投资机构也因此对被投资企业的决策管理享有一定的表决权。

（3）投资的企业一般是非上市企业，投资比较偏向于已形成一定规模和产生稳定现金流的成形企业。

（4）投资期限较长，一般可达3～5年或更长，属于中长期投资。

（5）流动性差，没有现成的市场供非上市公司的股权出让方与购买方直接达成交易。

（6）是被投资企业的重要股权筹资方式。

（三）产业基金

1.含义

产业基金一般指产业投资基金，向具有高增长潜力的未上市企业进行股权或准股权投资，并参与被投资企业的经营管理，以期所投资企业发育成熟后通过股权转让实现资本增值。

2.特点

产业投资基金主要投资于新兴的、有巨大增长潜力的企业。企业获得产业投资基金投资，是一种股权筹资方式。其中，对于政府出资产业投资基金的认定需要符合若干条件。例如，中央、省级或计划单列市人民政府（含所属部门、直属机构）批复设立，且批复文件或其他文件中明确了政府出资的，政府认缴出资比例不低于基金总规模的10%，其中，党中央、国务院批准设立的，政府认缴出资比例不低于基金总规模的5%。

（四）商业票据融资

1.含义

商业票据融资是指通过商业票据进行融通资金。商业票据是一种商业信用工具，是由债务人向债权人开出的、承诺在一定时期内支付一定款项的支付保证书，即由无担保、可转让的短期期票组成。

2.特点

融资成本较低、灵活方便。

（五）中期票据融资

1.含义

中期票据是指具有法人资格的非金融类企业在银行间债券市场按计划分期发行的、约定在一定期限还本付息的债务融资工具。

2.发行要求

（1）具有稳定的偿债资金来源。

（2）拥有连续三年的经审计的会计报表，且最近一个会计年度盈利。

（3）主体信用评级达到AAA。

（4）待偿还债券余额不超过企业净资产的40%。

（5）募集资金应用于企业生产经营活动，并在发行文件中明确披露资金用途。

（6）发行利率、发行价格和相关费用由市场化方式确定。

3.特点

（1）发行机制灵活。

①发行采用注册制，一次注册通过后两年内可分次发行。

②可选择固定利率或浮动利率，到期还本付息。

③付息可选择按年或季等。

（2）用款方式灵活。

（3）融资额度大：按规定，发行额度最多可达企业净资产的40%。

（4）使用期限长：1年以上，一般3～5年，最长可达10年。

（5）成本较低：较中长期贷款等融资方式往往低20%～30%。

（6）无须担保抵押：主要依靠企业自身信用。

（六）股权众筹融资

（1）股权众筹融资必须通过股权众筹融资中介机构平台进行。

（2）股权众筹融资方应为小微企业，应通过股权众筹融资中介机构向投资人如实披露企业的商业模式、经营管理、财务、资金使用等关键信息，不得误导或欺诈投资者。

（3）股权众筹融资业务由证监会负责监管。

通关绿卡

命题角度：PPN、中期票据与短期融资券的辨析。

客观题考点，虽考频不高，但极易混淆，故总结如下：

辨析点		PPN	中期票据	短期融资券
相同点	类型	债务筹资方式		
	发行方	非金融企业		
	发行市场	银行间市场		
不同点	发行方式	非公开	公开	非公开
	发行数量限制	无要求	不超过净资产40%	无要求
	发行方案	协商	市场化	市场化
	发行期限	短期	中长期	短期
	信用要求	未明确	信用AAA	信用高

（七）企业应收账款证券化和融资租赁债权资产证券化

1.含义

企业应收账款/融资租赁债权资产支持证券，是指证券公司、基金管理公司子公司作为管理人，通过设立资产支持专项计划开展资产证券化业务，以企业应收账款债权/融资租赁债权为基础资产或基础资产现金流来源所发行的资产支持证券。

2.优点

拓宽融资渠道、降低融资成本、盘活存量资产、提高资产使用效率。

（八）商圈融资

（1）增强中小商贸经营主体的融资能力，缓解融资困难，促进中小商贸企业健康发展。

（2）有助于促进商圈发展，增强经营主体集聚力，提升产业关联度，整合产业价值链，推进商贸服务业结构调整和升级，从而带动税收、就业增长和区域经济发展，实现搞活流通、扩大消费的战略目标。

（3）有助于银行业金融机构和融资性担保机构等培养长期稳定的优质客户群体，扩大授信规模，降低融资风险。

（九）供应链融资

1.含义

供应链融资，是将供应链核心企业及其上下游配套企业作为一个整体，根据供应链中相关企业的交易关系和行业特点制定基于货权和现金流控制的"一揽子"金融解决方案的一种融资模式。

2.特点

（1）解决了上下游企业融资难、担保难的问题。

（2）通过打通上下游融资瓶颈，降低供应链条融资成本，提高核心企业及配套企业的竞争力。

（十）绿色信贷（可持续融资/环境融资）

1.含义

绿色信贷，指银行业金融机构为支持环保产业、倡导绿色文明、发展绿色经济而提供的信贷融资。

2.重点支持产业

节能环保、清洁生产、清洁能源、生态环境、基础设施绿色升级和绿色服务。

（十一）能效信贷

1.含义

能效信贷，指银行业金融机构为支持用能单位提高能源利用效率，降低能源消耗而提供的信贷融资。

2.分类

方式	含义	投资人/借款人
用能单位能效项目信贷	指银行业金融机构向用能单位投资的能效项目提供的信贷融资——我节能，我骄傲	用能单位（相当于甲方）
合同能源管理信贷	指银行业金融机构向节能服务公司实施的合同能源管理项目提供的信贷融资——我帮别人节能，我也骄傲	节能服务公司（相当于乙方）

第27记 [1分] 筹资数量预测之因素分析法

飞越必刷题：61

（一）计算公式

资金需要量=（基期资金平均占用额−不合理资金占用额）×（1+预测期销售增长率）÷（1+预测期资金周转速度增长率）

（二）特点

计算简便，容易掌握，但预测结果不太精确（调整项只有2个）。通常用于品种繁多、规格复杂、资金用量较小的项目（否则误差更大）。

第28记 [4分] 筹资数量预测之销售百分比法

飞越必刷题：62

（一）销售百分比法的基本原理

1.含义

企业的销售规模扩大时，要相应增加流动资产；如果销售规模增加很多，还必须增加长期资产。为取得扩大销售所需增加的资产，企业需要筹措资金。

即：收入↑→资产↑→资金需求↑。

2.敏感程度假设

根据资产负债表中各项目与营业收入的敏感程度不同，区分了敏感项目和非敏感项目。

（1）敏感性资产：库存现金、应收账款、存货等。

（2）敏感性负债：应付票据、应付账款，不包括短期借款、短期融资券、长期负债等。

3.计算逻辑示意

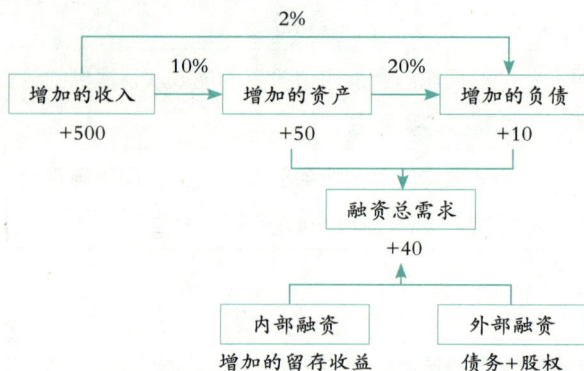

```
                          2%
              10%                    20%
  增加的收入  →  增加的资产  →  增加的负债
    +500          +50            +10
                       ↓
                   融资总需求
                     +40
                      ↑
         内部融资          外部融资
       增加的留存收益      债务+股权
```

（二）销售百分比的计算步骤

第一步：确定销售百分比。

（1）经营资产销售百分比=基期经营资产÷基期营业收入。

（2）经营负债销售百分比=基期经营负债÷基期营业收入。

提示：多数情况下，题目会给出上述已知条件，无须求解。但需要注意两点。

第一，销售百分比的计算是基于基期数据，而非预测期数据。

第二，销售百分比的分母是营业收入，而非总资产或总负债，若题目给出的是经营资产占总资产的比重，不能直接套用以上公式。

第二步：确定融资总需求。

融资总需求=增加的经营资产−增加的经营负债

　　　　　=（预计经营资产−基期经营资产）−（预计经营负债−基期经营负债）

具体计算过程有两种方法：

（1）融资总需求=销售额增加×（经营资产销售百分比−经营负债销售百分比）。

（2）融资总需求=预计销售额增长率×（基期经营资产−基期经营负债）。

第三步：预计增加的留存收益。

留存收益增加=预计销售额×预计销售净利率×预计利润留存率

　　　　　　=预计销售额×预计销售净利率×（1−预计股利支付率）

第四步：确定外部融资额。

外部融资额=融资总需求−增加的留存收益

提示：如果非敏感性经营资产（如固定资产）增加，则外部筹资需要量也相应增加。

◀ ◀ ◀　**记忆口诀**

命题角度：销售百分比法中融资总需求的计算公式。

公式1：△收入×比差（推荐做法）。

即：融资总需求=销售额增加×（经营资产销售百分比−经营负债销售百分比）。

公式2：收入%×基差。

即：融资总需求=预计销售额增长率×（基期经营资产−基期经营负债）。

筹资数量预测之资金习性预测法

飞越必刷题：63

（一）资金习性的分类

类别	含义	示例
不变资金	在一定的产销量范围内，不受产销量变动的影响而保持固定不变的那部分资金	（1）为维持营业而占用的最低数额的现金。 （2）原材料的保险储备。 （3）必要的成品储备。 （4）厂房、机器设备等固定资产占用的资金
变动资金	随产销量的变动而同比例变动的那部分资金	（1）直接构成产品实体的原材料、外购件等占用的资金。 （2）在最低储备以外的现金、存货、应收账款
半变动资金	虽然受产销量变化的影响，但不呈同比例变动的资金。可划分为不变资金和变动资金两部分	辅助材料上占用的资金

（二）资金习性模型：$Y=a+bX$

1.回归直线方程法

$$a=\frac{\sum X^2 \sum Y-\sum X \sum XY}{n \sum X^2-(\sum X)^2}，\ 或者 a=\frac{\sum Y-b\sum X}{n}。$$

$$b=\frac{n \sum XY-\sum X \sum Y}{n \sum X^2-(\sum X)^2}$$

2.高低点法

高低点是指一定时期内的最高产销量和最低产销量。

最高收入期（产销量）资金占用量$=a+b×$最高销售收入（产销量）

最低收入期（产销量）资金占用量$=a+b×$最低销售收入（产销量）

提示：自变量为"产销量"，因变量（即被预测的指标）为"资金占用量"。

财务管理内容之 投资管理

● 本模块主要介绍投资管理的相关理论与计算问题，属于重点内容，分数占比高，几乎所有内容均为重点，需要同学们全面掌握。

长风破浪会有时，直挂云帆济沧海。——李白《行路难》

第30记 投资分类 [2分]

飞越必刷题：89、106

（一）基础分类

直接投资和间接投资——投资活动与企业本身的生产经营活动的关系（方式性）。

（二）其他分类

1.项目投资与证券投资——投资对象的存在形态和性质（对象性）

类型	解释
项目投资	购买具有实质内涵的经营资产（有形资产和无形资产），形成具体的生产经营能力，开展实质性的生产经营活动，谋取经营利润——属于直接投资
证券投资	购买证券资产，获取投资收益或通过证券资产上所赋予的权利，间接控制被投资企业的生产经营活动——属于间接投资

2.发展性投资与维持性投资——投资活动对企业未来生产经营前景的影响

类型	解释
发展性投资（战略性投资）	对企业未来的生产经营发展全局有重大影响，如企业间兼并合并的投资、转换新行业和开发新产品投资、大幅度扩大生产规模的投资等
维持性投资（战术性投资）	维持企业现有的生产经营正常顺利进行，不会改变企业未来生产经营发展全局，如更新替换旧设备的投资、配套流动资金投资等

3.对内投资与对外投资——资金投出的方向

类型	解释
对内投资	在本企业范围内部的资金投放，用于购买和配置各种生产经营所需的经营性资产——都是直接投资
对外投资	向本企业范围以外的其他单位的资金投放——主要是间接投资，也可能是直接投资

4.独立投资与互斥投资——投资项目之间的相互关联关系

类型	解释
独立投资	相容性投资，各个投资项目之间互不关联、互不影响，可以同时存在； 决策原则：方案本身是否满足某种决策标准
互斥投资	非相容性投资，各个投资项目之间相互关联、相互替代，不能同时存在； 决策原则：考虑方案之间的排斥性，选择最优方案

提示：独立投资看效率，互斥投资看效益。

通关绿卡

命题角度：投资分类的辨析。

客观题考点，虽然简单，但极易混淆，故作如下总结：

（1）直接投资和间接投资是最为基础的类型。

（2）对投资人而言是直接投资（花钱建厂房），对筹资人而言也是直接筹资（吸收直接投资）。

（3）对投资人而言是间接投资（购买股票），对筹资人而言却是直接筹资（发行股票）。

（4）项目投资均为直接投资，证券投资均为间接投资。

（5）对内投资均为直接投资，但对外投资可以是直接投资，也可以是间接投资。

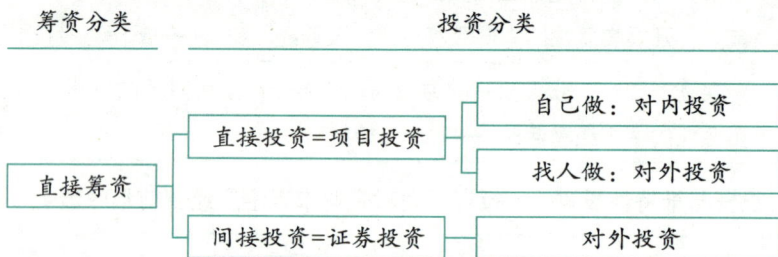

第31记 **项目现金流量** 2分

飞越必刷题：90、107、224、234、236、237、239

投资项目从整个经济寿命周期来看，大致分为三个阶段：投资期、营业期、终结期，现金流量的各个项目也可归属于各个阶段之中。

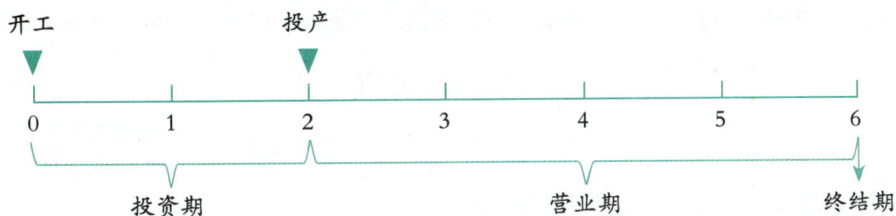

提示："终结期"看似是个"期间"概念，但是在实际运用和考试中，为了简化计算，均假设终结期的现金流量发生在寿命周期的最后一个时点。

各阶段现金流量及其计算

阶段	内容	
投资期	长期资产投资：固定资产、无形资产、递延资产等的购置成本、运输费、安装费等	
	营运资金垫支：追加的流动资产扩大量与结算性流动负债扩大量的净差额，终结期将全部收回	
营业期	营业收入	（1）营业现金净流量
	付现营运成本	=营业收入–付现成本–所得税
	大修理支出	=税后营业利润+非付现成本
	改良支出	=营业收入×（1–所得税税率）–付现成本×（1–所得税税率）+非付现成本×所得税税率
	所得税	（2）特殊问题——大修理支出和改良支出的处理。
		总原则：按照题目要求进行处理。
		①若按费用化处理：直接作为当期现金流出（付现成本）。
		②若按资本化处理：当期作为现金流出（视为一种投资），摊销期按非付现成本处理（计算抵税金额，现金流入）
终结期	固定资产变价净收入（又名"报废净收入""设备净残值"）	
	固定资产变现净损益对现金净流量的影响	（1）影响金额的计算。
		影响金额=（固定资产账面价值–固定资产变价净收入）×所得税税率
		①影响金额>0，意味着卖亏了（变现净损失），可以抵税，增加现金净流量。
		②影响金额<0，意味着卖赚了（变现净收益），应当纳税，减少现金净流量。
		（2）固定资产账面价值。
		又名"税法残值"，即税法认可的固定资产账面价值，其计算公式为：
		固定资产账面价值=固定资产原值–按照税法规定计提的累计折旧
	垫支营运资金的收回	

提示：实际考试中，通常不会按照"投资期、营业期、终结期"的问法进行提问，而是要求计算每一年的现金流量。

通关绿卡

命题角度：项目现金流量计算的若干提示。

客观题、主观题高频考点，需同学们全面掌握，复习时需关注以下几点内容：

（1）关于最后一年现金净流量的计算。

项目最后一年的现金净流量由两部分组成，即"最后一年现金净流量=当年营业现金净流量+终结期现金净流量"，切勿重复计算。

（2）关于终结期现金净流量的计算。

①固定资产变价净收入：

通常作为已知条件给出，具体金额要看题目信息。

②变现净损益对现金净流量的影响：

若变价净收入和税法残值有差异，则会产生影响；若变价净收入和税法残值无差异，则影响金额为0。通常情况下，造成差异的主要原因是税法规定的折旧年限或方法与企业采用的折旧年限或方法不同。

③垫支营运资金的收回：

通常默认期初垫支的营运资金在终结期等额收回。

（3）关于营业现金净流量中非付现成本（如折旧）的计算。

非付现成本必须按照税法规定的方法和年限计算。若采用直线法，务必要先扣除净残值。

第32记 [2分] 投资项目财务评价指标概览

飞越必刷题：91、92、93、94、95、96、103、108、234、236、237、239

投资项目财务评价指标

指标名称	计算公式	单个项目决策	多个项目决策	
			独立项目（看效率）	互斥项目（看效益）
净现值（NPV）	净现值（NPV）=未来现金净流量现值−原始投资额现值 贴现率的参考标准： （1）市场利率。 （2）投资者希望获得的预期最低投资收益率。 （3）企业平均资本成本率	0	×	√
年金净流量（ANCF）	年金净流量 $=\dfrac{现金净流量总现值（净现值）}{年金现值系数}$ $=\dfrac{现金净流量总终值}{年金终值系数}$	0	×	√
现值指数（PVI）	现值指数 $=\dfrac{未来现金净流量现值}{原始投资额现值}$ =1+净现值/原始投资额现值	1	√	×
内含收益率（IRR）	$NPV=0$时的贴现率就是内含收益率	项目的资本成本或预期投资收益率	√	×
静态回收期	（1）未来每年现金净流量相等。 静态回收期$=\dfrac{原始投资额}{每年现金净流量}$ （2）未来每年现金净流量不相等。 静态回收期$=M+$第M年的尚未收回额/第$(M+1)$年的现金净流量	越短越好	—	—

续表

指标名称	计算公式	单个项目决策	多个项目决策	
			独立项目（看效率）	互斥项目（看效益）
动态回收期	（1）未来每年现金净流量相等。 令：每年现金净流量×（P/A，i，n）=原始投资额现值，推算n。 （2）未来每年现金净流量不相等。 动态回收期=M+第M年的尚未收回额现值/第（M+1）年的现金净流量现值	越短越好	—	—

通关绿卡

命题角度：投资项目评价指标之间的关系。

（1）对于同一个投资项目：

①净现值>0，现值指数>1，年金净流量>0，内含收益率>资本成本。

上述四个指标对同一个投资项目的评价结果是一致的。

②动态回收期>静态回收期。

（2）净现值、项目寿命期与回收期的关系。

情形	通俗理解	关系
净现值>0	考虑货币时间价值，项目寿命到期前已经回本，至项目寿命期末有超额收益	项目寿命期>动态回收期>静态回收期
净现值=0	考虑货币时间价值，项目寿命期末刚好回本	项目寿命期=动态回收期>静态回收期
净现值<0	考虑货币时间价值，截至项目寿命期末仍未回本	项目寿命期<动态回收期，但无法判断项目寿命期与静态回收期的关系

第33记 2分

投资项目财务评价指标评价

飞越必刷题：95、108、113

指标名称	优点	缺点	多个项目决策	
			独立项目（看效率）	互斥项目（看效益）
净现值	（1）适用性强，能基本满足项目年限相同的互斥投资方案的决策。（2）灵活考虑了投资风险	（1）贴现率不易确定。（2）不适用于独立投资方案的比较决策（投资规模不同）。（3）不能直接用于寿命期不同的互斥投资方案决策（项目周期不同）	不能对原始投资额不相等的独立投资方案进行决策（×）	寿命期相同的互斥投资方案选优（√）
年金净流量	适用于期限不同的投资方案决策	不便于对原始投资额不相等的独立投资方案进行决策	不能对原始投资额不相等的独立投资方案进行决策（×）	互斥投资方案选优（√）
现值指数	相对数指标，反映投资效率	并未消除项目期限的差异	可以对原始投资额不相等的独立投资方案进行决策（√）	如果各方案的原始投资额现值不相等，有时无法作出正确的决策（×）
内含收益率	反映了投资项目本身可能达到的收益率	计算复杂，不易直接考虑投资风险大小		
回收期	（1）计算简便，易于理解。（2）考虑了风险因素，是一种较为保守的方法	（1）静态回收期没有考虑货币时间价值。（2）只考虑了未来现金净流量（或现值）总和中等于原始投资额（或现值）的部分，没有考虑超过原始投资额（或现值）的部分	—	—

第34记 [2分] 独立投资方案的决策

决策规则：

（1）确定投资方案本身是否达到某种要求的可行性标准。

（2）独立投资方案之间比较时，要确定各种可行方案的投资顺序（优先次序）。

（3）排序分析时，一般采用内含收益率法进行比较决策。

提示：以上规则是指多个独立项目的比较决策，不是单个独立项目的可行性决策。

第35记 [2分] 互斥投资方案的决策

飞越必刷题：109、224、236、237、239

决策规则：

（1）决策的实质在于选择最优方案。从选定经济效益最大的要求出发，**互斥决策以方案的获利数额（绝对数）作为评价标准。**

（2）项目的寿命期相等时，采用净现值法。

（3）项目的寿命期不相等时，采用共同年限法或年金净流量法。

如果采用年金净流量法，那么：

①当两项目资本成本相同时，优先选取年金净流量较大者。

②当两项目资本成本不同时，还需进一步计算永续净现值，即用年金净流量除以各自对应的资本成本。

具体步骤如下：

第一步：计算两个项目的 NPV_i。

第二步：计算两个项目的年金净流量 $ANCF_i$。

第三步：假设项目可以无限重置，并且每次都在该项目的终止期重置，计算永续净现值 $P_i=ANCF_i/k_i$。

◀ ◀ ◀ 通关绿卡

命题角度：项目决策指标优选问题。

客观题、主观题高频考点，复习时需关注以下几点：

第一，回收期指标是辅助决策指标，其重要性不及其余四个指标。

第二，净现值和年金净流量属于绝对数指标，内含收益率和现值指数属于（或视为）相对数指标。

第三，独立投资项目决策：看效率→相对数指标＞绝对数指标→内含收益率＞现值指数。

第四，互斥投资项目决策：看效益→绝对数指标＞相对数指标→年金净流量＞净现值。

4分

第36记

固定资产更新决策

（一）决策思路

将固定资产更新决策看作是两个互斥项目之间的决策，即继续使用旧设备投资于新项目，与购买新设备投资于新项目。

（二）决策指标的选择与现金流量估计

情形一：要求计算购买新设备和使用旧设备的净现值或年金净流量。（正向指标）

（1）决策指标的选择。

新设备与旧设备的寿命期是否相同	决策指标
相同	净现值
不同	年金净流量

（2）现金流量估计。

在估计现金流量时，现金流入为正，现金流出为负，即与普通投资项目的符号一致。

阶段	购买新设备	使用旧设备
投资期	–长期资产投资 –垫支营运资金	–变现净收入 –（账面价值–变价净收入）×税率 –垫支营运资金
营业期	+税后收入（可能不考虑，看题目信息） –税后付现成本 +折旧抵税	
终结期	+变现净收入 +（账面价值–变价净收入）×税率 +收回营运资金	

提示：使用旧设备场景下的投资期，相当于"假想的终结期"，即如果当下时点变卖旧设备，所能产生的现金流量。但由于"继续使用"旧设备，本该流入的未能流入，本该流出的未能流出。因此，现金流量的正负号完全相反。（简言之，若采用正向指标计算现金流量，则继续使用旧设备的投资期符号与常规终结期的符号相反）

情形二：要求计算购买新设备和使用旧设备的成本总现值和年金成本。（逆向指标）

（1）决策指标的选择。

新设备与旧设备的寿命期是否相同	决策指标
相同	成本总现值（现金流出总现值）
不同	年金成本（成本总现值÷年金现值系数）

提示：采用逆向指标决策时，通常假设旧设备替换新设备的方案不改变企业的生产能力，营业收入属于决策的无关因素，仅考虑成本即可。

（2）现金流量估计。

在估计现金流量时，现金流出为正，现金流入为负。

阶段	使用新设备	使用旧设备
投资期	+长期资产投资 +垫支营运资金	+变现净收入 +（账面价值−变价净收入）×税率 +垫支营运资金
营业期	+税后付现成本 −折旧抵税	
终结期	−变现净收入 −（账面价值−变价净收入）×税率 −收回营运资金	

提示：

（1）采用逆向指标计算现金流量时，所有符号均与正向指标计算时相反；此时，继续使用旧设备的投资期符号与常规终结期的符号相同。

（2）最终决策时，应选择成本总现值或年金成本更小的方案

第37记 2分 证券投资管理

飞越必刷题：97、98、99、100、101、102、110

（一）债券投资

1.债券价值的基本模型——每期支付利息、到期还本

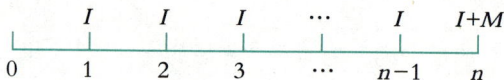

$$V_b = \sum_{t=1}^{n} \frac{I_t}{(1+R)^t} + \frac{M}{(1+R)^n} = I \times (P/A, R, n) + M \times (P/F, R, n)$$

式中，V_b表示债券的价值，I_t表示债券各期的利息，M表示债券的面值，R表示债券价值评估时所采用的贴现率即所期望的最低投资收益率。

2.影响债券价值的主要因素

面值、票面利率、期限、折现率（市场利率）。

提示：票面利率与市场利率的大小。

①票面利率＞市场利率→债券价值＞债券面值，溢价债券。

②票面利率＜市场利率→债券价值＜债券面值，折价债券。

③票面利率＝市场利率→债券价值＝债券面值，平价债券。

3.债券价值的敏感性分析

（1）债券价值对债券期限的敏感性——近小远大变平缓。

假设市场利率为10%，如下图所示：

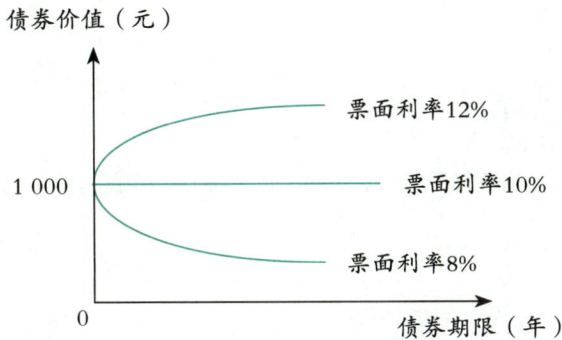

债券期限的敏感性

①近小：债券期限越短，债券票面利率对债券价值的影响越小。

②远大：债券期限越长，债券价值越偏离于债券面值。

③变平缓：对于非平价发行的分期付息、到期归还本金的债券来说，超长期债券的期限差异，对债券价值的影响不大。

（2）债券价值对市场利率的敏感性。

假设票面利率为15%，如下图所示：

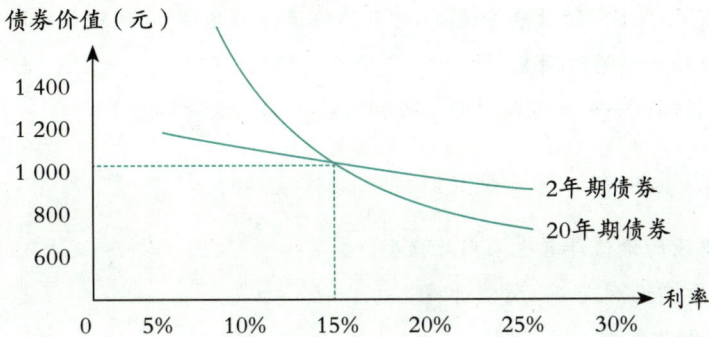

市场利率的敏感性

①反向：市场利率与债券价值呈反向变动关系。

②长期债券更敏感：长期债券对市场利率的敏感性会大于短期债券。在市场利率较低时，长期债券的价值远高于短期债券；在市场利率较高时，长期债券的价值远低于短期债券。

③先敏感，后平缓：市场利率低于票面利率时，债券价值对市场利率的变化较为敏感，市场利率稍有变动，债券价值就会发生剧烈的波动；市场利率超过票面利率后，债券价值对市场利率变化的敏感性减弱，市场利率的提高，不会使债券价值过分降低。

4.债券投资的收益率

（1）债券投资收益的来源：名义利息收益、利息再投资收益、价差收益（资本利得收益）。

（2）债券的内部收益率（内含收益率）：

债券投资项目的内部收益率，即未来的现金流入量现值等于购买价格的折现率。

即根据$P=I×（P/A，R，n）+M×（P/F，R，n）$，求解$R$。其中，$P$表示债券的当前购买价格，$I$表示利息，$M$表示本金。

或采用简便算法：

$$R=\frac{I+（B-P）/N}{（B+P）/2}×100\%$$

其中，P表示债券的当前购买价格，B表示债券面值，N表示债券持有期限。

（二）股票投资

1.股票价值模型

（1）基本模型——假设无限期持股。

$$V_s=\frac{D_1}{（1+R_s）^1}+\frac{D_2}{（1+R_s）^2}+\cdots+\frac{D_\infty}{（1+R_s）^\infty}=\sum_{t=1}^{\infty}\frac{D_t}{（1+R_s）^t}$$

（2）固定增长模式——无限期持股，股利增长率固定。

$$V_s=\frac{D_1}{R_s-g}=\frac{D_0（1+g）}{R_s-g}$$

提示：

①计算股票价值使用的是下一期预期支付的股利D_1，而不是本期已经支付的股利D_0。

②R_s可通过资本资产定价模型确定。

③利用该公式所计算的股票价值是0时点的价值，而非1时点的价值。即V（价值）和D（股利）之间存在一期的时间差。

（3）零增长模式——无限期持股，股利增长率=0（永续年金）。

$$V_s=\frac{D_1}{R_s-g}\rightarrow V_s=\frac{D}{R_s}$$

提示：优先股的价值计算也采用此模型。

（4）阶段性增长模式——分段计算。

2.股票投资的收益率

（1）股票收益的来源：股利收益、股利再投资收益（无须单独考虑）、转让价差收益。

（2）股票的内部收益率：

股票未来现金流量贴现值等于目前的购买价格时的贴现率，也就是股票投资项目的内含收益率。

①固定增长模式下股票的内部收益率：$R_s=D_1/P_0+g$。

提示：股票投资内部收益率由两部分构成：D_1/P_0为预期股利收益率，g为股利增长率（又称"资本利得收益率"）。

②零增长模式下股票的内部收益率：$R_s=D/P_0$。

③有限期持股下股票的内部收益率——逐次测试法：

$$NPV=\sum_{t=1}^{n} \frac{D_t}{(1+R_s)^t}+\frac{P_t}{(1+R_s)^n}-P_0=0$$

◀◀◀ **通关绿卡**

命题角度：证券投资的估值与决策。

客观题和主观题高频考点，同学们可结合下表总结进行掌握：

类型	决策依据一：内在价值	决策依据二：内部收益率	
		无限期持有	有限期持有
债券	基本模型：本利和贴现	较少涉及，暂不讨论	$P_0=I \times (P/A, R, n)+M \times (P/F, R, n)$ 运用逐次测试法求R
股票	(1) 基本模型：股利贴现。 $V_S=\sum_{t=1}^{\infty} \frac{D_t}{(1+R_s)^t}$ (2) 固定增长模型： $V_S=\frac{D_1}{R_s-g}=\frac{D_0(1+g)}{R_s-g}$ (3) 零增长模型： $V_S=\frac{D}{R_s}$	(1) 固定增长模型： $R_s=D_1/P_0+g$ (2) 零增长模型： $R_s=D/P_0$	$P_0=\sum_{t=1}^{n} \frac{D_t}{(1+R_s)^t}+\frac{P_t}{(1+R_s)^n}$ 运用逐次测试法求R_s，其中， $\sum_{t=1}^{n} \frac{D_t}{(1+R_s)^t}$为股利收益； $\frac{P_t}{(1+R_s)^n}-P_0$为资本利得
决策原则	内在价值＞价格，投资； 内在价值＜价格，不投资	内部收益率＞最低投资收益率，投资； 内部收益率＜最低投资收益率，不投资	

提示：内含收益率、内部收益率、期望收益率、投资收益率、最低投资收益率、必要收益率、资本成本的辨析。

（1）投资收益率是统称，属于泛指的概念。

（2）内含收益率＝内部收益率＝期望收益率，是根据未来现金流量和当前价格计算得出的收益率（倒算）。

（3）最低投资收益率＝必要收益率，反映了普遍投资者对于某项投资所要求的收益底线。

（4）资本成本是公司为筹集资金而付出的代价，取决于投资者要求的最低收益率，即必要报酬率。

第38记 2分 基金投资

飞越必刷题：104、111

（一）投资基金的概念

投资基金是一种集合投资方式，投资者通过购买基金份额，将众多资金集中起来，由专业的投资者即基金管理人进行管理，通过投资组合的方式进行投资，实现利益共享、风险共担。

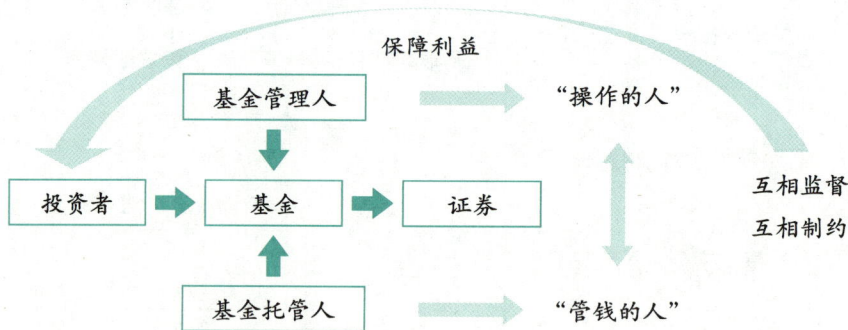

（二）证券投资基金的特点

（1）集合理财实现专业化管理——你专业，你来管。

（2）通过组合投资实现分散风险的目的——"一揽子"，降风险。

（3）投资者利益共享且风险共担——有福同享，有难同当。

提示：参与基金运作的基金管理人和基金托管人按照约定的比例收取管理费用和托管费用，无权参与基金收益的分配。

（4）权力隔离的运作机制——基金操作权力与资金管理权力相互隔离。

（5）严格的监管制度——法定监管机构与自律性组织相结合的监管模式。

①中国证监会是我国政府的基金监管机构，采取检查、调查取证、限制交易、行政处罚等措施对基金市场进行监管。

②基金业协会为行业自律性组织，负责制定行业标准和业务规范、从业人员教育、业内交流等工作。

③证券交易所是证券市场的自律管理者，负责对在交易所进行的基金投资行为进行监管，同时负责基金的信息披露工作。

（三）证券投资基金的分类

（1）依据法律形式的分类：契约型基金、公司型基金。

（2）依据运作方式的分类：

①封闭式基金：持有人不得在基金约定的运作期内赎回基金，即基金份额在合同期限内固定不变。适合资金可进行长期投资的投资者。

②开放式基金：持有人可以在合同约定的时间和场所对基金进行申购或赎回，即基金份额不固定。适合强调流动资金管理的投资者。

（3）依据投资对象的分类：

①股票基金：基金资产80%以上投资于股票的基金。

②债券基金：基金资产80%以上投资于债券的基金。

③货币市场基金：仅投资于货币市场工具的基金。

④混合基金：投资于股票、债券和货币市场工具，但股票投资和债券投资的比例不符合股票基金、债券基金规定的基金。

（4）依据投资目标分类：

①增长型基金：主要投资于具有较好增长潜力的股票，投资目标为获得资本增值，较少考虑当期收入。

②收入型基金：更加关注能否取得稳定的经常性收入，投资对象集中于风险较低的蓝筹股、公司及政府债券等。

③平衡型基金：集合了上述两种基金投资的目标，既关注是否能够获得资本增值，也关注收入问题。

提示：

三者在风险与收益的关系上往往表现为。

增长型基金风险＞平衡型基金风险＞收入型基金风险

增长型基金收益＞平衡型基金收益＞收入型基金收益

（5）依据投资理念分类：

①主动型基金：由基金经理主动操盘寻找超越基准组合表现的投资组合进行投资。

②被动型基金：通过复制指数的表现，选取特定的指数成分股作为投资对象，不期望能够超越基准组合，只求能够与所复制的指数表现同步。被动型基金也有指数增强型基金，即在复制的基础上根据市场变化作适当调整，以期获得超跟踪指数的收益。

（6）依据募集方式分类：

①私募证券投资基金：采取非公开方式发售，面向特定的投资者，他们往往风险承受能力较高，单个投资者涉及的资金量较大。

②公募证券投资基金：面向社会公众公开发售，募集对象不确定，单个投资金额较低，适合中小投资者，由于公募基金涉及的投资者数量较多，因此受到更加严格的监管并要求更高的信息透明度。

（四）证券投资基金业绩评价

（1）业绩评价时考虑的因素：投资目标与范围、风险水平（以风险调整后的收益为评价指标）、基金规模、时间区间。

（2）业绩评价指标：

指标类型	具体指标	计算公式
绝对收益	持有期间收益率	$R=$（期末资产价格–期初资产价格+持有期间红利收入）/期初资产价格×100%

续表

指标类型	具体指标	计算公式
绝对收益	现金流和时间加权收益率	$R=(1+R_1)(1+R_2)(1+R_3)\cdots(1+R_n)-1$
	平均收益率	算术平均收益率（R_A）的计算公式为： $R_A=\dfrac{\sum\limits_{t=1}^{n}R_t}{n}\times100\%$ 几何平均收益率（R_G）的计算公式为： $R_G=\left[\sqrt[n]{\prod\limits_{i=1}^{n}(1+R_i)}-1\right]\times100\%$ 提示：几何平均收益率相比算术平均收益率考虑了货币时间价值。一般来说，收益率波动越明显，算术平均收益率相比几何平均收益率越大
相对收益		相对于一定业绩比较基准的收益

第39记 [1分] 私募股权投资基金

飞越必刷题：104

（一）私募股权投资基金的特点

（1）具有较长的投资周期。

（2）较大的投资收益波动性。

（3）对投资决策与管理的专业要求较高，投后需进行非财务资源注入。

（二）私募股权投资基金的退出

1.股份上市转让或挂牌转让

（1）首次公开发行上市（IPO）。

（2）新三板。

2.股权转让

3.清算退出

（1）破产清算，即公司被依法宣告破产，由法院依照相关规定组织清算组进行清算。

（2）解散清算，即股东主动启动清算程序解散公司。

飞越必刷题：105、112

第40记 [2分] 期权合约

（一）期权合约的构成要素

要素名称	含义
标的资产	标的资产是期权合约中约定交易的资产，包括商品、金融资产等
期权买方	买方通过支付费用获取期权合约规定的权利，也称为期权的多头
期权卖方	卖出期权的一方通过获得买方支付的合约购买费用，承担在规定时间内履行期权合约义务的责任，也称为期权的空头
执行价格	指依据合约规定，期权买方在行权时所实际执行的价格
期权费用	期权买方为获取期权合约所赋予的权利而向卖方支付的费用
通知日与到期日	通知日为预先确定的交货日之前的某一天，以便做好准备。到期日为期权合约必须履行的时间点

（二）期权合约的分类

划分标准	类型	特征
按执行时间不同	欧式期权	期权买方仅能在到期日执行
	美式期权	期权买方可以在到期日或到期日之前的任何时间执行
按授予权利不同	看涨期权	期权赋予了期权买方在到期日或到期日之前，以固定价格购买标的资产的权利，也称为买入期权
	看跌期权	期权赋予了期权买方在到期日或到期日之前，以固定价格卖出标的资产的权利，也称为卖出期权

（三）期权到期日价值与净损益的计算

指标	解读
期权到期日价值	到期日执行期权可以取得的净收入，它依赖于标的资产的到期日价格和执行价格（不考虑初始期权费）
期权净损益	由到期日执行净收入和初始期权费共同决定

命题角度：期权合约中交易双方的到期日价值和净损益。

客观题和主观题考点。掌握以下几点原则，便可轻松应对：

（1）由于期权买方和卖方为零和博弈，因此可以先计算期权买方的到期日价值和净损益，再确定期权卖方的到期日价值和净损益。

（2）期权买方是否行权，主要取决于标的资产的价格变动是否符合预期。若合约买方购买的是"看涨期权"，则他希望标的资产价格能够上涨，从而行权。若合约买方购买的是"看跌期权"，则他希望标的资产价格能够下跌，从而行权。

（3）若买方行权，会产生收益（到期日价值，下同），收益的计算规则是"大数−小数"，无需纠结到底是市价还是执行价格。若买方不行权，直接确认收益为0。

（4）到期日价值−期权费用=期权净损益。

具体计算公式可参考下表：

情形	到期日价值		期权净损益
	买入看涨期权	买入看跌期权	
市价≥执行价格	市价−执行价格	0	到期日价值−期权费用
市价＜执行价格	0	执行价格−市价	

第六模块

财务管理内容之营运资金管理

● 本模块主要介绍营运资金管理的相关理论与计算问题，属于重点内容，分数占比适中，需要同学们重点关注本模块所有可能出现计算分析题的知识点，并着重练习，包括：

(1) 最佳现金持有量计算。

(2) 信用政策决策。

(3) 最佳经济订货批量模型计算。

读书不觉已春深，一寸光阴一寸金。 ——王贞白《白鹿洞二首》

第 41 记 1分 营运资金管理策略——流动资产的投资策略

527 6-1

飞越必刷题：123、124

（一）流动资产投资策略的类型

项目		紧缩的流动资产投资策略	宽松的流动资产投资策略
基本特征	流动资产/销售收入	低	高
其他特征	持有成本	低	高
	短缺成本	高	低
	风险与收益	高	低

（二）影响因素

1.总体因素

影响因素	具体表现	流动资产投资水平
经营的不确定性	销售稳定且可预测	较低
	销售额不稳定但可以预测（如季节性变化）	合理
	销售额不稳定且难以预测	较高
风险忍受程度	忍受程度低（管理政策趋于保守）	较高
	忍受程度高（为了更高的盈利，愿意承担风险）	较低

2.具体因素

影响因素		阐述
权衡收益与风险	增加流动资产投资	增加持有成本，降低收益性，提高资产流动性，减少短缺成本
	减少流动资产投资	降低持有成本，增加收益性，降低资产流动性，增加短缺成本
	最优的流动资产投资应该是使流动资产的持有成本和短缺成本之和最低	

续表

影响因素	阐述	
经营内外部环境	企业流动性水平越高、应收账款和存货的质量越好，所能获得的融资（流动资产）越多（来钱容易，故宽松）；若企业融资困难，则采用紧缩的投资策略（来钱费劲，故紧缩）	
产业因素	（1）流动资产占用具有明显的行业特征。例如，商业零售行业（轻资产经营）的流动资产占用超过机械行业（重资产经营）。 （2）在边际毛利（每卖一件产品所能赚得的"利润"）较高的产业，如果从额外销售中获得的利润超过额外应收账款所增加的成本（如催账成本），宽松的信用政策可能为企业带来更为可观的收益（卖越多，赚越多）	
影响企业政策的决策者	生产经理	高水平的原材料（满足生产需要）
	销售经理	高水平的产成品（满足销售需要）、宽松的信用政策（刺激销售）
	财务管理人员	存货和应收账款最小化（节约流动资产融资成本）

第42记 〔1分〕 营运资金管理策略——流动资产的融资策略

飞越必刷题：114、115、235

（一）基本关系式

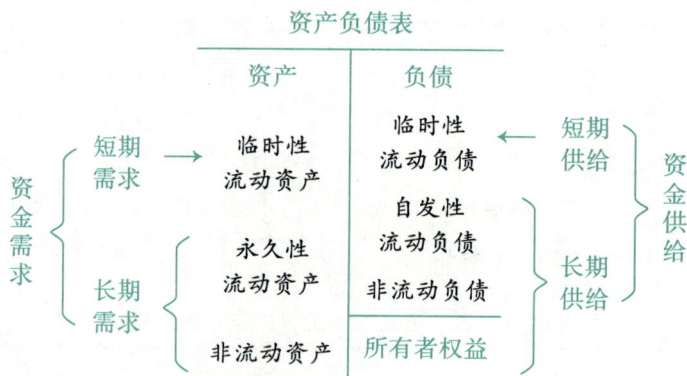

上图要素之间的期限对应关系为（"1213"）：

短期需求=临时性流动资产

长期需求=永久性流动资产+非流动资产

短期供给=临时性流动负债

长期供给=自发性流动负债+非流动负债+所有者权益

（二）期限匹配融资策略

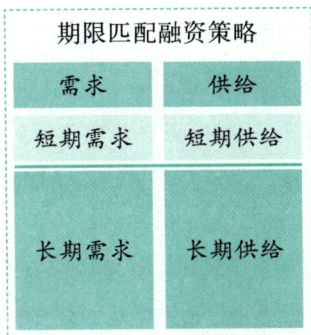

（1）基本关系式：长期供给=长期需求，短期供给=短期需求。

（2）风险与成本特征：风险与成本适中。

（三）保守融资策略——长贷短投，财务费用高

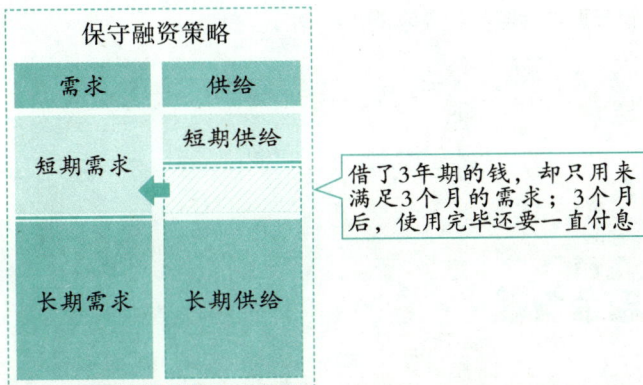

借了3年期的钱，却只用来满足3个月的需求；3个月后，使用完毕还要一直付息

（1）基本关系式：长期供给>长期需求，短期供给<短期需求。

（2）风险与成本特征：风险低、收益低、成本高。

（四）激进融资策略——短贷长投，资金链会断

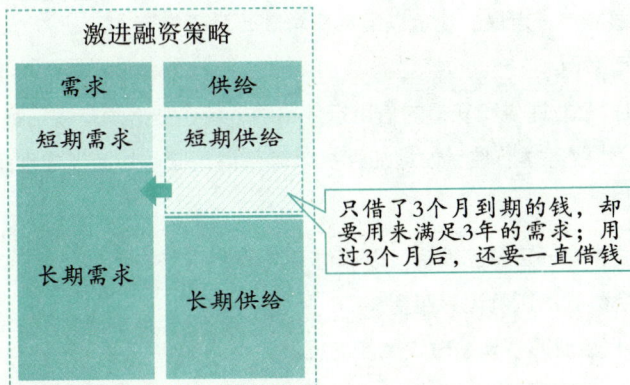

只借了3个月到期的钱，却要用来满足3年的需求；用过3个月后，还要一直借钱

（1）基本关系式：长期供给<长期需求，短期供给>短期需求。

（2）风险与成本特征：风险高、收益高、成本低。

命题角度：融资策略类型的判断。

客观题和主观题考点，难度适中。

首先，需要结合题目条件判断不同的资产或负债所对应的类型。通常，题目会给出明确提示，但通常默认"应付××"属于自发性流动负债，"短期借款"属于临时性流动负债。

其次，求和后比较大小。原则上，既可以比较短期需求和短期供给的大小，也可以比较长期需求和长期供给的大小，但后者理解难度相对较低。

因此，可以按照下列步骤解题：

第一步：分别求出长期需求和长期供给的和。

（1）长期需求=永久性流动资产+非流动资产。

（2）长期供给=自发性流动负债+长期负债+所有者权益。

第二步：比较长期供给与长期需求的大小。

（1）长期供给多，则为保守。

（2）长期供给少，则为激进。

第43记 【4分】现金管理

飞越必刷题：116、117、125、131、235

（一）持有现金的动机

类型	说明
交易性需求	需要持有一定量的现金以维持日常周转及正常商业活动。 典型举例： （1）企业提供和获得的信用条件不同，使企业必须持有现金。 （2）业务季节性（如增加存货以等待销售旺季）会发生现金支出，导致现金余额下降
预防性需求	需要持有一定量的现金，以应付突发事件。 现金数额的影响因素包括： （1）企业愿冒现金短缺风险的程度。 （2）企业预测现金收支可靠的程度。 （3）企业临时融资的能力
投机性需求	需要持有一定量的现金以抓住突然出现的获利机会

提示：企业的现金持有量一般小于三种需求下的现金持有量之和，因为为某一需求持有的现金可以用于满足其他需求。

（二）目标现金余额（最佳现金持有量）的确定

1.成本模型

基本原理：最佳现金持有量下的现金持有总成本=min（管理成本+机会成本+短缺成本）。

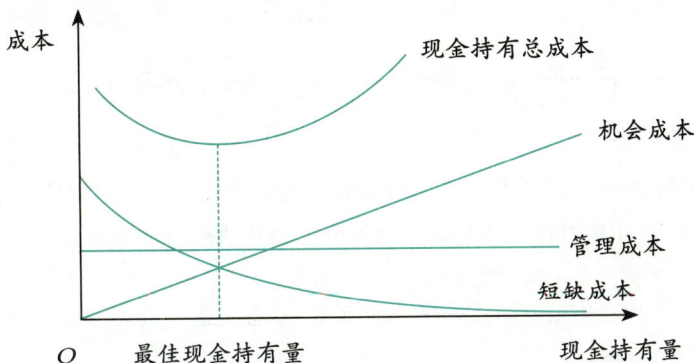

2.存货模型（类似存货经济订货批量模型）

（1）基本原理：交易成本和机会成本之和最小（或使二者相等）的现金持有量，就是最佳现金持有量。

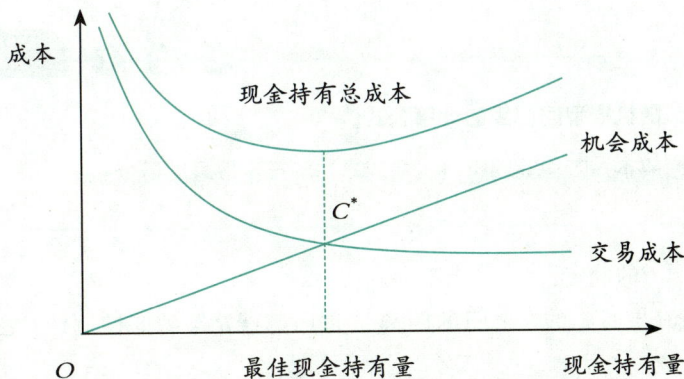

（2）计算公式：

假设现金持有量为C；一定期间的现金需求量，用T表示；每次出售有价证券以补充现金所需的交易成本，用F表示；持有现金的机会成本率，用K表示。

交易成本=$(T/C) \times F$

机会成本=$(C/2) \times K$

当交易成本等于机会成本时的现金持有量为最佳现金持有量，则有：

最佳现金持有量$C^* = \sqrt{2 \times T \times F / K}$，最小相关总成本$TC^* = \sqrt{2 \times T \times F \times K}$

3.随机模型

（1）基本原理：企业可以根据历史经验和现实需要，测算出一个现金持有量的控制范围，制定出现金持有量的上限和下限，将现金量持有控制在上、下限之内。当现金余额达到或突破控制区域的上、下限时，通过有价证券交易使现金余额返回至现金回归线R。

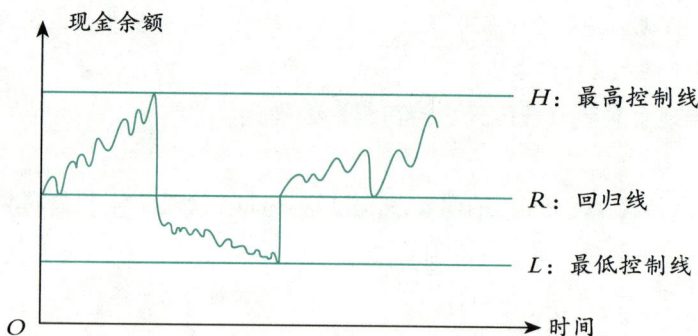

（2）计算公式：

①最低控制线*L*的确定：其数额是由现金管理部经理在综合考虑短缺现金的风险程度、企业借款能力、企业日常周转所需资金、银行要求的补偿性余额等因素的基础上确定的。

②回归线*R*的确定：$R=\sqrt[3]{\dfrac{3b \times \delta^2}{4i}}+L$

式中：

b 表示证券转换为现金或现金转换为证券的成本；

δ 表示企业每日现金流量变动的标准差；

i 表示以日为基础计算的现金机会成本。

◀ ◀ ◀ **记忆口诀**

命题角度：随机模型回归线的计算公式。

三转（转换成本）方差除四机（机会成本），三次根号加最低。

③最高控制线*H*的确定：

最高控制线*H*与回归线*R*之间的距离，是回归线*R*与最低控制线*L*之间的距离的两倍，即：

$H-R=2(R-L)$，化简为：$H=3R-2L$。

提示：建立在企业的现金未来需求总量和收支不可预测的前提下，计算出来的现金持有量比较保守（偏大）。

命题角度：不同现金持有量模型的相关成本。

客观题考点，初学者对不同现金持有量模型中的相关成本感到混乱，因此通过下表进行总结：

成本类型	成本模型	存货模型	随机模型
机会成本	√	√	√
管理成本	√	—	—
短缺成本	√	—	—
交易/转换成本	—	√	√

命题角度：不同现金持有量模型的相关成本。

（1）成本模型："鸡冠短"。

（2）存货模型和随机模型："鸡脚"。

（三）现金管理模式

1."收支两条线"的管理模式

（1）确保所有收入的资金都进入收入户。

（2）所有的货币性支出都必须从支出户里支付，支出户里的资金只能根据一定的程序由收入户划拨而来，严禁现金坐支（自己收、自己支）。

（3）根据"以收定支"和"最低限额资金占用"的原则从收入户按照支出预算安排将资金定期划拨到支出户，支出户平均资金占用额应压缩到最低限度。

2.集团企业资金集中管理模式

模式	特征
统收统支模式	（1）企业的一切资金收入都集中在集团总部的财务部门，各分支机构或子企业不单独设立账号。 （2）一切现金支出都通过集团总部财务部门付出，现金收支的批准权高度集中。 （3）有利于企业集团实现全面收支平衡，提高资金的周转效率，减少资金沉淀，监控现金收支，降低资金成本。 （4）不利于调动成员企业开源节流的积极性，影响成员企业经营的灵活性，降低集团经营活动和财务活动的效率。 （5）适用于规模较小的企业

续表

模式	特征
拨付备用金模式	（1）集团按照一定的期限统拨给所有所属分支机构或子企业备其使用的一定数额的现金，各分支机构或子企业发生现金支出后，持有关凭证到集团财务部门报销以补足备用金。 （2）相比统收统支模式具有一定的灵活性，也通常适用于那些经营规模比较小的企业
结算中心模式	结算中心通常设立于财务部门内，该机构通过为成员企业办理现金收付和往来结算业务，降低了企业成本，提高了资金使用效率
内部银行模式	（1）将"企业管理""金融信贷""财务管理"三者融为一体。 （2）三大职能：结算、融资信贷和监督控制。 （3）一般适用于具有较多责任中心的企事业单位
财务公司模式	（1）财务公司是经营部分银行业务的非银行金融机构，需要经过中国人民银行审核批准才能设立。 （2）财务公司负责开展集团内部资金集中结算，同时为集团成员企业提供包括存贷款、租赁、担保、信用鉴证、债券承销、财务顾问等在内的全方位金融服务

（四）现金收支日常管理

1.现金周转期

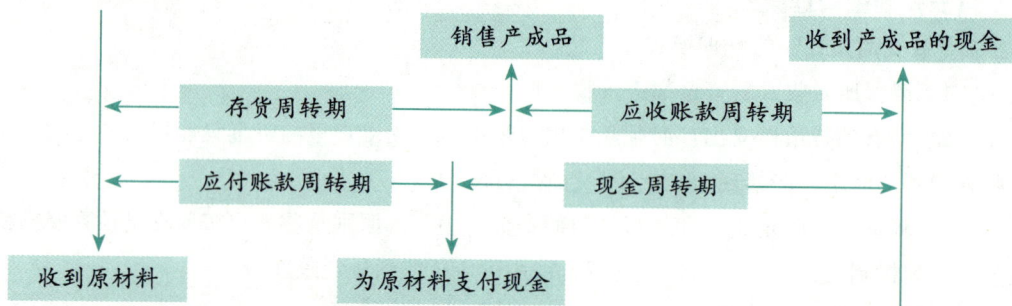

经营周期=存货周转期+应收账款周转期

现金周转期=存货周转期+应收账款周转期−应付账款周转期

其中，

存货周转期=存货平均余额/每天的销货成本

应收账款周转期=应收账款平均余额/每天的销货收入

应付账款周转期=应付账款平均余额/每天的购货成本

提示：周转期也可被称作"周转天数"，本质上反映了资产周转的速度，即周转一次需要经历多少天。天数越少，说明周转速度越快。

2.收款管理——"早收"

高效率的收款系统能够使收款成本（包括浮动期成本、管理收款系统的相关费用及第三方处理费用或清算相关费用）和收款浮动期（从支付开始到企业收到资金的时间间隔，包括邮寄浮动期、处理浮动期及结算浮动期）达到最小，同时能够保证与客户汇款及其他现金流入来源相关的信息的质量。

3.付款管理——"晚付"

现金支出管理的主要任务是尽可能（合理合法）延缓现金的支出时间。

（1）使用现金浮游量（企业账户上的现金余额和银行账户上的企业存款余额之间的差额）。

（2）推迟应付款的支付。

（3）汇票代替支票（承兑汇票并不是见票即付，可以在银行保持较少的现金余额）。

（4）改进员工工资支付模式（专门设立工资账户，通过银行向职工支付工资）。

（5）透支（实际上是银行向企业提供的信用）。

（6）争取现金流出与现金流入同步（降低交易性现金余额、减少有价证券转换为现金的次数）。

（7）使用零余额账户（只在主账户保持一定的安全储备，子账户不需要保持安全储备）。

第44记 **4分** **应收账款管理**

飞越必刷题：118、119、120、126、225、235

（一）信用政策

1.客户信用评价

（1）定性分析：5C信用评价系统。

维度	内容
品质	个人申请人或企业申请人的诚实和正直表现，反映了申请人在过去的还款中所体现出的还款意图和愿望
能力	申请人的偿债能力。企业应着重了解申请人流动资产的数量、质量以及流动比率的高低，必要时还可实地考察申请人的日常运营状况
资本	申请人当期的现金流不足以还债时，其短期和长期内可以使用的财务资源
抵押	申请人不能满足还款条款时，可以用作债务担保的资产或其他担保物
条件	影响申请人还款能力和还款意愿的各种外在因素

（2）定量分析：通常使用比率分析法评价申请人的财务状况。

指标	内容
流动性和营运资本比率	流动比率、速动比率、现金对负债总额比率
债务管理和支付比率	利息保障倍数、长期债务对资本比率、带息债务对资产总额比率、负债总额对资产总额比率
盈利能力指标	销售回报率、总资产回报率、净资产收益率

2.信用政策的决策

（1）决策逻辑。

（增加的）收益与（增加的）成本的权衡。若调整后的信用政策所导致的收益增加大于成本增加，则应调整；否则，不应调整。

（2）计算项目。

项目	计算项目	计算公式（新-旧）
增加的收益	延长信用期间所带来的收益	增加的收益=增加的销售量×单位边际贡献-增加的固定成本
	应付账款增加导致的应计利息的减少	—
增加的成本	应收账款占用资金的应计利息的增加	应收账款占用资金的应计利息增加="新"应计利息-"旧"应计利息 其中： 应收账款占用资金的应计利息（机会成本）=应收账款占用资金×资本成本=应收账款平均余额×变动成本率×资本成本=日销售额×平均收现期×变动成本率×资本成本
	管理成本或坏账成本的增加	管理/坏账成本的增加="新"管理/坏账成本-"旧"管理/坏账成本
	存货占用资金应计利息的增加	存货占用资金应计利息增加=存货增加量×单位变动成本×资本成本
	现金折扣成本的增加	现金折扣成本的增加="新"折扣成本-"旧"折扣成本 其中： 现金折扣成本=销售水平×享受现金折扣的顾客比例×现金折扣率

提示：收现期是指应收账款收回变为现金的时间，本质上就是应收账款周转天数。

（1）如果题目给出的信用条件涉及现金折扣，则平均收现期是指各种收现期的加权平均数。

（2）如果题目中给出的信用条件不涉及现金折扣，则默认收现期为信用期。

（3）如果题目给出实际收现天数，则使用实际天数，无论是否超过信用期

◄ ◄ ◄ 记忆口诀

命题角度：应收账款占用资金的应计利息的计算公式。

"日期变笨"。

（二）应收账款的监控

1.应收账款周转天数

应收账款周转天数=应收账款平均余额/平均日销售额

平均逾期天数=应收账款周转天数-平均信用期天数

2.账龄分析表

（1）账龄分析表比应收账款周转天数更能揭示应收账款变化趋势，因为账龄分析表给出了应收账款分布的模式，而不仅仅是一个平均数。

（2）当各个月之间的销售额变化很大时，账龄分析表和应收账款周转天数都可能发出类似的错误信号。

3.应收账款账户余额的模式

（1）将当前的模式和过去的模式进行对比，评价应收账款余额模式的任何变化。

（2）计划应收账款金额水平，衡量应收账款的收账效率以及预测未来的现金流。

4.ABC分析法——"抓重点、照顾一般"

分类	内容
A类	占逾期金额的比重大、占客户数量的比例低
B类	介于A类与C类之间
C类	占逾期金额的比重小、占客户数量的比例高

（三）应收账款日常管理

1.调查客户信用

2.评估客户信用

一般采用"5C"系统来评价，并对客户信用进行等级划分。

种类	内容
三类九等	分为AAA（最优）、AA、A、BBB、BB、B、CCC、CC、C九等
三级制	分为AAA、AA、A三个信用等级

3.收账的日常管理

对收账的收益与成本进行权衡，制定切实可行的收账政策。

4.应收账款保理

（1）分类：

分类标准	类别
保理商是否具有追索权（追债权人）	有追索权保理（非买断型）
	无追索权保理（买断型）
是否将保理情况通知客户（购货商）	明保理
	暗保理
保理商是否提前预付款	折扣保理（融资保理）
	到期保理

（2）作用：

①融资功能（利用未到期应收账款作为抵押从而获得银行短期借款）。

②减轻企业应收账款的管理负担（企业把应收账款让与专门的保理商进行管理，使企业从应收账款的管理之中解脱出来，减轻财务管理负担，提高财务管理效率）。

③减少坏账损失、降低经营风险。

④改善企业的财务结构（应收账款与货币资金之间的转换，增强资产的流动性，提高债务清偿能力）。

第45记 4分 存货管理

飞越必刷题：121、122、127、128、129、130、226

（一）存货量的成本

购置成本 —— 存货本身的价值（单价×进货量）

订货成本
- 固定订货成本 —— 与订货次数无关，如采购部的基本开支
- 变动订货成本 —— 与订货次数有关，如差旅费、邮资

储存成本
- 固定储存成本 —— 与存货数量无关，如仓库折旧、仓库职工的固定工资等
- 变动储存成本 —— 与存货数量有关，如存货占用资金的应计利息、存货的破损和变质损失、保险费用等

缺货成本 —— 由于材料供应中断造成的停工损失、产成品库存缺货造成的拖欠发货损失和丧失销售机会的损失及造成的商誉损失等

（二）经济订货批量决策

1.基本模型

（1）相关计算：

使变动订货成本与变动储存成本之和达到最小值（或使二者相等）的每次订货批量，即：

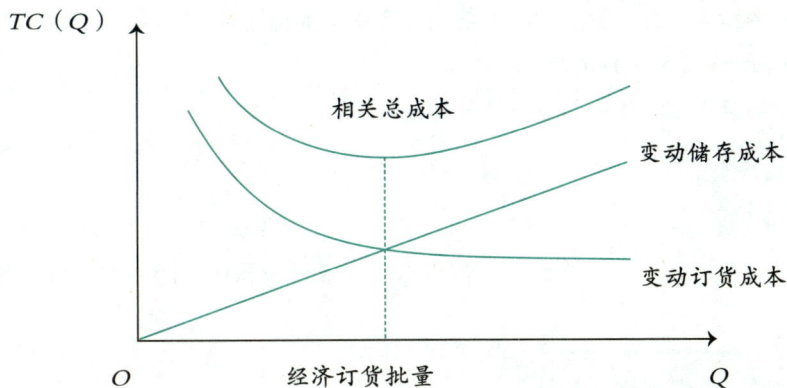

相关总成本=变动订货成本+变动储存成本

$\qquad$=订货次数×每次订货的变动成本+平均库存量×单位变动储存成本

$\qquad$$=\dfrac{D}{Q}K+\dfrac{Q}{2}K_c$

当$\dfrac{D}{Q}K=\dfrac{Q}{2}K_c$时，所求得的$Q$为经济订货批量，则：$EOQ=\sqrt{\dfrac{2KD}{K_c}}$

（2）其他指标：

每年最佳订货次数=存货年需求总量/经济订货批量

最佳订货周期（天数）=360/每年最佳订货次数

经济订货批量平均占用资金=经济订货批量/2×存货单价

与经济订货批量相关的存货总成本$=\sqrt{2KDK_c}$

经济订货批量下的变动订货成本=变动储存成本$=\sqrt{2KDK_c}/2$

2.扩展模型（存货陆续供应和使用模型，通常适用于自制存货的批量确定）

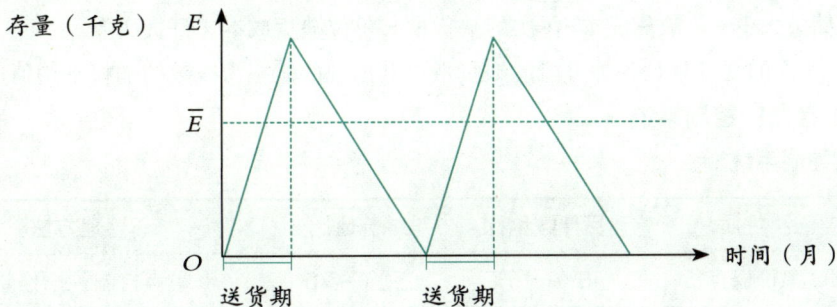

假设每批订货数为Q，每日送货量为P，每日耗用量为d。

（1）单看增加，会增加多少？——即每批订货的总量Q。

（2）单看减少，会减少多少？——即送货期间的耗用量（=送货期×每日耗用量）：

送货期$=Q/P$

送货期间的耗用量$=Q/P×d$

（3）送货期结束后的最大库存量=（1）-（2）$=Q-Q/P×d=Q×（1-d/P）$。

（4）平均库存量$=1/2×Q×（1-d/P）$，储存成本$=1/2×Q×（1-d/P）×K_c$。

基于同样的原理，当订货变动成本与储存变动成本相等时，$TC（Q）$有最小值，即：

$$D/Q \times K = 1/2 \times Q \times （1-d/P） \times K_c$$

求得存货陆续供应和使用的经济订货量公式为：

$$Q^* = \sqrt{\frac{2KD}{K_c\left(1-\dfrac{d}{P}\right)}}$$

将这一公式代入$TC（Q）$公式，可得出存货陆续供应和使用的经济订货量相关总成本公式为：

$$TC（Q^*）= \sqrt{2KDK_c \times \left(1-\dfrac{d}{P}\right)}$$

（三）再订货点决策

1.不考虑保险储备的再订货点

再订货点（R）＝平均交货时间×每日平均需用量＝$L \times d$

其中，d表示每日平均需用量（$D/360$）。

订货提前期对经济订货量并无影响，每次订货批量、订货次数、订货间隔时间等与瞬时补充相同。

2.考虑保险储备的再订货点

在交货期内，如果对存货的需求量增大或交货时间延误，就会发生缺货。为防止存货中断，再订货点应等于交货期内的预计需求与保险储备之和。即：

再订货点（R）＝平均交货时间×每日平均需用量+保险储备＝$L \times d + B$

其中，B表示保险储备。

最佳的保险储备应该使缺货损失和保险储备的储存成本之和达到最低。

（1）储备太多——储存成本＝保险储备×单位变动储存成本。

（2）储备太少——缺货成本＝每次的缺货量×单位缺货成本×订货次数。

其中，每次的缺货量是各种可能的缺货量以其出现的概率为权数的加权平均值。

（四）存货的控制系统

1.ABC控制系统

类别	性质	品种数量比	价值比	管理方法
A	高价值存货	10%~15%	50%~70%	重点控制、严格管理
B	中等价值存货	20%~25%	15%~20%	重视程度依次降低，采取一般管理
C	低价值存货	60%~70%	10%~35%	

2.适时制库存控制系统（零库存管理、看板管理系统）

（1）优点：提高企业运营管理效率。

（2）要求：稳定而标准的生产程序以及诚信的供应商。

◀ ◀ ◀　　**记忆口诀**

命题角度：现金管理和存货管理的相关公式。

最佳现金持有量：总（现金需求总量）焦（交易成本）虑（机会成本率）。

经济订货批量：总（存货需求总量）订（订货成本）褚（储存成本）橙吃。

第七模块

财务管理内容之
成本管理

● 本模块主要介绍成本管理的相关理论与计算问题，属于重点内容，分数占比适中，主观题重点是标准成本差异分析，客观题重点是作业成本。

时人不识凌云木，直待凌云始道高。 ——杜荀鹤《小松》

第46记 1分 成本管理的目标

（一）总体目标

在竞争性经济环境中，成本管理的总体目标主要依据企业竞争战略制定。

（1）成本领先战略：追求成本水平的绝对降低。

（2）差异化战略：在保证实现产品、服务等方面差异化的前提下，对产品全生命周期成本进行管理，实现成本的持续降低。

（二）具体目标

（1）成本计算目标：为所有内、外部信息使用者提供成本信息。

①外部使用者：关注资产价值和盈亏情况。

②内部使用者：用于经营管理。

（2）成本控制目标：降低成本水平。

①成本领先战略：保证一定产品质量和服务的前提下，最大限度地降低企业内部成本，表现为对生产成本和经营费用的控制。

②差异化战略：在保证企业实现差异化战略的前提下，降低产品全生命周期成本，实现持续性的成本节省，表现为对产品所处生命周期不同阶段发生成本的控制，如对研发成本、供应商成本和消费成本等的控制。

第47记 1分 成本管理的原则

（一）融合性原则

成本管理应该以企业业务模式为基础，将成本管理嵌入业务的各领域、各层次、各环节，实现成本管理责任到人、控制到位、考核严格、目标落实。

（二）适应性原则

成本管理应与企业生产经营特点和目标相适应，尤其要与企业发展战略或竞争战略相适应。

（三）成本效益原则

成本管理在应用相关工具方法时，应权衡其为企业带来的收益和付出的成本，避免获得的收益小于其投入的成本。

（四）重要性原则

成本管理应重点关注对成本具有重大影响的项目，对于不具有重要性的项目可以适当简化处理。

第48记 1分 成本管理的主要内容

飞越必刷题：142

企业应用成本管理工具方法，一般按照事前管理、事中管理、事后管理等程序进行。

（一）成本预测

以现有条件为前提，在历史成本资料的基础上，根据未来可能发生的变化，利用科学的方法，对未来的成本水平及其发展趋势进行描述和判断的成本管理活动。

成本预测是进行成本管理的第一步，也是组织成本决策和编制成本计划的前提。

（二）成本决策

在成本预测及有关成本资料的基础上，综合经济效益、质量、效率和规模等指标，运用定性和定量的方法对各个成本方案进行分析并选择最优方案的成本管理活动。

成本决策所考虑的是价值问题，更具体地讲是资金耗费的经济合理性问题。

（三）成本计划

成本计划是以营运计划和有关成本数据、资料为基础，根据成本决策所确定的目标，通过一定的程序，运用一定的方法，针对计划期企业的生产耗费和成本水平进行的具有约束力的成本筹划管理活动。

（四）成本控制

成本控制的关键是选取适用于本企业的成本控制方法，它决定着成本控制的效果。

（五）成本核算

成本核算分为财务成本核算和管理成本核算。财务成本核算采用历史成本计量，而管理成本核算既可以用历史成本，又可以用现在成本或未来成本。成本核算的关键是核算方法的选择。

（六）成本分析

成本分析的方法主要有对比分析法、连环替代法和相关分析法等。

（七）成本考核

考核指标可以是财务指标，也可以是非财务指标，例如，实施成本领先战略的企业应主要选用财务指标，而实施差异化战略的企业则大多选用非财务指标。

第49记 1分 成本性态

飞越必刷题：132、133、139、230

（一）固定成本

在特定的业务量范围内，不受业务量变动影响，一定期间的总额能保持相对稳定的成本，但单位固定成本随业务量的增减呈反向变动。

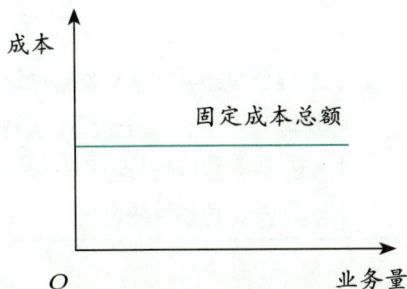

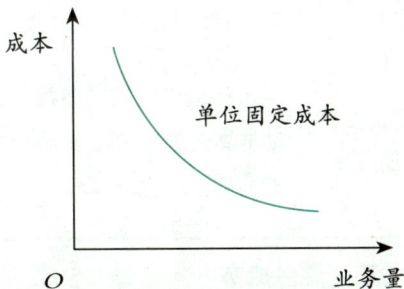

类别	特征	示例	降低措施
约束性固定成本（经营能力成本）	管理当局的短期经营决策行动不能改变其数额；企业的生产能力一经形成就必然要发生的最低支出	房屋租金、设备折旧、管理人员的基本工资、车辆交强险等	合理利用企业现有的生产能力，提高生产效率，以取得更大的经济效益
酌量性固定成本	管理当局的短期经营决策行动能改变其数额；并非可有可无，它关系到企业的竞争能力	广告费、职工培训费、新产品研究开发费用[1]等	编制积极可行的费用预算并严格执行

注：新产品研究开发费用，包括研发活动中支出的技术图书资料费、资料翻译费、会议费、差旅费、办公费、外事费、研发人员培训费、培养费、专家咨询费、高新科技研发保险费用等。

（二）变动成本

在特定业务量范围内，其总额会随业务量的变动而呈正比例变动的成本，但单位变动成本不变。

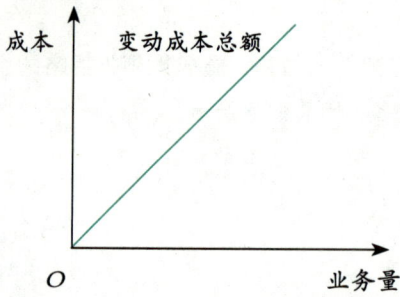

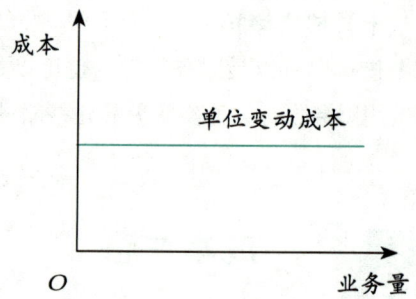

类别	特征	示例
技术性（约束性）变动成本	由技术或设计关系所决定的变动成本，只要生产就必然会发生，如果不生产，则不会发生；经理人员不能决定技术性变动成本的发生额	直接材料
酌量性变动成本	通过管理当局的决策行动可以改变单位变动成本的发生额；其效用主要是提高竞争能力或改善企业形象	按销售收入的一定百分比支付的销售佣金、新产品研制费（如研发活动直接消耗的材料、燃料和动力费用等）、技术转让费等

（三）混合成本

1.类型

（1）半变动成本：如固定电话费。

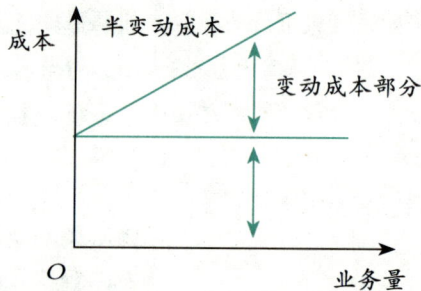

（2）半固定成本（阶梯式变动成本）：如企业的管理员、运货员、检验员的工资等成本项目。

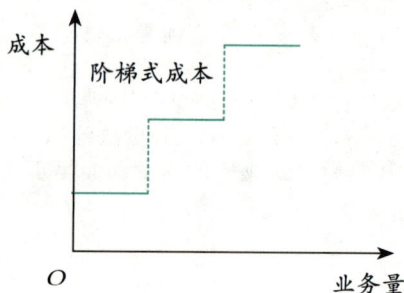

（3）延期变动成本：如职工的基本工资，在正常工作时间情况下是不变的；但当工作时间超出正常标准，则需按加班时间的长短成比例地支付加班薪金。再如手机流量费。

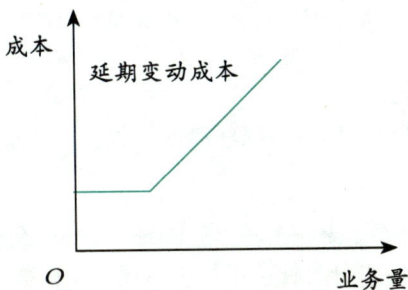

（4）曲线变动成本：包括递增曲线成本（如累进计件工资、违约金等）和递减曲线成本（如有价格折扣或优惠条件下的水、电消费成本、"费用封顶"的通信服务费）。

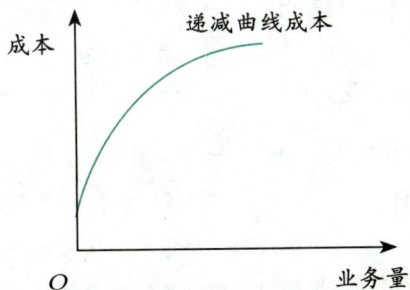

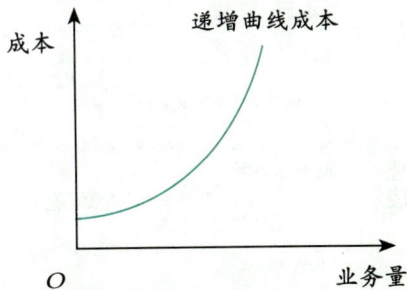

2.混合成本的分解

（1）高低点法。

计算较简单，只采用了历史成本资料中的高点和低点两组数据，代表性较差。

（2）回归分析法。

相较于高低点法更为精确。

（3）账户分析法（会计分析法）。

根据有关成本账户及其明细账的内容，结合其与业务量的依存关系，判断其比较接近哪一类成本，就视其为哪一类成本。这种方法简便易行，但比较粗糙且带有主观判断。

（4）工业工程法。

测定各项材料和人工投入的成本与产出的数量，将与产量有关的投入归集为单位变动成本，与产量无关的部分归集为固定成本。适用于投入成本与产出数量之间有规律性联系的成本分解，可以在没有历史成本数据的情况下使用。

（5）合同确认法。

根据企业订立的经济合同或协议中关于支付费用的规定，来确认并估算哪些项目属于变动成本，哪些项目属于固定成本。要配合账户分析法使用。

第50记 [4分] 标准成本控制与分析

飞越必刷题：134、135、136、137、140、227

（一）标准成本的制定

单位产品标准成本通常由直接材料标准成本、直接人工标准成本和制造费用标准成本构成，因此：

单位产品标准成本=直接材料标准成本+直接人工标准成本+制造费用标准成本

每一成本项目的标准成本可分为标准用量（单耗）和标准价格（单价）。

类型	标准用量（单耗）	标准价格（单价P_0）	注意事项
直接材料	单位产品材料消耗量（kg/件）	标准单价（元/kg）	标准单价通常是以订货合同的价格为基础，并考虑到未来物价、供求等各种变动因素后按材料种类分别计算的
直接人工	单位产品直接人工小时（小时/件）	小时标准工资率（元/小时）	在确定直接人工用量标准（标准工时）时，需考虑正常的工作间隙，并适当考虑生产条件的变化，生产工序、操作技术的改善，以及相关工作人员主观能动性的充分发挥等因素合理确定
制造费用	单位产品人工小时或机器工时（小时/件）	小时制造费用分配率（元/小时）	固定制造费用标准成本按照费用的构成项目实行总量控制；也可通过计算标准分配率，将固定制造费用分配至单位产品，形成固定制造费用标准成本

提示：

（1）小时标准工资率=标准工资总额/标准总工时。

（2）小时制造费用分配率=标准制造费用总额/标准总工时。

（3）标准成本VS标准价格："标准成本"的单位名称是"元/件"，是"产品"维度的成本；"标准价格"（P_0）的单位名称是"元/kg"或"元/小时"，是"原材料或工时"维度的价格。因此：

①单位产品直接材料标准成本（元/件）=P_0×kg/件

②单位产品直接人工或制造费用标准成本（元/件）=P_0×小时/件

（二）成本差异的计算及分析

1.基本原则

（1）成本差异分析时，采用的均是实际产量下的标准成本。

实际产量下的标准成本=实际产量×单位产品标准成本

=实际产量×（标准用量×标准价格）

=实际产量下标准用量（Q_0）×标准价格（P_0）

（2）区分"用量"和"产量"。

①"用量"是指材料或人工的耗用量，通常研究的是"单位产品的标准用量"，对应的单位名称是"kg/件"或者"小时/件"。

②"产量"是指产成品的数量，通常研究的是"实际产量"，单位名称是"件"。

提示：对于固定制造费用进行成本差异分析时，还会研究"预算产量"，记作"件*"。

③"标准用量"和"实际产量"相乘后，可得出"实际产量下标准用量"，即"件×kg/件"或"件×小时/件"，记作"Q_0"。

2.基本公式

（1）成本总差异（Δ总）。

成本总差异=实际产量下实际成本−实际产量下标准成本

成本差异>0，超支差异；成本差异<0，节约差异。

（2）用量差异（Δ量）。

用量差异=（实际产量下实际用量−实际产量下标准用量）×标准价格

$\Delta 量=(Q_1-Q_0)\times P_0$

其中，Q_0=件×kg/件，或"件×小时/件"。

（3）价格差异（Δ价）。

价格差异=（实际价格−标准价格）×实际产量下实际用量

$\Delta 价=(P_1-P_0)\times Q_1$

提示：成本差异分析的计算顺序为"先算量差，再算价差，量标价实"。其原理如下图所示。

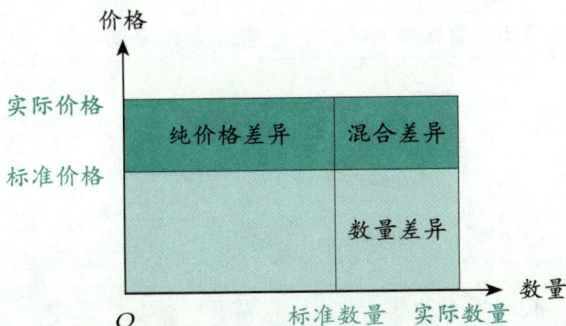

3.直接材料、直接人工、变动制造费用的成本差异计算

类型	直接材料	直接人工	变动制造费用	公式
总差异	总差异	总差异	总差异	$\Delta 总=Q_1\times P_1-Q_0\times P_0$ 或$(Q_1-Q_0)\times P_0+(P_1-P_0)\times Q_1$
用量差异	数量差异	效率差异	效率差异	$\Delta 量=(Q_1-Q_0)\times P_0$
价格差异	价格差异	工资率差异	耗费差异	$\Delta 价=(P_1-P_0)\times Q_1$

具体字母索引如下：

项目	含义	单位名称	计算方法
P_0	料工费的标准价格 （单价、工资率、分配率）	元/kg 元/小时	已知条件 或"标准总金额/标准总数量（工时）"
P_1	料工费的实际价格 （单价、工资率、分配率）	元/kg 元/小时	已知条件 或"实际总金额/实际总数量（工时）"
Q_0	实际产量下的标准用量 （料工费的用量）	kg 小时	实际产量×标准用量 即件×kg/件，或件×小时/件
Q_1	实际产量下的实际用量 （料工费的用量）	kg 小时	已知条件
$P_0 \times Q_0$	实际产量下的标准成本	元	结合上述条件计算得出
$P_1 \times Q_1$	实际产量下的实际成本	元	已知条件

4.固定制造费用的成本差异计算

（1）文字版本：

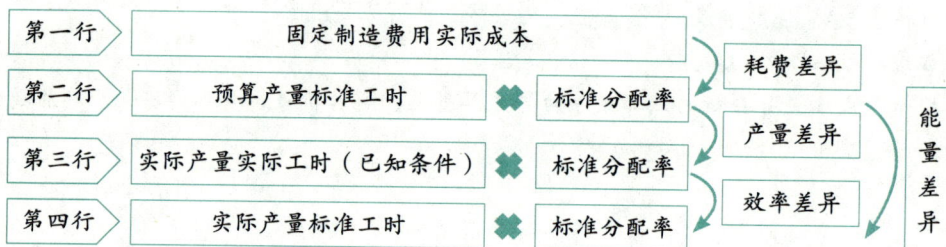

（2）字母版本：

字母索引与变动成本差异分析相同，唯一不同在于增加了"预算产量"这一计算口径，可用"*"予以区别。因此，预算产量下的标准用量（Q^*）=预算产量×标准用量=件*×小时/件。

5.成本差异的原因及责任归属

差异类型		原因	责任归属
价差	材料价格差异	市场价格、供货厂商、运输方式、采购批量	主要是采购部门负责
	人工工资率差异	工资制度的变动、工人的升降级、加班或临时工的增减	主要是人事劳动部门负责
	变动制造费用耗费差异	—	部门经理负责（补充结论）
量差	材料用量差异	产品设计结构、原料质量、工人的技术熟练程度、废品率的高低	主要由生产部门负责，但需要具体分析
	人工效率差异	工人技术状况、工作环境和设备条件的好坏	
	变动制造费用效率差异		

第51记 2分 作业成本

飞越必刷题：138、141

（一）基本原理——"作业消耗资源，产出消耗作业"

所谓作业成本法，是将间接成本和辅助费用更准确地分配到产品和服务的一种成本计算方法。其核心理念在于追踪成本动因，确定责任归属，并且通过消除不增加价值的作业达到成本优化，不断优化价值链。

资源 →资源动因/消耗→ 作业 →作业动因/消耗→ 成本对象

以"设备维修服务"为例，"产品消耗作业"是指在产品的生产过程中需要对设备开展维修作业；而"作业消耗资源"是指设备维修所需耗用的人力、物力、财力。

（二）作业成本法的应用程序

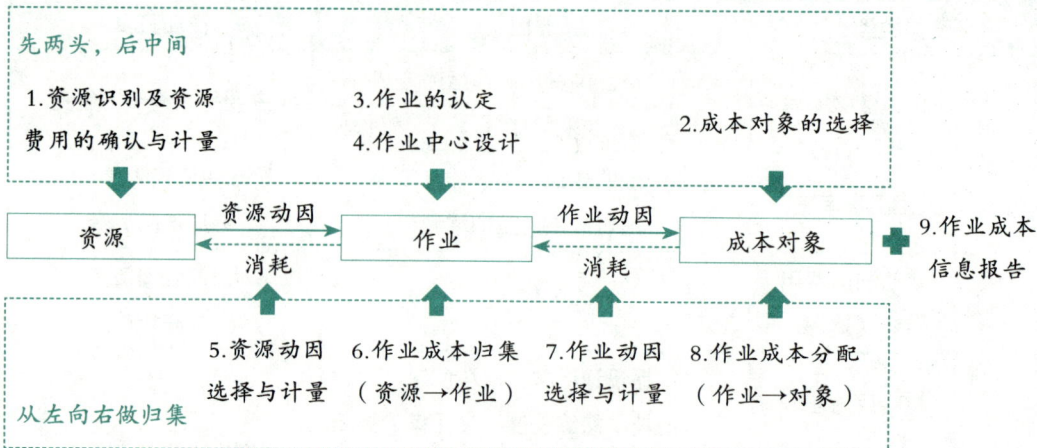

先两头，后中间

1.资源识别及资源费用的确认与计量　　3.作业的认定　4.作业中心设计　　2.成本对象的选择

| 资源 | —资源动因→　←消耗— | 作业 | —作业动因→　←消耗— | 成本对象 | ➕ 9.作业成本信息报告 |

5.资源动因选择与计量　6.作业成本归集（资源→作业）　7.作业动因选择与计量　8.作业成本分配（作业→对象）

从左向右做归集

相关说明：

1.第4步——作业中心设计

作业中心类型	释义	示例
产量级作业	每一台手机	产品加工、检验等
批别级作业	每一批手机	设备调试、生产准备等
品种级作业	每一款手机	新产品设计、现有产品质量与功能改进、生产流程监控、工艺变换需要的流程设计及产品广告等
顾客级作业	移动版手机、电信版手机	向个别客户提供的技术支持活动、咨询活动、独特包装等
设施级作业	手机公司	管理作业及针对企业整体的广告活动等

2.第7步——作业动因选择与计量

作业动因类型	含义	示例	适用情况
交易动因	用执行频率或次数计量的成本动因	接受或发出订单数、处理收据数等	每次执行所需要的资源数量相同或接近
持续时间动因	用执行时间计量的成本动因	产品安装时间、检查小时等	每次执行所需要的时间存在显著的不同
强度动因	不易按照频率、次数或执行时间进行分配而需要直接衡量每次执行所需资源的成本动因	特别复杂产品的安装、质量检验等	作业的执行比较特殊或复杂

3.第8步——作业成本分配

（1）首先，分配次要作业成本至主要作业，计算主要作业的总成本和单位成本。

（2）其次，分配主要作业成本至成本对象，计算各成本对象的总成本和单位成本。

（三）作业成本法的优缺点

1.优点

（1）能够提供更加准确的各维度成本信息，有助于企业提高产品定价、作业与流程改进、客户服务等决策的准确性。

（2）改善和强化成本控制，促进绩效管理的改进和完善。

（3）推进作业基础预算，提高作业、流程、作业链（或价值链）管理的能力。

2.缺点

部分作业的识别、划分、合并与认定，成本动因的选择以及成本动因计量方法的选择等均存在较大的主观性，操作较为复杂，开发和维护费用较高。

（四）作业成本管理——流程价值分析

1.成本动因分析

每项作业都有投入和产出，作业投入是为取得产出而由作业消耗的资源，作业产出是一项作业的结果或产品。但产出量指标不一定是作业成本发生的根本原因。

例如，原料搬运作业，搬运到指定地点的材料数量，是该"搬运"作业的产出量，也可以称为作业动因。但原料搬运作业产生的根本原因，可能是车间布局不合理造成的，而不仅仅是有材料需要搬运。

2.作业分析

（1）增值作业与非增值作业（对顾客价值所做的贡献）。

①增值作业的判断标准：

同时满足：该作业导致了状态的改变；该状态的变化不能由其他作业来完成；该作业使其他作业得以进行。

②典型举例：增值作业——印刷厂的裁边作业；非增值作业——检验作业、次品返工作业。

（2）增值成本和非增值成本。

分类	内容
增值成本	以完美效率执行增值作业所发生的成本，即高效增值作业的成本
非增值成本	增值作业中因为低效率所发生的成本；执行非增值作业发生的全部成本

（3）降低成本的途径。

途径	内容	举例
作业消除	消除非增值作业或不必要的作业，降低非增值成本	将原材料直接送达原料使用部门而非仓库、将功能性的工厂布局转变为单元制造式布局
作业选择	对所有能够达到同样目的的不同作业，选取其中最佳的方案	将内部货物运输业务由自营转为外包
作业减少	以不断改进的方式降低作业消耗的资源或时间	减少整备次数、不断改进技术降低作业消耗时间
作业共享	利用规模经济来提高增值作业的效率	新产品设计时应充分利用现有其他产品使用的零件

3.作业业绩考核

指标	内容
财务指标	主要集中在增值成本和非增值成本上，可以提供增值与非增值报告，以及作业成本趋势报告
非财务指标	主要体现在效率、质量和时间三个方面，比如投入产出比、次品率、生产周期等

第八模块

财务管理内容之收入与分配管理

● 本模块主要介绍收入与分配管理的相关理论与计算问题，属于重点内容，分数占比适中，主观题重点是销售预测分析、销售定价分析以及股票股利的相关计算，客观题重点为股利分配理论、股利政策、股票股利与股票分割以及股票回购之间的辨析。

恰同学少年，风华正茂；书生意气，挥斥方遒。

——毛泽东《沁园春·长沙》

第52记 | 2分 收入管理——销售预测分析（量）

飞越必刷题：160、238

销售预测分析方法

类型		具体方法
定性		营销员判断法
		专家判断法：个别专家意见汇集法、专家小组法、德尔菲法等
		产品寿命周期分析法
定量	趋势预测分析法	算数平均法
		加权平均法：权数选取遵循"近大远小"的原则
		移动平均法： （1）正常移动平均——用"实际"： $$Y_{n+1}=\frac{X_{n-(m-1)}+X_{n-(m-2)}+\cdots+X_{n-1}+X_n}{m}$$ （2）修正移动平均——用"预测"： $$\overline{Y}_{n+1}=Y_{n+1}+（Y_{n+1}-Y_n）$$
		指数平滑法——用"实际+预测"： $$Y_{n+1}=aX_n+（1-a）Y_n$$ （1）采用较大的平滑指数a，预测值可以反映样本值新近的变化趋势，适用销售量波动较大或进行短期预测（大、大、短）。 （2）采用较小的平滑指数a，则反映了样本值变动的长期趋势，适用销售量波动较小或进行长期预测（小、小、长）
	因果预测分析法	回归直线法： $$b=\frac{n\Sigma xy-\Sigma x\Sigma y}{n\Sigma x^2-（\Sigma x）^2}$$ $$a=\frac{\Sigma y-b\Sigma x}{n}$$

命题角度：关于趋势预测分析法的计算。

主观题高频考点，需要同学们全面掌握，具体总结如下：

方法	公式（以预测24年数据为例，假定$m=3$）
正常移动平均法	$Y_{24}=\dfrac{X_{23}+X_{22}+X_{21}}{3}$
修正移动平均法	$Y_{24}=\overline{Y}_{24}+(Y_{24}-Y_{23})$
指数平滑法	$Y_{24}=aX_{23}+(1-a)Y_{23}$

需注意不同公式中所运用的数据，是实际数还是预测数。核心把握以下两点原则：

（1）正常移动用实际（X），修正移动用预测（Y）。

（2）指数平滑都要用，指数绑在"实际"上。

第53记 [2分] 收入管理——销售定价管理（价）

飞越必刷题： 143、144、145

527 8-2

销售定价方法

类型	具体方法	
以成本为基础	全部成本费用加成定价法	基本关系式： 单位产品价格×（1−适用税率）=单位成本+单位利润 或者： 收入×（1−适用税率）=成本+利润 提示： （1）利润的两种计算方法： ①工业企业：利润=成本利润率×成本。 ②商业企业：利润=销售利润率×收入。 （2）成本的两种内涵： ①变动成本：计划外产品的边际决策。 ②全部成本费用：计划内产品的决策。
	保本点定价法（利润=0）	
	目标利润定价法（利润=目标值）	
	变动成本加成定价法	

续表

类型	具体方法
以市场需求为基础	需求价格弹性系数定价法： $E=\dfrac{\Delta Q/Q_0}{\Delta P/P_0}$，$P=\dfrac{P_0Q_0^a}{Q^a}$。 其中，$a$表示需求价格弹性系数绝对值的倒数，即$1/\lvert E\rvert$
	边际分析定价法：边际收入等于边际成本，即边际利润等于0，这时利润最大，销售价格是最优价格

第54记 [1分] 价格运用策略

飞越必刷题：146

（一）折让定价策略

策略	含义
现金折扣	对在一定期限内付款的购买者给予的折扣
数量折扣	对大量购买或集中购买本企业产品的购买方给予的一种折扣优惠
季节折扣	给予非季节性热销商品的购买者提供的价格优惠
团购折扣	通过团购集合足够人数，便可以优惠价格购买或使用第三方公司的物品、优惠券或服务
预购折扣	对预先向企业订购或购买产品进行折扣

（二）心理定价策略

策略	含义
声望定价	企业按照其产品在市场上的知名度和在消费者中的信任程度来制定产品价格，一般地，声望越高，价格越高，这就是产品的"名牌效应"
尾数定价	在制定产品价格时，价格的尾数取接近整数的小数或带有一定谐音的数等，一般只适用于价值较小的中低档日用消费品定价
双位定价	在向市场以挂牌价格销售时，采用两种不同的标价来促销的一种定价方法（如原价、促销价），适用于市场接受程度较低或销路不太好的产品
高位定价	根据消费者"价高质优"的心理特点实行高标价促销的方法。但高位定价必须是优质产品，不能弄虚作假

（三）组合定价策略

对于具有互补关系的相关产品，可以采取降低部分产品价格而提高互补产品价格，以促进销售，提高整体利润，如"便宜的整车+高价的配件"；

对于具有配套关系的相关产品，可以对组合购买进行优惠，如"西服套装中的上衣和裤子"。

（四）寿命周期定价策略

阶段	定价策略
推广期	低价促销
成长期	中等价格
成熟期	可以采用高价促销，同时必须考虑竞争者的情况，以保持现有市场销售量
衰退期	降价促销或维持现价并辅之以折扣等其他手段

第55记 纳税筹划的原则与方法
【1分】

（一）纳税筹划的原则

原则	内容
合法性原则	必须遵守国家的各项法律法规——首要原则
系统性原则	也称为整体性原则、综合性原则。选择纳税方案的时候，要着眼于整体税负的降低
经济性原则	必须进行成本效益分析，选择净收益最大的方案
先行性原则	筹划策略的实施通常在纳税义务发生之前

（二）纳税筹划的方法

1.减少应纳税额

（1）利用税收优惠政策筹划法。

免税、减税、退税、税收扣除、税率差异、分劈技术、税收抵免。

（2）转让定价筹划法。

2.递延纳税

采取有利的会计处理方法（存货计价方法、固定资产折旧方法等）。

第56记 纳税管理

1分

飞越必刷题: 147

类型		要点
筹资纳税管理		(1) 内部筹资优先于外部筹资（因为资本成本低、财务风险小、股东避免双重纳税）。 (2) 债务筹资优先于股权筹资（因为利息抵税效益、财务杠杆效益）
投资纳税管理		(1) 投资组织形式：合伙制＞公司制、分公司＞子公司（"＞"表示优于，下同）。 (2) 投资行业：税收负担较轻的行业。 (3) 投资地区：有税收优惠的地区。 (4) 投资收益取得方式：股息红利＞资本利得。 (5) 投资债券：需满足债券的税后投资收益大于国债的收益
营运纳税管理	采购	(1) 纳税人：增值率高的企业，适宜作为小规模纳税人；反之，适宜作为一般纳税人。 (2) 购货对象：综合考虑由于价格优惠所带来的成本的减少和不能抵扣的增值税带来的成本费用的增加（核心是比较单位产品税后利润）。 (3) 结算方式：在赊购、现金、预付三种购货方式的价格无明显差异时，尽可能选择赊购方式（晚付款）
	生产	(1) 对于盈利企业——今天成本多一些：选择使本期成本最大化的方法或"前多后少"（从而使得缴纳的税款呈现"前少后多"，未来支付的税款现值更小）。 (2) 对于亏损企业或处于税收优惠期间的企业——未来成本多一些：尽量使成本费用延迟到以后能够完全得到抵补的时期，以保证成本费用的抵税效果最大化
	销售	(1) 结算方式：尽量采取有利于本企业的结算方式，以推迟纳税时间，获得纳税期的递延，如委托代销、分期收款等。 (2) 促销方式：适合选择折扣销售方式
利润分配纳税管理		(1) 利润分配的顺序及筹划方案： 补亏（5年内的）[税前利润] → 纳税 [税前利润] → 补亏（5年外的）[税后利润] → 提取公积金（法定、任意）[税后利润] → 股利分配

续表

类型		要点
利润分配纳税管理		①弥补以前年度亏损： 5年之内用税前利润连续弥补，5年之后用税后利润（当年实现的净利润或盈余公积转入）弥补。 ②提取法定公积金： a.提取比例为当年税后（弥补亏损后）利润的10%。 b.当年法定公积金的累积额已达注册资本的50%时，可以不再提取。 c.法定公积金可用于弥补亏损或转增资本，企业用法定公积金转增资本后，法定公积金的余额不得低于转增前公司注册资本的25%。（即原公积金−转增部分≥原注册资本×25%） ③提取任意公积金。 ④向股东（投资者）分配股利（利润）。 （2）自然人股东的纳税筹划：更爱股利。 如果持股期超过1年，资本利得税负（印花税）＞股息红利税负（0税负），上市公司发放股利有利于长期持股的个人股东获得纳税方面的好处。 （3）法人股东的纳税筹划：更爱股利。 公司进行股利分配可以帮助法人股东减少纳税负担，增加股东报酬
重组纳税管理	合并	（1）并购目标企业的选择：有税收优惠政策、亏损、上下游或关联企业。 可由合并企业弥补的被合并企业亏损的限额=被合并企业净资产公允价值×截至合并业务发生当年年末国家发行的最长期限的国债利率 （2）支付方式：股权支付金额不低于其交易支付总额的85%
	分立	（1）分立方式的选择：新设分立的原则是让新设的企业变小（小型微利企业优惠）或变特殊（高新技术企业优惠）；存续分立的原则是减少流转环节，将某个特定部门分立出去。 （2）支付方式：股权支付金额不低于其交易支付总额的85%

527 8-6

第57记 | 股利分配理论

1分

飞越必刷题：148、149、155

类型	具体理论	要点
股利无关论		公司的市场价值由公司选择的投资决策的获利能力和风险组合所决定；股利政策的改变仅带来股东的收益在现金股利与资本利得之间分配上的变化，股利政策不会对公司价值或股票价格产生任何影响
股利相关论	"手中鸟"理论	当公司支付较高的股利时，公司的股票价格会随之上升，公司价值将得到提高
	信号传递理论	预期未来获利能力强的公司，往往愿意通过相对较高的股利支付水平把自己同预期获利能力差的公司区别开来，吸引更多的投资者
	所得税差异理论	结论1：由于普遍存在的税率以及纳税时间的差异，资本利得收益（税率低）比股利收益（税率高）更有助于实现收益最大化目标，公司应当采用低股利政策； 结论2：即使两者没有税率上的差异，由于投资者对资本利得收益的纳税时间选择更有弹性，投资者可以享受延迟纳税带来的收益差异
	代理理论	高水平的股利政策降低了企业的代理成本，但同时增加了外部融资成本，理想的股利政策应当使两种成本之和最小

通关绿卡

命题角度：判断不同股利理论下的股利支付率的高低。

客观题高频考点，但难度较低。建议同学们结合下表进行复习：

股利理论	高股利/低股利
"手中鸟"理论	高
信号传递理论	高
所得税差异理论	低
代理理论	不一定（代理成本与融资成本之和最小）

第58记 2分 股利政策

飞越必刷题：150、156、161

类型	要点	优缺点	适用情况
剩余股利政策	发放的股利=净利润－投资金额×目标资本结构的权益比重 理论依据：股利无关论	（1）优点： 降低再投资的资金成本，保持最佳的资本结构。 （2）缺点： ①股利发放额每年随着投资机会和盈利水平的波动而波动。 ②不利于投资者安排收入与支出，也不利于公司树立良好的形象	初创阶段
固定或稳定增长的股利政策	将每年派发的股利额固定在某一特定水平或是在此基础上维持某一固定比率（不是支付率固定）逐年稳定增长	（1）优点： ①向市场传递着公司正常发展的信息，稳定股票的价格。 ②稳定的股利额有助于投资者安排股利收入和支出，吸引那些打算进行长期投资并对股利有很高依赖性的股东。 （2）缺点： ①股利的支付与企业的盈利相脱节，可能会导致企业资金紧缺，财务状况恶化。 ②在企业无利可分的情况下，若依然实施固定或稳定增长的股利政策，是违反《中华人民共和国公司法》的行为	经营比较稳定或正处于成长期的企业，但很难被长期采用
固定股利支付率政策	将每年净利润的某一固定百分比（股利支付率）作为股利分派给股东	（1）优点： ①股利与公司盈余紧密地配合，体现了"多盈多分、少盈少分、无盈不分"的股利分配原则。 ②从企业的支付能力的角度看，这是一种稳定的股利政策（对投资者而言是不稳定的）。 （2）缺点： ①在收益不稳定的情况下，波动的股利容易给投资者带来经营状况不稳定、投资风险较大的不良印象。 ②公司实现的盈利（账面利润）多，并不代表公司有足够的现金流用来支付较多的股利额（财务压力大）。 ③合适的固定股利支付率的确定难度比较大	稳定发展且财务状况也较稳定（有充裕的现金流）的公司

续表

类型	要点	优缺点	适用情况
低正常股利加额外股利政策	公司事先设定一个较低的正常股利额，每年除了按正常股利额向股东发放股利外，还在公司盈余较多、资金较为充裕的年份向股东发放额外股利	（1）优点： ①赋予公司较大的灵活性，使公司在股利发放上留有余地，并具有较大的财务弹性。 ②使那些依靠股利度日的股东每年至少可以得到虽然较低但比较稳定的股利收入，从而吸引住这部分股东。 （2）缺点： ①由于各年度之间公司盈利的波动使得额外股利不断变化，容易给投资者造成收益不稳定的感觉。 ②当公司在较长时间持续发放额外股利后，可能会被股东误认为"正常股利"，一旦取消，传递出的信号可能会使股东认为这是公司财务状况恶化的表现，进而导致股价下跌	盈利随着经济周期而波动较大，或者盈利与现金流量很不稳定的公司

通关绿卡

命题角度：股利政策的特点判断以及适用条件。

客观题高频考点，初学者会对此部分内容感到混乱，因为不同股利政策之间有较多相似性，因此从以下两个方面进行归纳总结，便于区分不同股利政策的特点：

（1）股利政策与盈利水平的关系。

①强相关：固定股利支付率政策。

对企业而言：支付稳定。对股东而言：收益不稳定。

②中相关：剩余股利政策、低正常股利加额外股利政策。

③弱相关：固定或稳定增长的股利政策。

对企业而言：支付紧张。对股东而言：收益稳定。

（2）股利政策、波动与形象的关系。

①总体有波动：剩余股利政策、固定股利支付率政策。

对公司而言：形象差。对股东而言：不利于安排收入和支出。

②局部有波动：低正常股利加额外股利政策。

对公司而言：有较大财务弹性。对股东而言：对于依靠股利度日的股东而言有吸引力（相对稳定），对其他股东而言有收益不稳定的感觉。

③不波动：固定或稳定增长的股利政策。

稳定股价，形象好。

（3）不同股利政策的适用条件。

①剩余股利政策：初创阶段。

②固定或稳定增长政策：成长期。

③固定股利支付率政策：稳定发展且财务状况也较稳定。

④低正常股利加额外股利政策：波动较大或盈利与现金流量不稳定。

可结合下图进行记忆：

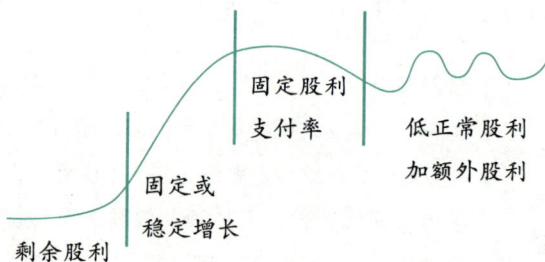

固定股利
支付率

低正常股利
加额外股利

固定或
稳定增长

剩余股利

第59记 `2分` 利润分配制约因素

（一）法律因素

因素	说明
资本保全约束	不能用资本（实收资本或股本和资本公积）发放股利
资本积累约束	公司必须按照一定的比例和基数提取各种公积金，股利只能从企业的可供股东分配利润中支付； 在进行利润分配时，一般应当贯彻"无利不分"的原则
超额累积利润约束	由于资本利得与股利收入的税率不一致，如果公司为了股东避税而使得盈余的保留大大超过了公司目前及未来的投资需要时，将被加征额外的税款
偿债能力约束	考虑现金股利分配对偿债能力的影响

（二）公司因素

因素	说明
现金流量	公司盈余与现金流量并非完全同步，有利润不一定有现金支持股利支付
资产的流动性	企业现金股利的支付会减少其现金持有量，降低资产的流动性，而保持一定的资产流动性是企业正常运转的必备条件

续表

因素	说明
盈余的稳定性	盈余越稳定，股利支付水平就越高
投资机会	投资机会多、资金需求量大，会考虑低股利政策； 将留存收益用于再投资所得报酬低于股东个人单独将股利收入投资于其他投资机会所得的报酬时，公司就不应多留留存收益，而应多发放股利
筹资因素	公司具有较强的筹资能力，随时能筹集到所需资金，则具有较强的股利支付能力； 留存收益不需花费筹资费用，同时增加了公司权益资本的比重，降低了财务风险，便于以低成本取得债务资本
其他因素	股利的信号传递作用，要求利润分配政策应保持一定的连续性和稳定性； 此外，还需要考虑发展阶段以及所处行业状况等影响

（三）股东因素

因素	说明
控制权 （大股东的担忧）	支付较高的股利会导致留存收益减少，发行新股的可能性增大，新股东的加入必然稀释现有股东的控制权，所以，股东会倾向于较低的股利支付水平
稳定的收入 （小股东的渴望）	以股利为主要收入来源的股东要求支付稳定的股利； "手中鸟"理论的支持者也要求较多的股利
避税	一般来讲，股利收入的税率要高于资本利得的税率，高股利收入的股东出于避税的考虑，偏好较低的股利支付水平

（四）其他因素

因素	说明
债务契约	债权人通常会在债务契约、租赁合同中加入关于借款公司股利政策的限制条款
通货膨胀	为弥补货币购买力下降而造成的固定资产重置资金缺口，在通货膨胀时期，公司的股利政策往往偏紧

通关绿卡

命题角度：利润分配制约因素的分类以及对于股利政策选用的影响。

客观题高频考点。一方面，同学们需要掌握四类影响因素及其下属因素的对应关系，特别需要提醒的是"偿债能力约束"属于法律因素，不是公司因素。另一方面，同学们要能够判断各种因素对于股利政策选用的影响，建议按照以下三个思路来掌握：

第一，有钱还是没钱？

具体来说，企业的筹资能力、盈余稳定性及其与现金流量是否同步，以及是否存在通货膨胀（钱的购买力下降）会决定企业是否有"钱"。有钱就多分点，没钱就少分点。

第二，大股东还是小股东？

具体来说，大股东看重的是控制权的稳定，因此希望少分一点，而小股东看重的是稳定的收益，因此希望多分一点。除此之外，从税的角度来看，边际税率高的股东希望的是低股利。

第三，公司更能赚还是股东更能赚？

如果公司将留存收益用于再投资所获得的收益高于股东自己拿着股利去投资所获得报酬，那么就应该由公司来继续投资赚钱，即少发股利。

第60记 [1分] 股利支付形式与程序

飞越必刷题：151、152

（一）股利支付形式

形式	说明
现金股利	以现金支付股利，是股利支付的最常见的方式
财产股利	以现金以外的其他资产（如公司所拥有的其他公司的有价证券）支付股利
负债股利	以负债方式（通常为以公司的应付票据支付给股东或发放公司债券）支付股利
股票股利	以增发（公司的）股票的方式支付股利，我国实务中通常也称其为"红股"

（二）股利支付程序

日期	说明
股利宣告日 "我要发钱啦"	股东大会决议通过并由董事会将股利支付情况予以公告的日期
股权登记日 "再不买就没钱拿"	有权领取本期股利的股东资格登记截止日期，在这一天之后取得股票的股东则无权领取本次分派的股利
除息日 "后悔也没用"	领取股利的权利与股票分离的日期（股权登记日的下一个交易日）。由于失去了"收息"的权利，除息日的股票价格会下跌
股利发放日 "发钱！"	公司按照公布的分红方案向股权登记日在册的股东实际支付股利的日期

2分

第61记

股票股利与股票分割

飞越必刷题：153、154、157、158、228

项目	股票股利	股票分割
作用	（1）对股东：稳定股价或使股价下降比例减小，甚至不降反升，股东便可以获得股票价值相对上升的好处。 （2）对公司：不需要向股东支付现金；降低公司股票的市场价格，促进股票交易和流通，吸引投资者，股权更为分散，防止公司被恶意控制；传递公司未来发展前景良好的信息，稳定股票价格	（1）降低股票价格：可以促进股票的流通和交易；加大对公司股票恶意收购的难度；还可以为公司发行新股做准备（便宜了才有人买）。 （2）向市场和投资者传递"公司发展前景良好"的信号，有助于提高投资者对公司股票的信心
相同点	（1）股数增加（但股票分割增加的更多）。 （2）每股收益和每股市价下降（但股票分割下降的更多）。 （3）股东持股比例不变。 （4）资产、负债、股东权益总额不变，资本结构不变	
不同点	每股面值不变	每股面值变小
	股东权益结构变化	股东权益结构不变
	属于股利支付方式	不属于股利支付方式

提示：股票股利和股票分割的作用其实很相近，但两种方案对于股价影响的幅度却是不同的，股票分割是大招数，股票股利是小招数。

（1）如果股价上涨较为平缓，企业可采用股票股利来降低股价、促进股票流通和交易。

（2）如果股价上涨较为剧烈，而且预期短时间内还会上涨，则会采用股票分割的手段抑制股价过快上涨。

◀ ◀ ◀ **通关绿卡**

命题角度：股票股利对所有者权益科目的影响金额。

客观题和主观题高频考点，实际做题时，可按照下表"两步走"的方法进行计算。首先，根据题目已知条件，确定是按照面值还是市价计算股票股利总额。然后，考虑其对于报表科目的影响。

步骤	按市价计算	按面值计算
第一步： 计算减少的未分配利润 （"抠数"）	减少的未分配利润=增发的股数×市价=当前总股数×发放比例×市价	减少的未分配利润=增发的股数×1=当前总股数×发放比例×1
	提示："未分配利润"是一个金额概念，即"价"和"量"的乘积，市价或面值为"价"，股数为"量"	
第二步： 计算对股本和 资本公积的影响 （"塞数"） 股本	增加的股本=当前在外发行总股数×发放比例×1	
资本公积	增加的资本公积=当前在外发行总股数×发放比例×（市价-1）	增加的资本公积=0

第62记 〔1分〕 股票回购

飞越必刷题：159

（一）股票回购的动机

（1）现金股利的替代（股票回购不会对公司产生未来的派现压力，股东可以根据自己的需要选择继续持股或出售以获得现金）。

（2）改变公司的资本结构（减少权益资本，提高债务资本的比例，提高公司的财务杠杆水平）。

（3）传递公司信息（认为股票价值被低估，则可以通过回购股票抬高股价）。

（4）基于控制权的考虑（减少流通在外的股份数，提高现有股东的股权比重，防止敌意收购）。

（二）股票回购的影响

（1）提升公司调整股权结构和管理风险的能力，提高公司整体质量和投资价值。

（2）因实施持股计划和股权激励的股票回购，形成资本所有者和劳动者的利益共同体，有助于提高投资者回报能力；用于可转债转换所需，可改善公司资本结构。

（3）公司股价严重低于股票内在价值时，适时进行股份回购，减少股份供应量，有助于稳定股价，增强投资者信心。

（4）用大量资金支付回购成本，容易造成资金紧张，降低资产流动性，影响公司的后续发展；但在公司没有合适的投资项目又持有大量现金的情况下，回购股份能更好地发挥货币资金的作用。

（5）上市公司通过履行信息披露义务和公开的集中交易方式进行股份回购有利于防止操纵市场、内幕交易等利益输送行为。

◀ ◀ ◀ **通关绿卡**

命题角度：股票股利、股票分割、股票回购的关系。

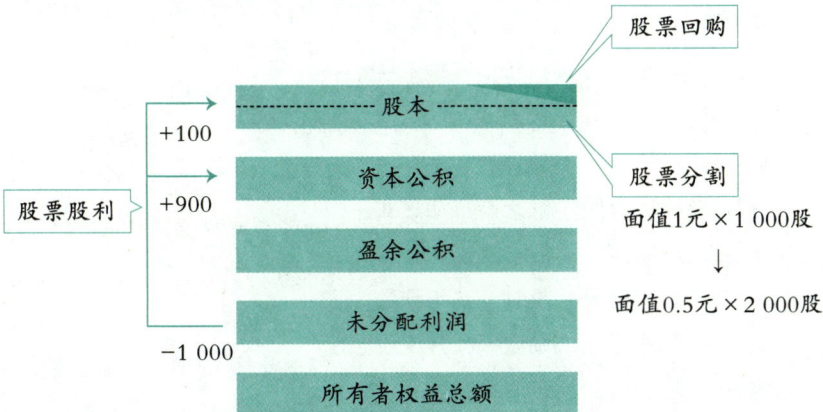

股票回购

股本

+100

资本公积

股票股利　+900

盈余公积

股票分割

面值1元×1000股
↓
面值0.5元×2000股

−1000　未分配利润

所有者权益总额

1分

第63记

股权激励

飞越必刷题：162

项目	股票期权	限制性股票	股票增值权	业绩股票激励
作为被激励对象，你现在有什么	未来以某一个价格（较低的行权价）获得股票的权利，但是现在手上并没有股票	一定数量的股票，但被"上锁"了	未来获得股价上扬或业绩提升所带来的收益的权利	未来直接获得一定数量股票（不是某一价格）或一定数量奖金用于购买股票的权利
你是否能获得收益取决于什么	公司股价、业绩条件、服务期限	业绩条件、服务期限	公司股价、业绩条件、服务期限	业绩条件
你获得的收益是多少	行权日以行权价购买股票、未来再以较高的市场价卖出股票所获得的资本利得	解锁日可以将自己手上的股票按照市价卖出去，获得资本利得	行权价与行权日市价的差额收益（公司通常直接给现金）	一定数量的股票或现金

项目	股票期权	限制性股票	股票增值权	业绩股票激励
优缺点	优点： （1）降低委托—代理成本（都希望股价上升）。 （2）锁定期权人的风险。 缺点： （1）影响现有股东的权益。 （2）遭遇来自股票市场的风险：收入差距过大、追求短期行为	优点： 限制期间公司不需要支付现金对价，便能留住人才。 缺点： 缺乏能推动企业股价上涨的激励机制，达不到激励效果，并使股东受损	优点： （1）易于操作，行权时直接兑现股票升值部分。 （2）审批程序简单。 缺点： （1）激励对象不能获得真正意义上的股票。 （2）公司的现金支付压力较大	优点： 激励高管努力完成业绩目标，与原股东有了共同利益。 缺点： （1）业绩目标确定的科学性很难保证。 （2）激励成本较高，可能造成公司支付现金的压力
适用条件	初始资本投入较少、资本增值较快、处于成长初期或扩张期的企业（画大饼）	处于成熟期，股价的上涨空间有限的企业（为了留住人才）	现金流量比较充裕的非上市公司	只对公司的业绩目标进行考核，不要求股价上涨，适合业绩稳定型的上市公司及其集团公司、子公司

财务报表分析

● 本模块主要介绍财务报表分析的相关公式，属于重点内容，分数占比适中，首先要掌握各类指标所对应的分析重点，再掌握具体的指标计算。另外，要学会运用因素分析法，这是本模块的计算难点。

盛年不重来，一日难再晨。 ——陶渊明《杂诗》

第64记 [2分] 财务分析的方法

飞越必刷题：163、229

类型	要点
比较分析法	(1) 分类：趋势分析法、横向比较法、预算差异分析法。
	(2) 应用时要注意：口径一致、剔除偶发性项目、针对异常重点分析
比率分析法	(1) 分类：构成或结构比率（部分/总体）、效率比率（所得/所费）、相关比率。
	(2) 应用时要注意：对比项目的相关性、口径一致、衡量标准的科学性
因素分析法	(1) 分类：连环替代法、差额分析法。
	(2) 应用时要注意：因素分解的关联性、因素替代的顺序性、顺序替代的连环性、计算结果的假定性

◀ ◀ ◀ 通关绿卡

命题角度1：各类比率的举例辨析。

(1) 构成比率：资产构成比率、负债构成比率。

(2) 效率比率：成本利润率、营业利润率、资本金利润率。

(3) 相关比率：流动比率、资产负债率。

命题角度2：因素分析法中基准值与实际值的确定。

首先，总原则是用实际值替代基准值。但在实际考试中，题目往往不会明确指出何为实际值、何为基准值，需要同学们自行判断。结合历年考题，通常有如下三种出题思路，分别对应基准值和实际值。

情形	基准值	实际值
1	计划数	实际数
2	*X*年 （如2023年，作为基期）	*X*+1年 （如2024年，作为预测期）
3	行业平均水平或标杆公司	某公司（即题目分析的"主人公"）

第65记 `2分` 偿债能力分析

飞越必刷题：164、165、166、167、168、173、174、175、176、180、181、235

（一）短期偿债能力分析

短期偿债能力衡量的是对流动负债的清偿能力。

指标	公式	要点
营运资金	营运资金=流动资产−流动负债	绝对数指标，不便于不同企业之间的比较
流动比率	流动比率=流动资产/流动负债	（1）并非越高越好。 （2）营业周期、存货和应收账款的变现能力是影响流动比率可信度的重要因素。 （3）必须与同行业平均水平、本企业历史水平对比，才能判断高低
速动比率	速动比率=速动资产/流动负债	（1）速动资产包括货币资金、交易性金融资产、衍生金融资产和各种应收款项。 （2）并非越高越好。 （3）应收账款的变现能力是影响速动比率可信度的重要因素。 （4）速动比率受行业特征影响（零售业<1）
现金比率	现金比率=（货币资金+交易性金融资产）/流动负债	（1）并非越高越好。 （2）标准：0.2就可以接受

（二）长期偿债能力分析

长期偿债能力衡量的是对企业所有负债的清偿能力。

指标	公式	要点
资产负债率	资产负债率=负债总额/资产总额×100%	越低表明长期偿债能力越强
产权比率	产权比率=负债总额/股东权益×100%	（1）越低表明长期偿债能力越强。 （2）反映企业财务结构是否稳定，债权人资本受股东权益保障的程度
权益乘数	权益乘数=总资产/股东权益 =1+产权比率	企业存在负债时，权益乘数大于1，负债比例越高，权益乘数越大
利息保障倍数	利息保障倍数=息税前利润/应付利息	（1）息税前利润=净利润+所得税+利润表中的利息费用。 （2）应付利息=财务费用中的利息费用+计入固定资产成本的资本化利息。 （3）短期内，利息保障倍数小于1也仍然具有利息支付能力，但这种支付能力是暂时的

提示：

（1）产权比率与资产负债率的含义。

资产负债率侧重于分析债务偿付安全性的物质保障程度；

产权比率侧重于揭示财务结构的稳健程度以及自有资金对偿债风险的承受能力。

（2）资产负债率、产权比率、权益乘数的关系。

同向变动、反向关系。

（三）影响偿债能力的其他因素（表外因素）

（1）可动用的银行贷款指标或授信额度。

（2）资产质量：如账面价值与实际价值的差异；如存在很快变现的长期资产（如变卖一栋正在出租的房产）会增加短期偿债能力。

（3）或有事项（如债务担保或未决诉讼）和承诺事项。

第66记 **2分 营运能力分析**

飞越必刷题：169、177、235

527 9-3

基本公式：

周转率（次数）=周转额÷××资产平均余额——反映"效率"，越大越好（效率高）。

周转天数=计算期÷周转率——反映"速度"，越小越好（速度快）。

营运能力分析指标

指标	公式	要点
应收账款周转率	应收账款周转率=营业收入/应收账款平均余额	（1）应收账款包括应收票据及应收账款，未扣除坏账准备，最好使用多个时点的平均数。 （2）反映应收账款的周转速度及管理效率，可同时反映短期偿债能力和营运能力
存货周转率	存货周转率=营业成本/存货平均余额	（1）只反映存货整体周转情况。 （2）存货周转速度越快，存货转化为现金或应收账款的速度越快，从而增强企业的短期偿债能力及盈利能力
流动资产周转率	流动资产周转率=营业收入/流动资产平均余额	周转天数越少，流动资产利用效果越好，可相对节约流动资产，增强盈利能力
固定资产周转率	固定资产周转率=营业收入/固定资产平均余额	周转率高，说明企业固定资产投资得当，结构合理，利用效率高
总资产周转率	总资产周转率=营业收入/总资产平均余额	若资金占用额波动性较大，则应按照更详细的资料计算总资产平均余额

第67记 1分 盈利能力分析

飞越必刷题：235

盈利能力分析指标

指标	公式
营业毛利率	营业毛利率=营业毛利/营业收入×100%
营业净利率	营业净利率=净利润/营业收入×100%
总资产净利率	总资产净利率=净利润/平均总资产×100%
净资产收益率（权益净利率）	权益净利率=净利润/平均所有者权益×100%

第68记 1分 发展能力分析

发展能力分析指标

指标	公式
营业收入增长率	营业收入增长率=本年营业收入增长额/上年营业收入×100%
总资产增长率	总资产增长率=本年资产增长额/年初资产总额×100%
营业利润增长率	营业利润增长率=本年营业利润增长额/上年营业利润总额×100%
资本保值增值率	公式1：资本保值增值率=扣除客观因素影响后的期末所有者权益/期初所有者权益×100% 公式2：资本保值增值率=（期初所有者权益+本期利润）/期初所有者权益×100%
所有者权益增长率	所有者权益增长率=本年所有者权益增长额/年初所有者权益×100%

提示：资本保值增值率的计算说明。

该指标主要反映企业资本的运营效益与安全状况。该指标越高，表明企业的资本保全状况越好，所有者权益增长越快，债权人的债务越有保障，企业发展后劲越强。

（1）公式1：

客观因素对所有者权益的影响包括但不限于：

①本期投资者追加投资，使企业的实收资本增加，以及因资本溢价、资本折算差额引起的资本公积变动。

②本期接受外来捐赠、资产评估增值导致资本公积增加。

（2）公式2：严格意义上的资本保值增值应该既与本期筹资、接受捐赠、资产评估增值等事项无关，也与本期利润分配无关，而是真正取决于当期实现的经济效益，即净利润。因此，严格意义上的资本保值增值指标应从损益表出发，以净利润为核心。

第69记 1分 现金流量分析

飞越必刷题：170、171、178

现金流量分析指标

指标		公式
获取现金能力分析	营业现金比率	营业现金比率=经营活动现金流量净额/营业收入
	每股营业现金净流量	每股营业现金净流量=经营活动现金流量净额/普通股股数 （反映企业最大的分派股利能力）

续表

指标		公式
获取现金能力分析	全部资产现金回收率	全部资产现金回收率=经营活动现金流量净额/平均总资产×100%
收益质量分析	净收益营运指数	净收益营运指数=经营净收益/净利润 =（净利润–非经营净收益）/净利润
	现金营运指数	现金营运指数=经营活动现金流量净额/经营所得现金

◀ ◀ ◀ **通关绿卡**

命题角度：现金流量分析指标的计算。

客观题考点，有一定难度，因此为同学们总结了这部分五个指标之间的关系，更有利于理解与记忆：

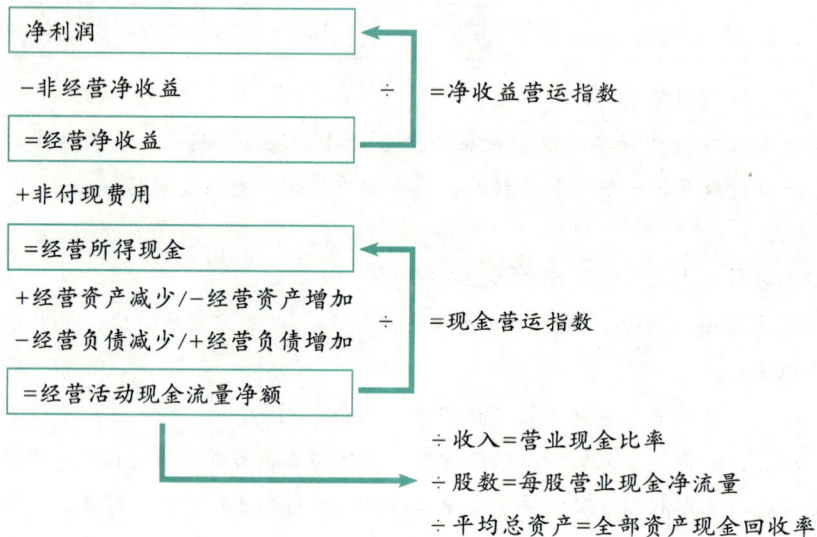

净利润

－非经营净收益

＝经营净收益 ÷ ＝净收益营运指数

＋非付现费用

＝经营所得现金

＋经营资产减少/－经营资产增加

－经营负债减少/＋经营负债增加 ÷ ＝现金营运指数

＝经营活动现金流量净额

÷收入＝营业现金比率

÷股数＝每股营业现金净流量

÷平均总资产＝全部资产现金回收率

第70记 上市公司特殊财务分析指标

1分

飞越必刷题: 172、182

上市公司特殊财务分析指标

指标	公式	要点
基本每股收益	基本每股收益=归属于公司普通股股东的净利润/发行在外的普通股加权平均数	(1) 若导致股东权益总额发生变动的股数变动,则需要按照时间加权计算,如增发股票、股票回购、配股;若未导致股东权益总额发生变动的股数变动,则不需要加权计算。 (2) 反映了投资者可望获得的最高股利收益。 (3) 每股收益多,表明投资价值越大,但并不意味着每股股利多
稀释每股收益	稀释每股收益=调整后的归属于公司普通股股东的净利润/调整后的发行在外的普通股加权平均数	(1) 可转换公司债券: ①分子:归属于公司普通股股东的净利润+当期确认的利息费用×(1−所得税税率)。 提示:a.要考虑计息时间;b.要扣除所得税。 ②分母:发行在外的普通股的加权平均数+可转换债券转股数的加权平均数。 提示: a.可转换债券转股数=转换比率×债券张数,其中:转换比率=债券面值/转换价格; b.要考虑转股的时间。 (2) 认股权证和股份期权: ①分子:无变化。 ②分母:发行在外的普通股的加权平均数+行权认购的股数×(1−行权价格/普通股平均市场价格)。 提示:需考虑时间权重
每股股利	每股股利=普通股股利总额/期末发行在外的普通股股数	(1) 分母不需要考虑加权平均。 (2) 每股股利受上市公司盈利能力、股利分配政策和投资机会的共同影响
市盈率	市盈率=每股市价/每股收益	(1) 反映股票的投资价值,即市场上投资者对股票投资收益和投资风险的预期。市盈率越高,投资价值越大;同时,股票投资风险越大。 (2) 影响市盈率的因素:上市公司盈利能力的成长性、投资者所获收益率的稳定性、利率水平的变动

续表

指标	公式	要点
每股净资产	每股净资产=期末普通股净资产/期末发行在外的普通股股数	（1）反映的是理论上的股票最低价值（账面上到底值多少钱）。 （2）在企业性质相同、股票市价相近的条件下，某一企业股票的每股净资产越高（即市净率越低），则企业发展潜力与其股票的投资价值越大，投资者的投资风险越小
市净率	市净率=每股市价/每股净资产	（1）市净率较低的股票，投资价值较高。 （2）但是有时较低的市净率反映的可能是投资者对公司前景的不良预期

第71记 1分 管理层讨论与分析

飞越必刷题：179

　　管理层讨论与分析是上市公司定期报告（如中期报告、年度报告）中管理层对于本企业过去经营状况的评价分析以及对企业未来发展趋势的前瞻性判断。

　　西方国家的披露原则是强制与自愿相结合，企业可以自主决定如何披露这类信息。我国也基本实行这种原则。

　　上市公司"管理层讨论与分析"主要包括两部分：报告期间经营业绩变动的解释（若企业实际经营业绩较曾公开披露过的本年度盈利预测或经营计划低10%以上或高20%以上，应详细说明造成差异的原因）与企业未来发展的前瞻性信息。

第十模块

管理会计之预算管理

● 本模块主要介绍预算管理的相关理论与计算问题，属于次重点内容，分数占比适中，需重点掌握各类经营预算和资金预算的编制，理解预计利润表和预计资产负债表的编制原理。

博观而约取，厚积而薄发。 ——苏轼《稼说送张琥》

第72记 **1分** **预算体系与预算管理原则**

飞越必刷题：191

1.预算体系

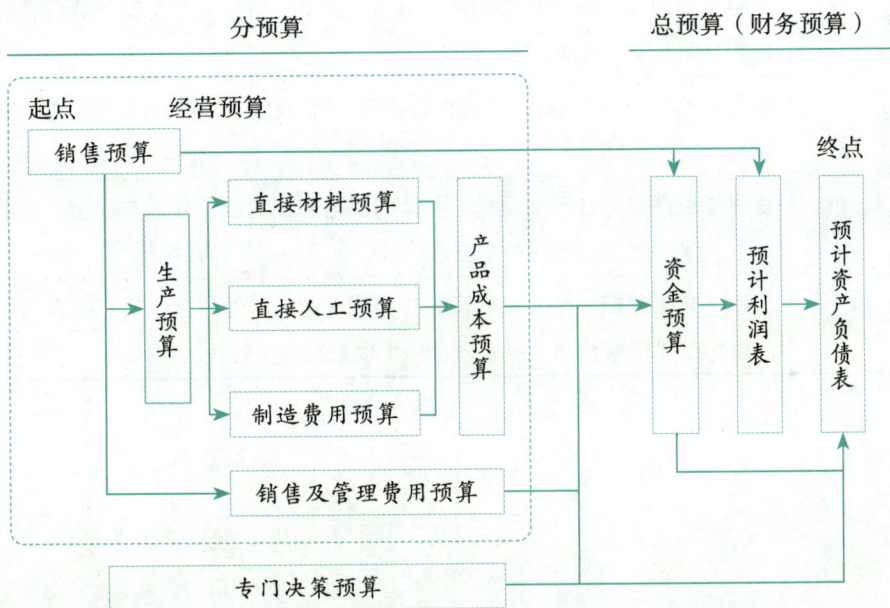

2.预算分类

（1）按内容分类：

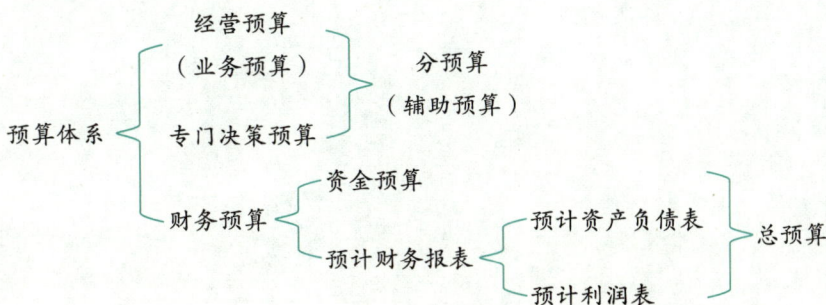

各种预算是一个有机联系的整体，一般将由经营预算、专门决策预算和财务预算组成的预算体系，称为全面预算体系。

（2）按时间分类：

类别	含义	内容
短期预算	预算期≤1年 （如一周、一月、一季）	经营预算、财务预算
长期预算	预算期＞1年	专门决策预算 （资本预算）

3.预算管理原则

原则	具体要求
战略导向原则	应围绕企业的战略目标和业务计划有序开展，引导各预算责任主体聚焦战略、专注执行、达成绩效
过程控制原则	应通过及时监控、分析等把握预算目标的实现进度并实施有效评价，对企业经营决策提供有效支撑
融合性原则	应以业务为先导、以财务为协同，将预算管理嵌入企业经营管理活动的各个领域、层次、环节
平衡管理原则	应平衡长期目标与短期目标、整体利益与局部利益、收入与支出、结果与动因等关系，促进企业可持续发展
权变性原则	应刚性与柔性相结合，强调预算对经营管理的刚性约束，又可根据内外环境的重大变化调整预算，并针对例外事项进行特殊处理

第73记 预算管理工作的组织及流程

1分

527 10-2

角色	预算组织架构	预算目标确定	预算编制	预算执行	预算调整	分析与考核
决策层 （总负责）	董事会/类似机构	①拟定预算目标、政策、措施	④审议批准		④审议批准	④审议批准
管理层/考核层 （审批制度、政策）	预算管理委员会①或，财务管理部门	②下达预算目标	③审查平衡预算/预算草案、协调、修订 ⑤下达预算执行	③协调问题	③审议批准	①组织预算分析或考核
管理层/考核层 （跟踪管理）	财务管理部门		②汇总各执行单位预算方案	②监督预算执行	②编制调整方案	③分析差异及原因
执行层	职能部门/基层单位		①本部门/单位预算编制及上报	①本部门/单位预算执行	①本部门/单位预算调整（书面报告）	②本部门/单位预算分析或考核

注：预算管理委员会通常由总部及各业务单位的管理层担任，可以包括总经理、总会计师、财务经理、营销、生产、人力等职能部门副总以及各部门一级经理等。

第74记 预算的编制方法

2分

527 10-3

飞越必刷题：183、184、193、231

　　企业一般按照分级编制、逐级汇总的方式，采取自上而下、自下而上、上下结合或多维度相协调的流程编制预算。预算编制流程与编制方法的选择应与企业现有管理模式相适应。

分类依据	类型	要点
出发点的特征不同	增量预算法	（1）以历史期实际经济活动及其预算为基础。 （2）可能导致无效费用开支无法得到有效控制，使得不必要开支合理化，造成预算上的浪费
	零基预算法	（1）以零为起点，从实际需要出发分析预算期经济活动的合理性。 （2）有助于增加预算编制透明度，有利于进行预算控制。 （3）预算编制工作量较大、成本较高。 （4）准确性受企业管理水平和相关数据标准准确性影响较大

续表

分类依据	类型	要点
业务量基础的数量特征不同	固定预算法	(1) 以预算期内正常的、最可实现的某一业务量（是指企业产量、销售量、作业量等与预算项目相关的弹性变量）水平为固定基础。 (2) 编制相对简单，也容易使管理者理解。 (3) 适应性差、可比性差
	弹性预算法	(1) 分别确定不同业务量及其相应预算项目所消耗资源的预算编制方法。 (2) 考虑了预算期可能的不同业务量水平，更贴近企业经营管理实际情况。 (3) 编制工作量大。 (4) 市场及其变动趋势预测的准确性、预算项目与业务量之间依存关系的判断水平等会对弹性预算的合理性造成较大影响。 (5) 具体方法包括： ①公式法（连续区间）：后续成本计算工作量小，但建模的工作量大；仅适用于一定业务量范围内；阶梯成本和曲线成本只能先用数学方法修正为直线。 ②列表法（间断区间）：不必经过计算即可找到与业务量相近的预算成本；混合成本中的阶梯成本和曲线成本，可按总成本性态模型计算填列，不必修正，但计算麻烦
预算期的时间特征不同	定期预算法	(1) 便于将实际数与预算数进行对比，也有利于对预算执行情况进行分析和评价。 (2) 使管理人员只考虑剩余预算期的业务量，缺乏长远打算，导致短期行为的出现
	滚动预算法	(1) 实现动态反映市场、建立跨期综合平衡，从而有效指导企业营运，强化预算的决策与控制职能。 (2) 滚动的频率越高，对预算沟通的要求越高，预算编制的工作量越大；过高的滚动频率也会增加管理层的不稳定感，导致预算执行者无所适从

第75记 1分

预算的编制程序

（一）下达目标

（1）董事会或经理办公会确定预算目标和编制政策。

（2）预算管理委员会下达至各预算执行单位。

（二）编制上报

各预算执行单位提出本单位详细的预算方案，上报企业财务管理部门。

（三）审查平衡

（1）财务管理部门对各预算执行单位上报的财务预算方案进行审查、汇总，提出综合的平衡建议。

（2）预算管理委员会在审查、平衡过程中进行充分协调，对发现的问题提出初步调整意见，并反馈给有关预算执行单位予以修正。

（四）审议批准

（1）财务管理部门编制企业预算方案，报预算管理委员会讨论。

（2）在讨论、调整的基础上，财务管理部门正式编制年度预算草案，提交董事会或经理办公会审议批准。

（五）下达执行

（1）财务管理部门对董事会或经理办公会审议批准的年度总预算进行指标分解。

（2）预算管理委员会逐级下达各预算执行单位执行。

通关绿卡

命题角度：不同预算组织的职责辨析。

第一，总负责的机构是董事会；

第二，"粗活累活"主要由财务管理部门负责，如"汇总""编制""分解"等；

第三，"协调发令"主要由预算管理委员会负责，如"协调""下达""反馈问题"等。

第76记 4分 各类预算编制

飞越必刷题：185、186、187、188、189、190、192、194、195、196、230

（一）经营预算

类型	编制思路
销售预算	原理：销售收入=销售单价×销售数量。 （1）数量：根据市场预测或销货合同并结合企业生产能力确定。 （2）单价：通过定价决策确定
生产预算	原理：预计生产量=预计销售量+预计期末产成品存货量−预计期初产成品存货量。 （1）预计销售量：来自销售预算。 （2）预计期末产成品存货量=下期预计销售量×$A\%$。 （3）预计期初产成品存货量=上期期末产成品存货量=本期销售量×$A\%$。 （4）预算生产量可应用于固定制造费用差异分析（件*）
直接材料预算	原理：预计采购金额=预计材料采购量×采购单价。 其中，预计材料采购量=生产需用量+期末材料存量−期初材料存量。 （1）生产需用量=预计生产量×单位产品材料用量。 其中："预计生产量"来自生产预算，"单位产品材料用量"来自标准成本资料或消耗定额资料（即材料的"单耗"，kg/件）。 （2）期末材料存量=下期预计生产需用量×$A\%$。 （3）期初材料存量=上期期末存量=本期生产需用量×$A\%$
直接人工成本	原理：人工总成本=人工总工时×每小时人工成本。 （1）人工总工时=预计生产量×单位产品工时。 ①预计生产量：来自生产预算。 ②单位产品工时：来自标准成本资料（即人工的"单耗"，小时/件）。 （2）每小时人工成本：来自标准成本资料（即人工的"单价"，P_0）
制造费用预算	（1）变动制造费用：以生产预算为基础编制。 （2）固定制造费用：需要逐项进行预计，通常与本期生产量无关。 （3）为便于以后编制产品成本预算，还需要计算小时费用率（P_0），小时费用率=变动或固定制造费用/人工总工时
产品成本预算	销售预算、生产预算、直接材料预算、直接人工预算、制造费用预算的汇总，其主要内容是产品的单位成本和总成本
销售及管理费用预算	（1）销售费用预算：以销售预算为基础。 （2）管理费用预算：多属于固定成本

（二）专门决策预算的编制

专门决策预算主要是长期投资预算（又称资本支出预算），通常与项目投资决策相关，经常跨越多个年度。

编制专门决策预算的依据，是项目财务可行性分析资料、企业筹资决策资料。

专门决策预算的要点是反映项目资金投资支出与筹资计划，它也是编制资金预算、预计利润表（补充）和预计资产负债表的依据。

（三）资金预算的编制

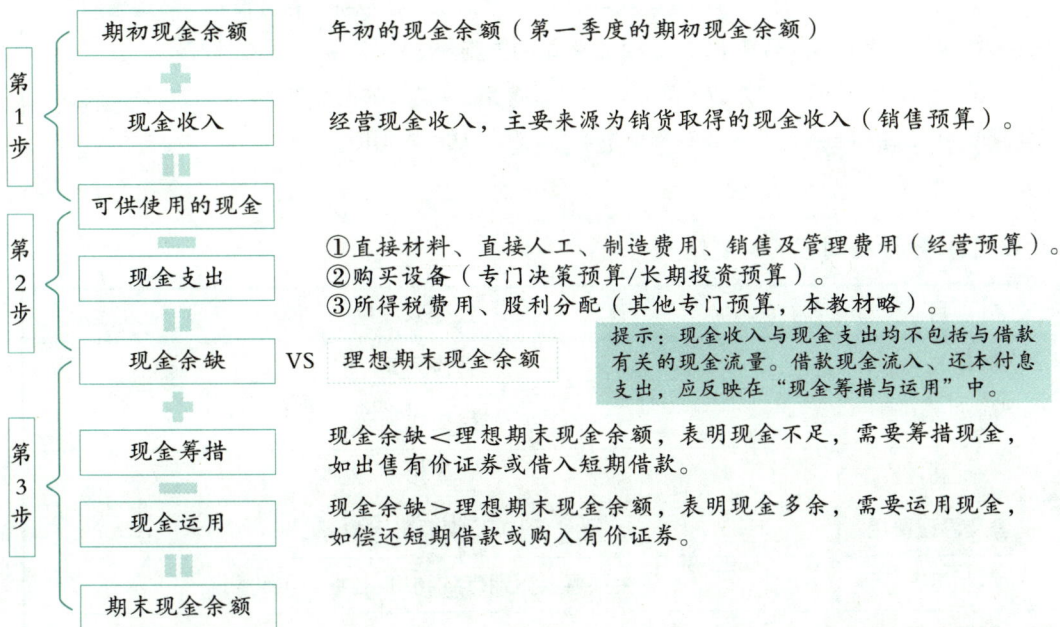

第1步	期初现金余额	年初的现金余额（第一季度的期初现金余额）
	+	
	现金收入	经营现金收入，主要来源为销货取得的现金收入（销售预算）。
	=	
第2步	可供使用的现金	
	−	
	现金支出	①直接材料、直接人工、制造费用、销售及管理费用（经营预算）。 ②购买设备（专门决策预算/长期投资预算）。 ③所得税费用、股利分配（其他专门预算，本教材略）。
	现金余缺 VS 理想期末现金余额	提示：现金收入与现金支出均不包括与借款有关的现金流量。借款现金流入、还本付息支出，应反映在"现金筹措与运用"中。
第3步	**+**	现金余缺＜理想期末现金余额，表明现金不足，需要筹措现金，如出售有价证券或借入短期借款。
	现金筹措	
	现金运用	现金余缺＞理想期末现金余额，表明现金多余，需要运用现金，如偿还短期借款或购入有价证券。
	=	
	期末现金余额	

通关绿卡

命题角度：资金预算的编制。

主观题高频考点。虽然上述编制逻辑看起来清晰，即在比较现金余缺与理想期末现金余额之后便可以计算现金筹措或运用的金额，但在实际运用时是容易出现错误的。建议同学们按照下面的思路进行掌握：

（1）情形一：现金"余"（现金余缺＞理想期末现金余额）。

该情形下，关注两件事：还利息、还本金。

①还利息：按照前期借款金额（包括长期、短期）乘以利率即可，需要注意的是，利率应采用计息期利率。

②还本金：假设归还的本金为X，列不等式"现金余缺−归还的利息−X≥理想期末现金余额"，从而求得X。

（2）情形二：现金"缺"（现金余缺＜理想期末现金余额）。

该情形下，仍然关注两件事：还利息、借本金。

①还利息：利息仍需要按期支付，计算思路同上。

②借本金：中级考试中，通常已知长期借款金额，计算还应借入的短期借款金额，且假设期初借入，期末偿还。但问题在于，如果已有长期借款，是否还需借入短期借款呢？可以做简单测算。

如果：现金余缺+借入的长期借款（已知条件）–旧利息（长、短期）–新利息（长期）≥理想期末现金余额，此时不需要借入短期借款。（中级考试较少涉及这一步骤）

如果：现金余缺+借入的长期借款–旧利息（长、短期）–新利息（长期）<理想期末现金余额，则需要借入短期借款。（中级考试的主流考法）

假设借入的短期借款为W，列不等式：现金余缺+借入的长期借款+W–旧利息（长、短期）–新利息（长、短期）≥理想期末现金余额，从而求得W。

（四）预计利润表的编制

项目	数据来源
销售收入	销售预算
销售成本	产品成本预算
毛利	差额
销售及管理费用	销售及管理费用预算
利息	资金预算（短期借款利息+长期借款利息）
利润总额	差额
所得税费用	所得税费用通常不是根据"利润总额"和所得税税率计算，而是在利润规划时估计的，并已列入资金预算。 利润总额→所得税→现金余缺→借款利息
净利润	差额

（五）预计资产负债表的编制

科目	数据来源
货币资金	资金预算（期初、期末现金余额）
应收账款	销售预算（结合收账政策）
存货	直接材料预算、产品成本预算（产成品）
固定资产	制造费用预算、销售及管理费用预算（年初余额–三项折旧）
在建工程	专门决策预算

续表

科目	数据来源
短期借款	资金预算（取得与归还借款）
应付账款	直接材料预算（结合付款政策）
长期借款	专门决策预算
股本	股本变动情况
资本公积	资本公积变动情况
盈余公积	预计利润表（净利润，结合提取政策，如法定盈余公积达到股本50%时可以不再提取）
未分配利润	预计利润表（净利润）、资金预算（股利）、预计资产负债表（盈余公积）

通关绿卡

命题角度：经营预算与财务预算的关系。

类型	财务预算
销售预算	（1）资金预算。 考虑收款政策，确认当期销售收现金额以及收回的前期应收账款。 （2）预计资产负债表。 考虑对预计资产负债表中期末应收账款余额的影响。 期末应收账款余额=期初应收账款余额+年度销售收入合计−年度现金收入合计
生产预算	资金预算、预计利润表、预计资产负债表。 生产预算只涉及实物量指标，不涉及价值量指标，不直接为财务预算（资金预算、预计利润表、预计资产负债表）提供资料
直接材料预算	（1）资金预算。 考虑付款政策，确认当期采购付款金额以及支付的前期应付账款。 （2）预计资产负债表。 考虑对预计资产负债表中期末应付账款余额和存货余额的影响。 ①期末应付账款余额=期初应付账款余额+年度采购额合计−年度采购现金支出合计。 ②期末材料存货余额=期末材料存量×预计采购单价
直接人工预算	资金预算。 由于工资都需要使用现金支付，所以不需另外预计现金支出，可直接汇入资金预算

续表

类型	财务预算
制造费用预算	资金预算。 制造费用中，除折旧费外都需支付现金，所以，根据每个季度制造费用数额扣除折旧费后，即可得出"现金支出的费用"
产品成本预算	（1）预计利润表。 销货成本=单位产品成本×销售数量 （2）预计资产负债表。 期末存货（产成品）余额=单位产品成本×期末存货存量
销售及管理费用预算	资金预算。 销售及管理费用预计现金支出=销售及管理费用预算总额−折旧及摊销费用

第**77**记 1分

预算的执行、分析与考核

飞越必刷题：197

（一）预算执行

预算执行一般按照预算控制、预算调整等程序进行。

1.预算控制

预算控制，是指企业以预算为标准，通过预算分解、过程监督、差异分析等促使日常经营不偏离预算标准的管理活动。

2.预算调整

（1）能否调整？

①年度预算经审批后，原则上不作调整。

②当内外战略环境发生重大变化或突发重大事件等，导致预算编制的基本假设发生重大变化时，可进行预算调整。

③企业应当建立内部弹性预算机制，对于不影响预算目标的经营预算、资本支出预算、筹资预算之间的调整，企业可以按照内部授权批准制度执行，鼓励预算执行单位及时采取有效的经营管理对策，保证预算目标的实现。

（2）如何调整？

①由预算执行单位逐级向企业预算管理委员会提出书面报告。

②财务管理部门对预算调整报告进行审核分析，集中编制年度预算调整方案。

③财务管理部门将年度预算调整方案提交预算管理委员会以至董事会或经理办公会审议批准，然后下达执行。

（二）预算分析

企业应当建立预算分析制度，由预算管理委员会定期召开预算执行分析会议，全面掌握预算的执行情况，研究、解决预算执行中存在的问题，纠正预算的执行偏差。

企业预算管理委员会应当定期组织预算审计（可采用全面审计、抽样审计或专项审计），纠正预算执行中存在的问题，充分发挥内部审计的监督作用。审计工作结束后，企业内部审计机构应当形成审计报告，直接提交预算管理委员会以至董事会或经理办公会，作为预算调整、改进内部经营管理和财务考核的一项重要参考。

（三）预算考核

预算年度终了，预算管理委员会应当向董事会或经理办公会报告预算执行情况，并依据预算完成情况和预算审计情况对预算执行单位进行考核。

第十一模块

管理会计之本量利分析

● 本模块主要介绍本量利分析的相关理论与计算问题，属于重点内容，分数占比适中。除了要掌握基本模型外，还需要关注产品组合的盈亏平衡分析，以及本量利分析在经营决策中的应用。

不飞则已，一飞冲天；不鸣则已，一鸣惊人。

——司马迁《史记》

第78记 [2分] 本量利分析模型

飞越必刷题：198、199、207、236、237、238、239

（一）本量利分析的基本假设

（1）总成本由固定成本和变动成本两部分组成。

（2）销售收入与业务量呈完全线性关系（即单价不变）。

（3）产销平衡（即生产量=销售量，因属于短期决策，故不考虑存货影响）。

（4）产品产销结构稳定（否则无法进行盈亏平衡分析）。

（二）本量利分析的各类方程式

1.基本损益方程式

利润=销售量×（单价–单位变动成本）–固定成本

2.边际贡献方程式

利润=边际贡献总额–固定成本

　　=销售量×单位边际贡献–固定成本

　　=销售收入×边际贡献率–固定成本

结论：该公式表明边际贡献首先用于补偿企业的固定成本，只有当边际贡献大于固定成本时才能为企业提供利润。

3.安全边际方程式

利润=安全边际量×单位边际贡献

　　=安全边际额×边际贡献率

结论：提高销售利润率的途径，一是扩大现有销售水平，提高安全边际率；二是降低变动成本水平，提高边际贡献率。

提示：销售利润率=安全边际率×边际贡献率。

4分

第79记

单一产品盈亏平衡分析（保本分析）

飞越必刷题：200、201、202、208、238

（一）基本原理

令：销售量×（单价-单位变动成本）-固定成本=0，则，

盈亏平衡点销售量=固定成本/（单价-单位变动成本）

　　　　　　　　=固定成本/单位边际贡献

盈亏平衡点销售额=盈亏平衡点销售量×单价=固定成本/边际贡献率

提示：边际贡献率+变动成本率=1。

结论：企业总是希望盈亏平衡点越低越好，这意味着企业发生亏损的可能性越小，经营风险越低。

（二）相关指标

1.盈亏平衡作业率

（1）计算公式。

盈亏平衡作业率=盈亏平衡点销售量（额）/正常销售量（额）×100%

（2）经济意义。

盈亏平衡作业率表明企业在盈亏平衡状态下对生产能力利用程度的要求（这是因为多数企业的生产经营能力是按实际或预计销售量来规划的，生产经营能力与实际或预计销售量基本相同）。

2.安全边际和安全边际率

（1）计算公式。

安全边际量=正常销售量（实际或预计销售量）-盈亏平衡点销售量

安全边际额=正常销售额（实际或预计销售额）-盈亏平衡点销售额

安全边际率=安全边际量/正常销售量（实际或预计销售量）×100%

　　　　　=安全边际额/正常销售额（实际或预计销售额）×100%

（2）经济意义。

①安全边际体现了企业在生产经营中的风险程度大小，安全边际或安全边际率越大，反映出该企业经营风险越小。

企业经营安全程度评价标准

安全边际率	40%以上	30%~40%	20%~30%	10%~20%	10%以下
经营安全程度	很安全	安全	较安全	值得注意	危险

②只有安全边际才能提供利润，而盈亏平衡点销售额扣除变动成本后只为企业收回固定成本。

3.指标间的关系

盈亏平衡作业率+安全边际率=1

（三）本量利分析图

1.基本的本量利分析图

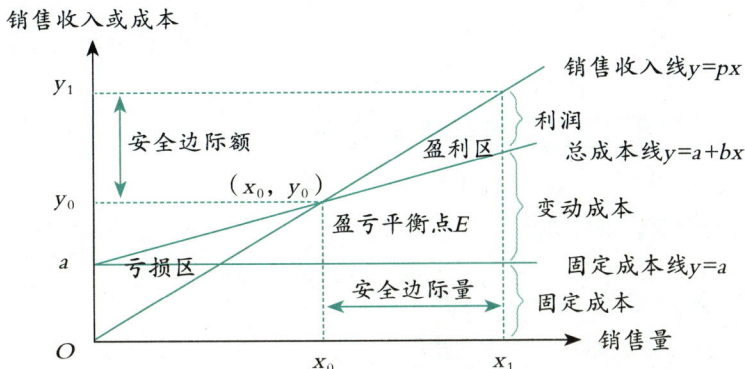

（1）销售收入线：起点为原点，斜率为单价。

（2）总成本线：起点为固定成本值，斜率为单位变动成本。

2.边际贡献式本量利分析图

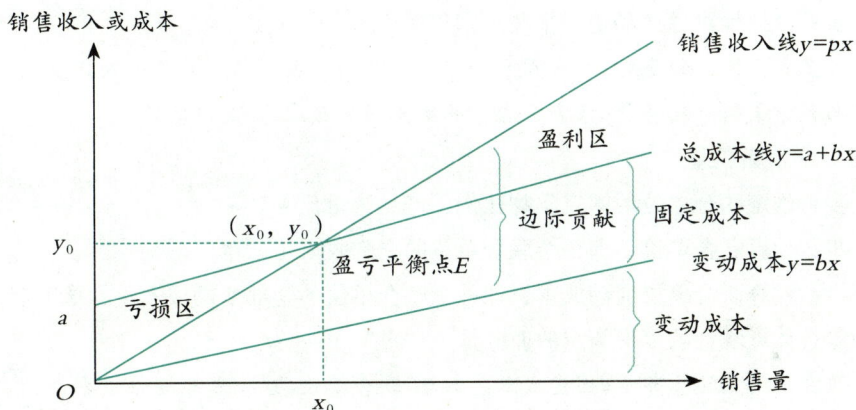

（1）销售收入线：起点为原点，斜率为单价。

（2）变动成本线：起点为原点，斜率为单位变动成本。

（3）总成本线：起点为固定成本值，斜率为单位变动成本，与变动成本线平行。

3.利量式本量利关系图

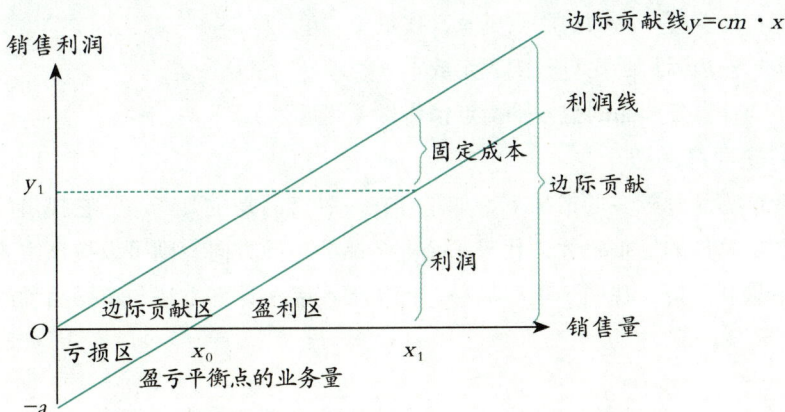

（1）边际贡献线：起点为原点，斜率为单位边际贡献。

（2）利润线：起点为（0，固定成本数值$-a$），斜率为单位边际贡献。

（3）利润线与横轴的交点为盈亏平衡点的业务量。

第80记 [2分] 产品组合盈亏平衡分析

飞越必刷题：203、232

（一）加权平均法

第一步：计算综合边际贡献率（"率"）。

综合边际贡献率=∑各产品的边际贡献/∑各产品的销售收入

第二步：计算综合盈亏平衡点销售额（"额"）。

综合盈亏平衡点销售额=固定成本总额/综合边际贡献率

或者直接令本量利分析的基本关系式=0求解。

第三步：分摊计算各产品盈亏平衡点销售额/量。

各产品盈亏平衡点销售额=综合盈亏平衡点销售额×各产品的销售收入比重

各产品盈亏平衡点销售量=各产品盈亏平衡点销售额/各产品的单价

（二）联合单位法

第一步：确定联合单位的固定实物比例（产品销量比）。

第二步：计算联合单价，即一个联合单位的全部收入（"单"）。

第三步：计算联合单位变动成本，即一个联合单位的全部变动成本（"单"）。

第四步：计算联合盈亏平衡点的业务量（"量"）。

联合盈亏平衡点的业务量=固定成本总额/（联合单价-联合单位变动成本）

第五步：分配计算各产品销售量。

某产品盈亏平衡点的业务量=联合盈亏平衡点的业务量×一个联合单位中包含的该产品数量

（三）分算法

将全部固定成本按一定标准在各种产品之间进行合理分配，确定每种产品应补偿的固定成本数额，然后再对每一种产品按单一品种条件下的情况分别进行本量利分析的方法。

第一步：计算各产品的边际贡献及其比重（"单"）。

第二步：按边际贡献比重分配固定成本。

第三步：计算各产品的盈亏平衡点销售量（"量"）。

（四）主要产品法

在企业产品品种较多的情况下，如果存在一种产品是主要产品，它提供的边际贡献占企业边际贡献总额的比重较大，代表了企业产品的主导方向，则可以按该主要品种的有关资料进行本量利分析，视同于单一品种。即主要产品法计算方法与单一品种的本量利分析相同。

第81记 [2分] 本量利分析在经营决策中的应用

飞越必刷题：233

（一）产品生产和定价策略（略）

（二）生产工艺设备的选择

决策原则：选择获得利润更多的方案。

但是，在实际决策过程中，我们有时候只知道相关的成本，但并不知道预计的销售量是多少，此时我们仅需要将销售量设为一个未知参数Q，然后根据本量利分析的基本关系式，找到不同方案下目标利润相同的分界点（类似于每股收益无差别点），然后分别判断在不同销售量下应当选择哪个方案。

方案1：$EBIT=(P_1-VC_1)\times Q-F_1$

方案2：$EBIT=(P_2-VC_2)\times Q-F_2$

令方案1和方案2的息税前利润（EBIT）相等，求解对应的销售量（Q）。

（三）新产品投产的选择

决策原则：选择增加的利润更多的方案。

增量利润=增加的边际贡献-增加的机会成本-增加的固定成本

（1）因为新产品的投产将减少原有产品的产销量，所以原有产品因此而减少的边际贡献为投产新产品的机会成本，在决策时应予以考虑。

（2）不同备选方案之间无差别的成本项目，属于决策无关成本，不纳入考虑范畴。

第82记 [1分] 利润敏感性分析

飞越必刷题：204、205、206、233

（一）因素如何影响利润

敏感系数=利润变动百分比/因素变动百分比

（1）敏感还是不敏感？

①绝对值＞1，利润变动幅度大于某因素变动幅度，敏感因素。

②绝对值＜1，利润变动幅度小于某因素变动幅度，不敏感因素。

（2）正向还是反向？

①某一因素的敏感系数＞0，表明该因素的变动与利润的变动为正向关系。

②某一因素的敏感系数＜0，表明该因素的变动与利润的变动为反向关系。

（二）利润要求因素如何变化

对各因素允许升降幅度的分析，实质上是各因素对利润影响程度分析的反向推算，在计算上表现为敏感系数的倒数。

第十二模块

管理会计之责任会计

● 本模块主要介绍责任成本管理的相关理论与计算问题，属于次重点内容，分数占比较低，重点掌握各类责任中心的考核指标及其计算。

大鹏一日同风起，扶摇直上九万里。

——李白《上李邕》

第83记 **2分** 责任中心及其考核

飞越必刷题：209、210、213、214、238

责任中心特点与考核指标

类型	特点	考核
成本中心	（1）不考核收入，只考核成本。 （2）只对可控成本负责，不负责不可控的成本（如分摊给某车间的折旧费）。其中，可控成本需满足三个条件：可以预见、可以计量、可以调节和控制	（1）预算成本节约额=实际产量预算责任成本-实际责任成本。 （2）预算成本节约率=预算成本节约额/实际产量预算责任成本×100%。 提示：节约额＞0，意味着节约
利润中心	（1）处于企业内部的较高层次，如分店或分厂。 （2）不仅要降低绝对成本，还要寻求收入的增长使之超过成本的增长，即更要强调相对成本的降低	（1）可控边际贡献=边际贡献-该中心负责人可控固定成本。 评价：是评价利润中心管理者业绩的理想指标。 （2）部门边际贡献=可控边际贡献-该中心负责人不可控固定成本。 评价：用于评价部门业绩而不是利润中心管理者的业绩
投资中心	（1）最高层次的责任中心，如事业部、子公司等，拥有最大的决策权，也承担最大的责任。 （2）经理所拥有的自主权包括短期经营决策权（利润中心的权利），而且还包括投资规模和投资类型等投资决策权	（1）投资收益率=息税前利润/平均经营资产。 优点：可用于部门之间，以及不同行业之间的比较；也可以促使经理人员关注经营资产的运用效率。 缺点：引起短期行为，追求局部利益最大化而损害整体利益最大化目标。

续表

类型	特点	考核
投资中心	（1）最高层次的责任中心，如事业部、子公司等，拥有最大的决策权，也承担最大的责任。 （2）经理所拥有的自主权包括短期经营决策权（利润中心的权利），而且还包括投资规模和投资类型等投资决策权	（2）剩余收益=息税前利润−（平均经营资产×最低投资收益率）=平均经营资产×（投资收益率−最低投资收益率）。 其中：最低投资收益率是根据资本成本来确定的，一般等于或大于资本成本，通常采用企业整体的最低期望投资收益率，也可以是企业为该投资中心单独规定的最低投资收益率。 优点：弥补了投资收益率指标会使局部利益与整体利益相冲突的不足。 缺点：仅反映当期业绩，单纯使用该指标也会导致投资中心管理者的短视行为

记忆口诀

命题角度：可控成本需满足的三个条件。

"看得见、摸得着、捏得动"。

通关绿卡

命题角度：各类责任中心的特点、考核范围与考核指标的对比。

客观题高频考点，相关考核指标的计算会偶尔在主观题考查。可结合下表进行对比学习：

维度	成本中心	利润中心	投资中心
控制范围	可控成本	成本、收入、利润	成本、收入、利润、投资资金
权力范围	可控成本控制权	经营决策权	经营决策权、投资决策权 提示：无筹资决策权
考核指标	预算成本节约额 预算成本节约率	边际贡献（不全面） 可控边际贡献（部门经理） 部门边际贡献（部门业绩）	投资收益率 剩余收益

飞越必刷题：211、212

第84记 内部转移价格的制定

1分

（一）内部转移价格的原则

（1）合规性原则。

（2）效益性原则（企业整体利益最大化、兼顾各责任中心及员工利益）。

（3）适应性原则（与企业所处行业特征、企业战略、业务流程、产品或服务特点、业绩评价体系等相适应）。

（二）价格型内部转移定价

1.含义

价格型内部转移定价，指以市场价格为基础制定的、由成本和毛利构成内部转移价格的方法，一般适用于内部利润中心。

2.计价基础

情形	描述	定价方式
1	经常外销且外销比例较大的	外销价（实际市价）
2	所提供的产品有外部活跃市场可靠报价	活跃市场报价（实际市价）
3	不对外销售且外部市场没有可靠报价的产品	模拟市场价
4	企业管理层和有关各方认为不需要频繁变动价格的	模拟市场价
5	没有外部市场但出于管理需要设置为模拟利润中心	生产成本+一定比例毛利

（三）成本型内部转移定价

1.含义

成本型内部转移定价，指以标准成本等相对稳定的成本数据为基础，制定内部转移价格的方法，一般适用于内部成本中心。

2.计价基础

采用以成本为基础的转移定价是指所有的内部交易均以某种形式的成本价格（包括完全成本、完全成本加成、变动成本以及变动成本加固定制造费用四种形式）进行结算，它适用于内部转移的产品或劳务没有市价的情况。

（四）协商型内部转移定价

1.含义

协商型内部转移定价，指企业内部供求双方为使双方利益相对均衡，通过协商机制制定内部转移价格的方法，主要适用于分权程度较高的情形。

2.计价基础

上限是市场价格，下限是单位变动成本，共同确定双方都能接受的价格作为计价标准（前提：中间产品有非完全竞争的外部市场，在该市场内双方有权决定是否买卖这种产品）。

第十三模块

管理会计之评价与考核

● 本模块主要介绍业绩评价与考核的相关理论与计算问题，属于次重点内容，分数占比较低，重点掌握杜邦分析法和经济增加值法的内涵与计算。

宝剑锋从磨砺出，梅花香自苦寒来。

——《警世贤文·勤奋篇》

第85记 杜邦分析法 [2分]

飞越必刷题：215、216

杜邦分析法又称杜邦财务分析体系，是以净资产收益率为起点，以总资产净利率和权益乘数为基础，重点揭示企业盈利能力及权益乘数对净资产收益率的影响，以及各相关指标间的相互影响和作用关系。

净资产收益率＝营业净利率×总资产周转率×权益乘数

（1）净资产收益率是一个综合性最强的财务分析指标，是杜邦分析体系的起点。

（2）营业净利率反映企业净利润与营业收入的关系，其高低取决于营业收入与成本总额的高低。

（3）影响总资产周转率的一个重要因素是资产总额。

①流动资产体现偿债能力和变现能力。

②长期资产体现经营规模和发展潜力。

（4）权益乘数主要受资产负债率的影响，反映资本结构。资产负债率越高，权益乘数越高，说明企业负债程度比较高，给企业带来了较多的杠杆利益，也带来了较大的风险。

第86记 沃尔评分法 [1分]

飞越必刷题：219

财务比率	比重	标准比率	实际比率	相对比率	综合指数
	①	②	③	④=③÷②	⑤=①×④
流动比率	25	2.00	1.66	0.83	20.75
净资产/负债	25	1.50	2.39	1.59	39.75

续表

财务比率	比重	标准比率	实际比率	相对比率	综合指数
	①	②	③	④=③÷②	⑤=①×④
资产/固定资产	15	2.50	1.84	0.736	11.04
营业成本/存货	10	8	9.94	1.243	12.43
营业收入/应收账款	10	6	8.61	1.435	14.35
营业收入/固定资产	10	4	0.55	0.1375	1.38
营业收入/净资产	5	3	0.40	0.133	0.67
合计	100	—	—	—	100.37

现代沃尔评分法一般认为企业财务评价的内容首先是盈利能力，其次是偿债能力，再次是成长能力，它们之间大致可按5∶3∶2的比重来分配。

盈利能力的主要指标是总资产收益率、营业净利率和净资产收益率，这三个指标可按2∶2∶1的比重来安排；偿债能力有四个常用指标；成长能力有三个常用指标（都是本年增量与上年实际量的比值）。

第87记 [2分] 经济增加值法

飞越必刷题：217、220

（一）指标计算

$$经济增加值=税后净营业利润-平均资本占用×加权平均资本成本$$

经营盈利状况　　　持续投入的　　　各种资本的
各种债务资本　　　平均成本率
和股权资本

经济增加值为正，表明经营者在为企业创造价值；经济增加值为负，表明经营者在损毁企业价值。

（二）指标评价

1.优点

考虑了所有资本的成本（特别是考虑了体现股东资本的机会成本及股东财富的变化），使管理者作出更明智的决策，帮助企业实现了决策与股东财富一致。

2.局限性

（1）仅能衡量企业当期或预判未来1至3年的价值创造情况，无法衡量企业长远发展战略的价值创造。

（2）该指标计算主要基于财务指标，无法对企业进行综合评价。

（3）由于不同行业、不同规模、不同成长阶段等的公司，其会计调整项和加权平均资本成本各不相同，故该指标的可比性较差。

（4）指标计算尚存许多争议，不利于建立统一的规范，主要用于一个公司的历史分析以及内部评价。

第88记 综合绩效评价

1分

飞越必刷题：218

综合绩效评价是站在企业所有者（投资人）的角度进行的。

（一）综合绩效评价的内容

企业综合绩效评价由财务绩效定量评价和管理绩效定性评价两部分组成。

（1）财务绩效定量评价指标由反映企业盈利能力状况、资产质量状况、债务风险状况和经营增长状况等四个方面的基本指标和修正指标构成。

（2）管理绩效定性评价指标包括企业发展战略的确立与执行、经营决策、发展创新、风险控制、基础管理、人力资源、行业影响和社会贡献等八个方面。

（二）综合绩效评价标准

（1）财务绩效定量评价标准。

财务绩效定量评价标准包括国内行业标准和国际行业标准。

国内行业标准根据国内企业年度财务和经营管理统计数据，运用数理统计方法，分年度、分行业、分规模统一测算。

国际行业标准根据居于行业国际领先地位的大型企业相关财务指标实际值，或者根据同类型企业相关财务指标的先进值，在剔除会计核算差异后统一测算。

（2）管理绩效定性评价标准。

管理绩效定性评价标准具有行业普遍性和一般性，在进行评价时，应当根据不同行业的经营特点，灵活把握个别指标的标准尺度。

（三）企业综合绩效评价计分方法

企业综合绩效评价分数＝财务绩效定量评价分数×70%＋管理绩效定性评价分数×30%

在得出评价分数之后，应当计算年度之间的绩效改进度，以反映企业年度之间经营绩效的变化状况。计算公式为：

绩效改进度＝本期绩效评价分数／基期绩效评价分数

绩效改进度大于1，说明经营绩效上升；小于1，说明经营绩效下滑。

必备清单

财务管理基础篇

货币时间价值	公式
复利终值	$F=P \times (1+i)^n = P \times (F/P, i, n)$
复利现值	$P=F \times (1+i)^{-n} = F \times (P/F, i, n)$
普通年金终值	$F=A \times \dfrac{(1+i)^n - 1}{i} = A \times (F/A, i, n)$
普通年金现值	$P=A \times \dfrac{1-(1+i)^{-n}}{i} = A \times (P/A, i, n)$
预付年金终值	$F=A \times (F/A, i, n) \times (1+i) = A \times [(F/A, i, n+1) - 1]$
预付年金现值	$P=A \times (P/A, i, n) \times (1+i) = A \times [(P/A, i, n-1) + 1]$
递延年金现值	（1）两次折现法。 （2）年金做差法
永续年金现值	$P=A \times \dfrac{1}{i}$
偿债基金系数	与普通年金终值系数互为倒数
资本回收系数	与普通年金现值系数互为倒数

利率的计算	公式
一年多次计息时的名义利率与实际利率	$i=(1+r/m)^m - 1$ i为实际利率，r为名义利率，m为每年复利计息次数（计息周期的次数）
通货膨胀下的名义利率与实际利率	1+名义利率=（1+实际利率）×（1+通货膨胀率）

风险与收益	公式
收益	（1）单项资产的预期收益率$R=\sum\limits_{i=1}^{n}(P_i \times R_i)$。 （2）资产组合的期望收益率$E(R_p)=\sum w_i \times E(R_i)$

续表

风险与收益	公式
风险	（1）单项资产的方差、标准差、标准差率： 方差：$\sigma^2=\sum\limits_{i=1}^{n}(X_i-\overline{E})^2\times P_i$ 标准差：$\sigma=\sqrt{\sum\limits_{i=1}^{n}(X_i-\overline{E})^2\times P_i}$ 标准差率：$V=\dfrac{\sigma}{\overline{E}}$ （2）资产组合收益率的方差： $\sigma_p^2=w_A^2\sigma_A^2+w_B^2\sigma_B^2+2w_Aw_B\rho_{A,B}\sigma_A\sigma_B$ （3）资本资产定价模型： $R=R_f+\beta\times(R_m-R_f)$

混合成本分解	公式
高低点法	$y_1=a+bx_1$ $y_2=a+bx_2$ x是自变量，即产销业务量，y是因变量，即总成本（混合成本）
回归分析法	固定成本$a=\dfrac{\sum Y-b\sum X}{n}$ 单位变动成本$b=\dfrac{n\sum XY-\sum X\sum Y}{n\sum X^2-(\sum X)^2}$

预算管理篇

预算编制	公式
生产预算下的预计生产量	预计生产量=预计销售量+预计期末产成品存货量-预计期初产成品存货量（生=销+末-初）
直接材料预算下的预计采购量	预计采购量=生产需用量+期末材料存量-期初材料存量（采=需+末-初）
制造费用预算下的小时费用率	小时费用率=制造费用/人工总工时
资金预算下的期末现金余额	期初现金余额+现金收入-现金支出=现金余缺 期末现金余额=现金余缺+现金筹措-现金运用

筹资管理篇（上）

债务筹资	公式
租赁决策	残值收入归出租人： 设备现值（原价）=租金×（P/A, i, n）+残值收入×（P/F, i, n） 其中，i=利率+租赁手续费率（下同）
	残值收入归承租人： 设备现值（原价）=租金×（P/A, i, n）
可转换债券的转换比率	转换比率=债券面值/转换价格

筹资管理篇（下）

资金需要量预测	公式
因素分析法	资金需要量=（基期资金平均占用额−不合理资金占用额）×（1+预测期销售增长率）/（1+预测期资金周转速度增长率）
销售百分比法	第一步： 经营资产销售百分比=基期经营资产/基期营业收入 经营负债销售百分比=基期经营负债/基期营业收入 第二步： 融资总需求=（预计经营资产−基期经营资产）−（预计经营负债−基期经营负债） 方法一： 融资总需求=经营资产销售百分比×销售额增加−经营负债销售百分比×销售额增加（记忆：△收入×比差%） 方法二： 融资总需求=基期经营资产×预计销售额增长率−基期经营负债×预计销售额增长率（记忆：△收入%×基差） 第三步： 留存收益增加=预计销售额×预计销售净利率×预计利润留存率 留存收益增加=预计销售额×预计销售净利率×（1−预计股利支付率） 第四步： 外部融资额=融资总需求−增加的留存收益
资金习性预测	可用回归直线方程法或者高低点法

资本成本	公式
一般模式	资本成本 = $\dfrac{\text{年（税后）资金占用费}}{\text{筹资总额-筹资费用}}$ $= \dfrac{\text{年（税后）资金占用费}}{\text{筹资总额} \times \text{（1-筹资费用率）}}$ = 付出/得到
贴现模式	令收到的 PV = 未来付出的 PV，求 i
银行借款、 发行债券的资本成本	$K_d = \dfrac{\text{年利息} \times \text{（1-所得税税率）}}{\text{筹资总额} \times \text{（1-筹资费用率）}}$
优先股的资本成本	$K_p = \dfrac{\text{年固定股息}}{\text{发行价格} \times \text{（1-筹资费用率）}}$
普通股的资本成本	$K_s = \dfrac{D_1}{P_0 \times (1-f)} + g = \dfrac{D_0(1+g)}{P_0 \times (1-f)} + g$
留存收益的资本成本	$K_s = \dfrac{D_1}{P_0} + g$
平均资本成本	$K_w = \sum\limits_{j=1}^{n} K_j W_j$ K_w 表示平均资本成本；K_j 表示第 j 种个别资本成本率；W_j 表示第 j 种个别资本在全部资本中的比重。 如果题目中直接给出"个别资本成本率"，则视为是税后的；如果给出的是"年利率"，则需要进行换算
项目资本成本	$\beta_{\text{资产}} = \beta_{\text{权益}} \div [1 + (1-T) \times (\text{可比公司负债/可比公司权益})]$ $\beta_{\text{权益}} = \beta_{\text{资产}} \times [1 + (1-T) \times (\text{投资项目负债/投资项目权益})]$ 投资项目股东权益成本 = $R_f + \beta_{\text{权益}}(R_m - R_f)$ 综合资本成本 = 负债利率 × （1−T） × w_d + 股东权益成本 × w_e

杠杆效应	公式
经营杠杆系数	$DOL = \dfrac{\text{息税前利润变动率}}{\text{产销业务量变动率}} = \dfrac{\text{基期边际贡献}}{\text{基期息税前利润}} = \dfrac{EBIT_0 + F_0}{EBIT_0}$
财务杠杆系数	$DFL = \dfrac{\text{每股收益变动率}}{\text{息税前利润变动率}} = \dfrac{\text{基期息税前利润}}{\text{基期归属于普通股股东的税前利润}} = \dfrac{EBIT_0}{EBIT_0 - I_0 - \dfrac{D_p}{1-T}}$
总杠杆系数	$DTL = DOL \times DFL$

资本结构	公式
每股收益分析法	$\dfrac{(\overline{EBIT} - I_1) \times (1-T) - DP_1}{N_1} = \dfrac{(\overline{EBIT} - I_2) \times (1-T) - DP_2}{N_2}$

续表

资本结构	公式
公司价值分析法	企业价值（V）=股票市场价值（S）+长期债务价值（B） $S=\dfrac{(EBIT\text{-}I) \times (1-T)}{K_S}$ $K_S=R_f+\beta (R_m-R_f)$ 因此：$K_W=K_b \times B/V+K_S \times S/V$

投资管理篇

现金流量	公式
投资期现金流量	（1）长期资产投资。 （2）垫支营运资金
营业期现金流量	公式1：营业收入-付现成本-所得税 公式2：税后营业利润+非付现成本 公式3：营业收入×（1-T）-付现成本×（1-T）+非付现成本×T
终结期现金流量	（1）固定资产变价净收入。 （2）固定资产变现净损益对现金净流量的影响。 （3）垫支营运资金的收回

投资项目评价指标	公式
净现值（NPV）	NPV=未来现金净流量现值-原始投资额现值
年金净流量（ANCF）	$ANCF=\dfrac{现金净流量总现值（净现值）}{年金现值系数}$
现值指数（PVI）	$PVI=\dfrac{未来现金净流量现值}{原始投资额现值}=1+\dfrac{净现值}{原始投资额现值}$
内含收益率（IRR）	项目净现值=0时的贴现率就是内含收益率（IRR）
回收期（PP）	（1）静态回收期——不考虑货币时间价值。 ①未来每年现金净流量相等（相当于年金形式）： 静态回收期=$\dfrac{原始投资额}{每年现金净流量}$ ②未来每年现金净流量不相等： 静态回收期=M+第M年的尚未收回额/第（M+1）年的现金净流量

投资项目 评价指标	公式
回收期 (PP)	（2）动态回收期。 ①未来每年现金净流量相等（相当于年金形式）： 令：每年现金净流量×（P/A，i，n）=原始投资额现值， （P/A，i，n）=原始投资额现值/每年现金净流量 计算出年金现值系数后，通过查表，利用内插法推算动态回收期n。 ②未来每年现金净流量不相等： 动态回收期=M+第M年的尚未收回额现值/第（M+1）年的现金净流量现值

证券收益率与价值	公式
债券的收益率	（1）$P_0 = I \times (P/A, R, n) + M \times (P/F, R, n)$。 简言之，债券的内部收益率是债券未来现金流入量现值等于购买价格时对应的折现率。 （2）$R = \dfrac{I + (B-P)/N}{(B+P)/2} \times 100\%$。 P表示债券的当前购买价格，B表示债券面值，N表示债券持有期限，分母是平均资金占用，分子是平均收益
债券的价值	$V_b = I \times (P/A, R, n) + M \times (P/F, R, n)$ （1）利息贴现。 （2）本金贴现
股票的收益率	（1）固定增长模式下股票的内部收益率：$R_s = \dfrac{D_1}{P_0} + g$。 （2）零增长模式下股票的内部收益率：$R_s = \dfrac{D}{P_0}$
股票的价值	（1）固定增长模式：$V_s = \dfrac{D_1}{R_s - g}$。 （2）零增长模式：$V_s = \dfrac{D}{R_s}$
基金的持有 期间收益率	持有期间收益率=（期末资产价格－期初资产价格+持有期间红利收入）/期初资产价格×100%
基金的现金流和 时间加权收益率	收益率R=（$1+R_1$）（$1+R_2$）（$1+R_3$）…（$1+R_n$）－1
基金的几何 平均收益率	收益率=$\left[\sqrt[n]{\prod\limits_{i=1}^{n} (1+R_i)} - 1 \right] \times 100\%$

期权到期日价值和净损益	公式		
情形	到期日价值		期权净损益
	买入看涨期权	买入看跌期权	
市价≥执行价格	市价−执行价格	0	到期日价值−期权费用
市价<执行价格	0	执行价格−市价	

营运资金管理篇

类型	公式
现金管理	成本模型： 最佳现金持有量下的现金相关成本=min（管理成本+机会成本+短缺成本）
	存货模型： 最佳现金持有量 $C^*=\sqrt{2\times T\times F\div K}$ 最小相关总成本 $=\sqrt{2\times T\times F\times K}$
	随机模型： $$R=\sqrt[3]{\dfrac{3b\times\delta^2}{4i}}+L$$
存货管理	经济订货批量及相关总成本： 相关总成本=变动订货成本+变动储存成本=订货次数×每次订货成本+平均库存量×单位变动储存成本=（D/Q）×K+（Q/2）×K_c 经济订货批量 $=\sqrt{\dfrac{2KD}{K_c}}$
	经济订货批量下的次数、订货周期、平均占用资金、变动订货成本、变动储存成本： ①每年最佳订货次数=存货年需求总量/经济订货批量。 ②最佳订货周期（天数）=360/每年最佳订货次数。 ③经济订货批量平均占用资金=经济订货批量/2×存货单价。 ④与经济订货批量相关的存货总成本 $=\sqrt{2KDK_c}$。 ⑤经济订货批量下的变动订货成本=变动储存成本 $=\sqrt{2KDK_c}/2$。
	经济订货批量扩展模型−再订货点、陆续供应、保险储备： ①再订货点：$R=L\times d$。 R表示再订货点，L表示平均交货时间，d表示每日平均需用量。

类型	公式
存货管理	②陆续供应: $$Q^*=\sqrt{\dfrac{2KD}{K_c\left(1-\dfrac{d}{P}\right)}}$$ $$TC(Q^*)=\sqrt{2KDK_c\times\left(1-\dfrac{d}{P}\right)}$$ ③保险储备:$R=L\times d+B$
应收账款管理–信用政策的决策	增加的收益: 增加的收益=增加的销售量×单位边际贡献–增加的固定成本 增加的成本: ①应收账款的机会成本(应计利息)的增加: 应收账款占用资金的应计利息增加=新信用政策占用资金的应计利息–原信用政策占用资金的应计利息 其中: 应收账款占用资金的应计利息(机会成本)=应收账款占用资金×资本成本=应收账款平均余额×变动成本率×资本成本=日销售额×平均收现期×变动成本率×资本成本=年销售额/360×平均收现期×变动成本率×资本成本=(年销售额×变动成本率)/360×平均收现期×资本成本=全年变动成本/360×平均收现期×资本成本 ②存货占用资金的应计利息增加额: 存货占用资金应计利息增加=存货增加量×单位变动成本×资金成本 ③现金折扣成本增加额: 现金折扣成本增加=新的销售水平×享受现金折扣的顾客比例×新的现金折扣率–旧的销售水平×享受现金折扣的顾客比例×旧的现金折扣率
流动负债管理	(1)周转信贷协定的承诺费与利息费: 使用部分交利息。 未使用部分交承诺费。 (2)补偿性余额下的实际利率=利息/[本金×(1–补偿%)]。 (3)短期借款的成本: ①收款法:利息/本金。 ②贴现法:利息/(名义本金–年利息)。 ③加息法:2倍的名义利率
放弃现金折扣的信用成本	$$信用成本=\dfrac{折扣\%}{1-折扣\%}\times\dfrac{360天}{付款期(信用期)-折扣期}$$

成本管理篇

本量利分析	公式
基本损益方程式	息税前利润=销售量×（单价−单位变动成本）−固定成本
边际贡献方程式	息税前利润=边际贡献总额−固定成本
安全边际方程式	息税前利润=安全边际量×单位边际贡献 =安全边际额×边际贡献率
边际贡献率	边际贡献率=边际贡献总额/销售收入总额×100% =单位边际贡献/单价×100%
变动成本率	变动成本率=变动成本总额/销售收入总额×100% =单位变动成本/单价×100%
盈亏平衡作业率	盈亏平衡作业率=盈亏平衡销售量（额）/正常销售量（额）×100%
安全边际率	安全边际率=安全边际量（额）/正常销售量（额）×100%
销售利润率	销售利润率=安全边际率×边际贡献率
$A+B=1$	（1）边际贡献率+变动成本率=1。 （2）盈亏平衡作业率+安全边际率=1
敏感系数	敏感系数=利润变动百分比/因素变动百分比

成本差异分析	公式
直接材料、直接人工、变动制造费用的成本差异分析	$\Delta Q=(Q_1-Q_0)\times P_0$ $\Delta P=(P_1-P_0)\times Q_1$ ΔQ：量差 ΔP：价差 Q_0：实际产量下的标准用量（即件数×kg/件或件数×小时/件） Q_1：实际用量 P_0：标准价格 P_1：实际价格
固定制造费用的成本差异分析	第一行 固定制造费用实际成本 ┐耗费差异 第二行 预算产量标准工时 ✖ 标准分配率 ┐产量差异 第三行 实际产量实际工时（已知条件）✖ 标准分配率 ┘ ┐效率差异 能量差异 第四行 实际产量标准工时 ✖ 标准分配率 ┘ 耗费差异=实际固定制造费用−预算产量下标准固定制造费用 =实际固定制造费用−预算产量下标准工时×标准分配率 产量差异=（预算产量下标准工时−实际产量下实际工时）×标准分配率 效率差异=（实际产量下实际工时−实际产量下标准工时）×标准分配率

责任成本	公式
预算成本节约额	预算成本节约额=实际产量预算责任成本–实际责任成本
预算成本节约率	预算成本节约率=预算成本节约额／实际产量预算责任成本×100%
可控边际贡献	可控边际贡献=边际贡献–该中心负责人可控固定成本
部门边际贡献	部门边际贡献=可控边际贡献–该中心负责人不可控固定成本
投资收益率	投资收益率=息税前利润/平均经营资产
剩余收益	剩余收益=息税前利润–（平均经营资产×最低投资收益率） =平均经营资产×（投资收益率–最低投资收益率）

收入与分配管理篇

收入管理	公式
销售量预测	移动平均法： ①正常移动平均： $$Y_{n+1}=\frac{X_{n-(m-1)}+X_{n-(m-2)}+\cdots+X_{n-1}+X_n}{m}$$ ②修正移动平均： $\overline{Y}_{n+1}=Y_{n+1}+（Y_{n+1}-Y_n）$（正常移动+两年预测之差） 指数平滑法： $Y_{n+1}=aX_n+（1-a）Y_n$ Y_{n+1}：$n+1$期预测值 Y_n：n期预测值 X_n：第n期的实际销售量 a：平滑指数
定价方法	以成本为基础： 单位产品价格×（1–适用税率）=单位成本+单位利润 以需求为基础： ①边际收入等于边际成本，定价最优。 ②预计产品价格： $$P=\frac{P_0Q_0^a}{Q^a}$$ a表示需求价格弹性系数绝对值的倒数，即1/|E|。 $$E=\frac{\Delta Q/Q_0}{\Delta P/P_0}$$

财务分析与评价篇

偿债能力	公式
营运资金	营运资金=流动资产−流动负债
流动比率	流动比率=流动资产/流动负债
速动比率	速动比率=速动资产/流动负债
现金比率	现金比率=（货币资金+交易性金融资产）/流动负债
资产负债率	资产负债率=负债总额/资产总额×100%
权益乘数	权益乘数=总资产/股东权益（权益乘数=1+产权比率）
产权比率	产权比率=总负债/股东权益
利息保障倍数	利息保障倍数=息税前利润/应付利息=（净利润+所得税+利润表中的利息费用）/应付利息

营运能力	公式
××周转率	周转率=周转额（通常为"营业收入"）/××资产——反映"效率"
××周转天数	周转天数=计算期/周转率——反映"速度"
	提示：计算存货周转率或周转天数时需用"营业成本"

盈利能力	公式
营业毛利率	营业毛利率=营业毛利/营业收入×100%
营业净利率	营业净利率=净利润/营业收入×100%
总资产净利率	总资产净利率=净利润/平均总资产×100%
净资产收益率	净资产收益率=净利润/平均所有者权益×100%

发展能力	公式
营业收入增长率	营业收入增长率=本年营业收入增长额/上年营业收入×100%
总资产增长率	总资产增长率=本年资产增长额/年初资产总额×100%
营业利润增长率	营业利润增长率=本年营业利润增长额/上年营业利润总额×100%
资本保值增值率	资本保值增值率=扣除客观因素影响后的期末所有者权益/期初所有者权益×100%=（期初所有者权益+本期利润）/期初所有者权益×100%
所有者权益增长率	所有者权益增长率=本年所有者权益增长额/年初所有者权益×100%

现金流量分析	公式
营业现金比率	营业现金比率=经营活动现金流量净额/营业收入
每股营业现金净流量	每股营业现金净流量=经营活动现金流量净额/普通股股数
全部资产现金回收率	全部资产现金回收率=经营活动现金流量净额/平均总资产×100%
净收益营运指数	净收益营运指数=经营净收益/净利润 =（净利润−非经营净收益）/净利润
现金营运指数	现金营运指数=经营活动现金流量净额/经营所得现金

上市公司指标	公式
每股收益	每股收益=归属于普通股股东净利润/发行在外的普通股加权平均股数=（净利润−优先股股息）/发行在外的普通股加权平均股数
市盈率	市盈率=每股市价/每股收益
每股净资产	每股净资产=期末普通股净资产/期末发行在外的普通股股数
市净率	市净率=每股市价/每股净资产

财务分析与评价	公式
杜邦分析法	净资产收益率=营业净利率×总资产周转率×权益乘数
经济增加值	经济增加值=税后净营业利润−平均资本占用×加权平均资本成本
绩效改进度	绩效改进度=本期绩效评价分数/基期绩效评价分数

飞越必刷题篇

必刷客观题

第一模块　总　论

528 1-1

一、单项选择题

1 与公司制企业相比，下列各项中，属于个人独资企业优点的是（　　　）。

A.筹资渠道多

B.承担有限债务责任

C.企业组建成本低

D.容易转让所有权

第1记　知识链接

2 下列关于企业财务管理目标的表述中，错误的是（　　　）。

A.企业价值最大化目标弥补了股东财富最大化目标过于强调股东利益的不足

B.相关者利益最大化目标认为应当将除股东之外的其他利益相关者置于首要地位

C.利润最大化目标要求企业提高资源配置效率

D.股东财富最大化目标比较适用于上市公司

第3记　知识链接

3 当经济周期进入到衰退期时，企业不应当采用的财务管理战略是（　　　）。

A.出售多余设备

B.削减存货

C.停止长期采购

D.提高产品价格

第6记　知识链接

4 以融资对象为标准，金融市场可以分为（　　　）。

A.货币市场、资本市场

B.资本市场、外汇市场、黄金市场

C.基础性金融市场、金融衍生品市场

D.发行市场、流通市场

第7记　知识链接

二、多项选择题

5　下列各项中，有助于协调大股东与中小股东之间冲突的方式有（　　）。

A.增强中小股东的投票权和知情权

B.降低独立董事的比例

C.规范信息披露制度

D.视绩效大小给予中小股东数量不等的股票作为报酬

第3记　记　知识链接

6　为了应对通货膨胀给企业造成的影响，企业可以采取的措施有（　　）。

A.放宽信用期限

B.取得长期负债

C.减少企业债权

D.签订长期购货合同

第6记　记　知识链接

7　与资本性金融工具相比，下列各项中，属于货币性金融工具特点的有（　　）。

A.期限较长　　　　　　　　　　B.流动性强

C.风险较小　　　　　　　　　　D.价格平稳

第7记　记　知识链接

8　下列金融工具中，属于衍生金融工具的有（　　）。

A.银行承兑汇票

B.远期外汇

C.股票期权

D.股指期货

第7记　记　知识链接

三、判断题

9　股份有限公司与有限责任公司在设立时的股东（或发起人）人数上限均为50人，但是股份有限公司的人数下限为2人，有限责任公司的人数下限为1人。　　　（　　）

第1记　记　知识链接

10　相对于个人独资与合伙企业，公司制企业受政府监管较为宽松。　　　（　　）

第1记　记　知识链接

11　企业应当关注并自觉改善自身的生态环境，重视履行对员工、消费者、环境、社区等利益相关方的责任，重视其生产行为可能对未来环境的影响。这也反映了财务管理的利益关系协调原则。（　　）

第4记　**记** 知识链接

12　企业集团内部各所属单位之间业务联系越密切，就越有必要采用相对集中的财务管理体制。（　　）

第5记　**记** 知识链接

13　金融市场可以分为一级市场和二级市场，其中二级市场主要处理金融工具的发行与最初购买者之间的交易。（　　）

第7记　**记** 知识链接

第二模块　财务管理基础之货币时间价值

一、单项选择题

14　每年年初支付年金，连续支付10年，10年年末得500万元，利率为7%，每年年初支付的金额为（　　）万元。

A.500/ [（F/A，7%，11）/（1+7%）]

B.500/ [（F/A，7%，11）−1]

C.500/ [（F/A，7%，9）−1]

D.500/ [（F/A，7%，9）×（1+7%）]

第9记　知识链接

15　某年金在前2年无现金流入，从第三年开始连续5年每年年初现金流入300万元，则该年金按10%的年利率折现的现值为（　　）万元。

A.300×（P/A，10%，5）×（P/F，10%，1）

B.300×（P/A，10%，5）×（P/F，10%，2）

C.300×（P/F，10%，5）×（P/A，10%，1）

D.300×（P/F，10%，5）×（P/A，10%，2）

第9记　知识链接

16　某投资者从现在开始存入第一笔款项，随后每年存款一次，共存款10次，每次存款金额相等，利率为6%，复利计息，该投资者期望在10年后一次性取得100万元，则其每次存款金额的计算式为（　　）。

A.100/（F/A，6%，10）

B.100/（F/P，6%，10）

C.100/ [（F/A，6%，10）×（1+6%）]

D.100/ [（F/P，6%，10）×（1+6%）]

第9记　知识链接

17　已知（F/P，9%，4）=1.4116，（F/P，9%，5）=1.5386，（F/A，9%，4）=4.5731，则（F/A，9%，5）为（　　）。

A.4.9847　　　　　　　　　　　　B.5.9847

C.5.5733　　　　　　　　　　　　D.4.5733

第9记　知识链接

18　已知（F/A，10%，8）=11.436，（F/A，10%，9）=13.579，（F/A，10%，10）=15.937，（F/P，10%，8）=2.144，（F/P，10%，9）=2.358，（F/P，10%，10）=2.594。则9年期、折现率为10%的预付年金终值系数是（　　　）。

A.14.579

B.13.794

C.15.937

D.14.938

第9记　知识链接

19　某企业向金融机构借款，年名义利率为8%，按季度付息，则年实际利率为（　　　）。

A.9.60%

B.8.32%

C.8.00%

D.8.24%

第10记　知识链接

20　已知银行存款利率为3%，通货膨胀率为1%，则实际利率为（　　　）。

A.2%

B.3%

C.1.98%

D.2.97%

第10记　知识链接

21　某公司设立一项偿债基金项目，连续10年于每年年末存入500万元，第10年年末可以一次性获取9 000万元，已知（F/A，8%，10）=14.487，（F/A，10%，10）=15.937，（F/A，12%，10）=17.549，（F/A，14%，10）=19.337，（F/A，16%，10）=21.321，则该基金的收益率介于（　　　）。

A.12% ~ 14%

B.10% ~ 12%

C.14% ~ 16%

D.8% ~ 10%

第9、10记　知识链接

二、多项选择题

22　下列各项中，货币时间价值相关系数的排序正确的有（　　　）。

A.（P/A，5%，5）>（P/A，2%，5）

B.（P/A，5%，5）>（P/F，5%，5）

C.（F/P，5%，5）>（F/P，3%，5）

D.（P/A，3%，5）>（P/F，5%，5）

第9记　知识链接

23 下列各项中，不符合递延年金含义的有（　　　）。

A.从第一期开始，在一定时期内每期期末等额收付的系列款项

B.从第二期开始，在一定时期内每期期初等额收付的系列款项

C.从第二期开始，在一定时期内每期期末等额收付的系列款项

D.从第一期开始，无限期每期期末等额收付的系列款项

第9记　冊记　知识链接

第三模块 财务管理基础之收益与风险

一、单项选择题

24 甲、乙两个投资项目的期望收益率分别为10%、14%，收益率标准差均为3.2%，则下列说法正确的是（　　）。

A.乙项目的风险高于甲项目

B.无法判断两者风险的高低

C.甲项目的风险高于乙项目

D.甲项目与乙项目的风险相等

第11记 ▦记 知识链接

25 当某上市公司的β系数大于0时，下列关于该公司风险与收益表述中，正确的是（　　）。

A.系统风险高于市场组合风险

B.资产收益率与市场平均收益率呈同向变化

C.资产收益率变动幅度小于市场平均收益率变动幅度

D.资产收益率变动幅度大于市场平均收益率变动幅度

第12记 ▦记 知识链接

26 关于系统风险和非系统风险，下列表述错误的是（　　）。

A.证券市场的系统风险不能通过证券组合予以消除

B.若证券组合中各证券收益率之间负相关，则该组合能分散非系统风险

C.在资本资产定价模型中，β系数衡量的是投资组合的非系统风险

D.某公司新产品开发失败的风险属于非系统风险

第12记 ▦记 知识链接

27 下列关于证券投资风险的表述中，正确的是（　　）。

A.价格风险是指由于市场利率下降，而使证券资产普遍下跌的可能性

B.购买力风险属于系统风险

C.再投资风险不属于系统风险

D.破产风险是指证券资产持有者无法在市场上以正常价格平仓出货的可能性

第12记 ▦记 知识链接

28 下列关于两项证券资产投资组合的风险的说法中，错误的是（　　）。

A.当相关系数为1时，组合不能分散风险

B.当相关系数为-1时，组合可以分散风险

C.当相关系数为0时，组合可以分散一部分非系统风险

D.当相关系数为0.8时，组合可以分散一部分系统风险

第13记 记 知识链接

29 根据投资组合相关理论，如果组合内资产收益率之间的相关系数小于1，则资产组合的标准差相较于各个单项资产标准差的加权平均数（　　）。

A.更大

B.更小

C.保持一致

D.无法比较

第13记 记 知识链接

30 有甲、乙两种证券，甲证券的必要收益率为10%，乙证券要求的风险收益率是甲证券的1.5倍，如果无风险收益率为4%，则根据资本资产定价模型，乙证券的必要收益率为（　　）。

A.12%　　　　　　　　　　　　　　　　B.16%

C.15%　　　　　　　　　　　　　　　　D.13%

第14记 记 知识链接

31 甲公司是一家餐饮公司。2020年，一场疫情的流行使餐饮业进入"寒冬"，该公司在进行风险评估后认为，这场传染病的流行将使消费者的健康饮食意识大大增强，于是组织员工迅速开发并推出系列健康菜品，使公司营业额逆势上升。甲公司上述做法所体现的风险管理原则是（　　）。

A.专业性原则　　　　　　　　　　　　B.战略性原则

C.系统性原则　　　　　　　　　　　　D.二重性原则

第15记 记 知识链接

32 甲公司是一家生产遮阳用品的企业。2021年，公司在保留原有业务的同时，进入雨具生产业务。从风险管理策略的角度看，甲公司采取的策略是（　　）。

A.风险规避　　　　　　　　　　　　　B.风险转换

C.风险对冲　　　　　　　　　　　　　D.风险承担

第15记 记 知识链接

二、多项选择题

33 下列关于证券投资组合的表述中，正确的有（　　）。

A.两种证券的收益率完全正相关时可以消除风险

B.投资组合收益率为组合中各单项资产收益率的加权平均数

C.投资组合风险是各单项资产风险的加权平均数

D.投资组合能够分散掉的是非系统风险

第12、13记　记　知识链接

三、判断题

34 企业投资于某公司证券可能因该公司破产而引发无法收回其本金的风险属于非系统风险。

（　　）

第12记　记　知识链接

35 由两项资产构成的投资组合，如果要达到分散风险的目的，前提条件是这两项资产的收益率负相关。

（　　）

第13记　记　知识链接

36 风险矩阵可以对风险重要性等级标准、风险发生可能性、后果严重程度等作出客观准确的判断。

（　　）

第15记　记　知识链接

第四模块 财务管理内容之筹资管理

一、单项选择题

37 下列各项中，属于资金占用费的是（　　）。

A.借款手续费 　　　　　　　　　　B.债券利息费

C.借款公证费 　　　　　　　　　　D.债券发行费

第16记

38 公司在计算优先股的资本成本时，不需要考虑的因素是（　　）。

A.优先股的股息支付方式

B.优先股的发行费用

C.企业所得税税率

D.优先股的发行价格

第16记

39 甲公司向银行借款100万元，年利率为8%，银行要求保留12%的补偿性余额，则该借款的实际年利率为（　　）。

A.6.67% 　　　　　　　　　　　　B.7.14%

C.9.09% 　　　　　　　　　　　　D.11.04%

第16、23记

40 某公司股票目前市场价格为35元，本年发放现金股利为每股2.5元，筹资费用为每股0.5元。假设股利增长率为5%，则该公司普通股资本成本为（　　）。

A.12.50% 　　　　　　　　　　　　B.12.14%

C.12.61% 　　　　　　　　　　　　D.12.25%

第16记

41 某只股票的β值为1.2，无风险利率为6%，市场平均收益率为10%。已知该股票当前市价为10元/股，本期已发放的股利为0.8元/股，不考虑筹资费用。假定根据资本资产定价模型和股利增长模型所得出的股权资本成本相等，则该股票的股利增长率为（　　）。

A.10% 　　　　　　　　　　　　　　B.2.6%

C.2.8% 　　　　　　　　　　　　　　D.3%

第16记

42　若企业基期固定成本为200万元，基期息税前利润为300万元，则经营杠杆系数为（　　　）。

　　A.2.5

　　B.1.67

　　C.1.5

　　D.0.67

第17记 🔳记 知识链接

43　当财务杠杆系数为1时，下列表述正确的是（　　　）。

　　A.息税前利润增长率为0

　　B.息税前利润为0

　　C.固定性资本成本为0

　　D.固定性经营成本为0

第18记 🔳记 知识链接

44　下列各项中，将会导致经营杠杆效应最大的情况是（　　　）。

　　A.实际销售目标额等于目标销售额

　　B.实际销售目标额大于目标销售额

　　C.实际销售目标额等于盈亏临界点销售额

　　D.实际销售目标额大于盈亏临界点销售额

第17记 🔳记 知识链接

45　有一种资本结构理论认为，有负债企业的价值等于无负债企业价值加上税赋节约现值，再减去财务困境成本的现值，这种理论是（　　　）。

　　A.代理理论

　　B.权衡理论

　　C.MM理论

　　D.优序融资理论

第20记 🔳记 知识链接

46　下列各种财务决策方法中，可以用于确定最优资本结构且考虑了市场反应和风险因素的是（　　　）。

　　A.现值指数法

　　B.每股收益分析法

　　C.公司价值分析法

　　D.平均资本成本比较法

第20记 🔳记 知识链接

47 企业因发放现金股利的需要而进行筹资的动机属于（　　）。

A.扩张性筹资动机

B.支付性筹资动机

C.创立性筹资动机

D.调整性筹资动机

第21记 📖记 知识链接

48 关于直接筹资和间接筹资，下列表述错误的是（　　）。

A.直接筹资仅可以筹集股权资金

B.直接筹资的筹资费用较高

C.发行股票属于直接筹资

D.租赁属于间接筹资

第22记 📖记 知识链接

49 下列筹资方式中，筹资速度较快，但在资金使用方面往往具有较多限制条款的是（　　）。

A.发行债券

B.租赁

C.发行股票

D.银行借款

第23记 📖记 知识链接

50 下列关于银行借款筹资的说法中，错误的是（　　）。

A.相对于担保贷款，银行对于信用贷款通常要收取较高的利息

B.长期借款的保护性条款一般有例行性保护条款、一般性保护条款和特殊性保护条款

C.银行借款筹资既可以筹集长期资金，也可以用于短期融通资金

D.筹资速度慢是银行借款筹资的缺点之一

第23记 📖记 知识链接

51 关于公司债券的提前偿还条款，下列说法中，正确的是（　　）。

A.提前偿还条款降低了公司筹资的灵活性

B.提前偿还所支付的价格通常随着到期日的临近而上升

C.提前偿还所支付的价格通常低于债券面值

D.当预测利率下降时，公司可提前赎回债券而后以较低利率发行新债券

第23记 📖记 知识链接

52 某公司从租赁公司租入一台设备，价格为350万元，租期为8年，租赁期满时预计净残值15万元归租赁公司所有，假设年利率为8%，租赁手续费率为每年2%，每年末等额支付租金，则每年租金为（　　）万元。

A. $[350-15 \times (P/A，8\%，8)] / (P/F，8\%，8)$

B. $[350-15 \times (P/F，10\%，8)] / (P/A，10\%，8)$

C. $[350-15 \times (P/F，8\%，8)] / (P/A，8\%，8)$

D. $[350-15 \times (P/A，10\%，8)] / (P/F，10\%，8)$

第23记 记 知识链接

53 某公司向银行借款2 000万元，期限为1年，年利率为6.5%，银行要求的补偿性余额比例为12%，则该借款的实际利率为（　　）。

A.7.28%　　　　　　　　　　　　　　B.6.5%

C.7.39%　　　　　　　　　　　　　　D.12%

第23记 记 知识链接

54 某企业获100万元的周转信贷额度，约定年利率为10%，承诺费率为0.5%，年度内企业实际动用贷款60万元，使用了12个月，则该笔业务在当年实际的借款成本为（　　）万元。

A.10　　　　　　　　　　　　　　　B.10.2

C.6.2　　　　　　　　　　　　　　　D.6

第23记 记 知识链接

55 甲企业借入一笔短期借款，期限一年，拟按照12个月等额偿还本息。经测算，甲企业负担的实际利率为24%。若改为贴现法付息，则实际利率为（　　）。

A.31.58%

B.12%

C.24%

D.13.64%

第16、23记 记 知识链接

56 下列各项中，能够使放弃现金折扣成本降低的是（　　）。

A.付款期、折扣期不变，折扣率降低

B.折扣期、折扣率不变，付款期缩短

C.折扣率不变，付款期和折扣期等量延长

D.折扣率、付款期不变，折扣期延长

第23记 记 知识链接

57 下列关于我国证券交易所的说法中，错误的是（   ）。

A.北京证券交易所的市场定位是服务创新型中小企业

B.上海证券交易所和深圳证券交易所均设有主板市场

C.注册制下，由证监会做出同意或不同意发行的决定

D.在上海证券交易所科创板首次公开发行股票适用注册制

第24记 记 知识链接

58 下列各项优先权中，属于普通股股东享有的一项权利是（   ）。

A.优先剩余财产分配权

B.优先股利分配权

C.优先股份转让权

D.优先认股权

第24记 记 知识链接

59 关于可转换债券，下列表述正确的是（   ）。

A.可转换债券的赎回条款有利于降低投资者的持券风险

B.可转换债券的转换权是授予持有者的一种买入期权

C.可转换债券的转换比率为标的股票市值与转换价格之比

D.可转换债券的回售条款有助于可转换债券顺利转换成股票

第25记 记 知识链接

60 与普通股筹资相比，下列表述中属于优先股筹资优点的是（   ）。

A.有利于降低公司财务风险

B.优先股股息可以抵减所得税

C.有利于保障普通股股东的控制权

D.有利于减轻公司现金支付的财务压力

第25记 记 知识链接

61 甲企业本年度资金平均占用额为3 500万元，经分析，其中不合理部分为500万元。预计下年度销售增长5%，资金周转加速2%，则下年度资金需要量预计为（   ）万元。

A.3 000

B.3 088

C.3 150

D.3 213

第27记 记 知识链接

62　甲公司2022年末的敏感性资产为3 200万元，敏感性负债为1 000万元。2022年度实现销售收入为8 000万元，预计2023年度销售收入将提高20%，销售净利率为8%，利润留存率为40%。根据销售百分比法，2023年度甲公司需从外部追加资金需要量为（　　　）万元。

A.133　　　　　　　　　　　　　　　　B.389

C.93　　　　　　　　　　　　　　　　D.72

第28记　记　知识链接

63　某公司2013—2016年度销售收入和资金占用的历史数据（单位：万元）分别为（800，18），（760，19），（1 000，22），（1 100，21），运用高低点法分离资金占用中的不变资金与变动资金时，应采用的两组数据是（　　　）。

A.（760，19）和（1 000，22）　　　　B.（760，19）和（1 100，21）

C.（800，18）和（1 000，22）　　　　D.（800，18）和（1 100，21）

第29记　记　知识链接

二、多项选择题

64　下列关于影响资本成本因素的表述中，正确的有（　　　）。

A.通货膨胀水平高，企业筹资的资本成本就高

B.资本市场越有效，企业筹资的资本成本就越高

C.企业经营风险高，财务风险大，企业筹资的资本成本就高

D.企业一次性需要筹集的资金规模越大、占用资金时限越长，资本成本就越高

第16记　记　知识链接

65　关于银行借款筹资的资本成本，下列说法错误的有（　　　）。

A.银行借款手续费会影响银行借款的资本成本

B.银行借款的资本成本仅包括银行借款利息支出

C.银行借款的资本成本率一般等于无风险利率

D.银行借款的资本成本与还本付息方式无关

第16记　记　知识链接

66　下列各项关于股权资本成本的说法中，正确的有（　　　）。

A.股票的 β 系数越大，股权资本成本越高

B.预期股利增长率越大，股权资本成本越高

C.留存收益筹资方式下，无须发生筹资费用

D.留存收益的资本成本率，表现为股东追加投资要求的收益率

第16记　记　知识链接

67 在息税前利润为正的前提下,下列各项中,经营杠杆系数与之保持同向变化的因素有(   )。

A.固定成本

B.销售价格

C.销售量

D.单位变动成本

第17记 翻翻记 知识链接

68 下列各项因素中,影响企业资本结构决策的有(   )。

A.企业的经营状况

B.企业的信用等级

C.国家的货币供应量

D.管理者的风险偏好

第20记 翻翻记 知识链接

69 关于资本结构理论,下列说法正确的有(   )。

A.修正的MM理论认为企业价值与企业的资产负债率无关

B.根据优序融资理论,当企业需要外部筹资时,债务筹资优于股权筹资

C.根据代理理论,债务筹资可能带来债务代理成本

D.最初的MM理论认为有负债企业的股权资本成本随着资产负债率的增大而增大

第20记 翻翻记 知识链接

70 下列关于双重股权结构缺点的说法中,正确的有(   )。

A.增加了内部股权纷争

B.易导致公司被恶意收购

C.容易导致独裁行为发生

D.可能会加剧经营者的道德风险

第20记 翻翻记 知识链接

71 相对于间接筹资,下列选项中,属于直接筹资特点的有(   )。

A.筹资手续比较复杂

B.筹资费用较低

C.筹资领域较窄

D.有利于提高企业的知名度

第22记 翻翻记 知识链接

72　下列关于杠杆租赁的表述中，正确的有（　　　）。

A.出租人既是债权人又是债务人

B.涉及出租人、承租人和资金出借人三方当事人

C.租赁的设备通常是出租方已有的设备

D.出租人只投入设备购买款的部分资金

第23记 记 知识链接

73　下列各项中，属于商业信用筹资缺点的有（　　　）。

A.筹资成本较高

B.容易恶化企业的信用水平

C.企业需要提供担保

D.企业的机动权较小

第23记 记 知识链接

74　与股权筹资方式相比，下列各项中，属于债务筹资方式优点的有（　　　）。

A.资本成本低

B.筹资规模大

C.财务风险较低

D.筹资弹性较大

第23记 记 知识链接

75　放弃现金折扣的成本受折扣百分比、折扣期和信用期的影响。下列各项中，使放弃现金折扣成本提高的情况有（　　　）。

A.信用期、折扣期不变，折扣百分比提高

B.折扣期、折扣百分比不变，信用期延长

C.折扣百分比不变，信用期和折扣期等量延长

D.折扣百分比、信用期不变，折扣期延长

第23记 记 知识链接

76　下列各项中，属于股票上网竞价发行优点的有（　　　）。

A.经济性

B.高效性

C.市场性

D.连续性

第24记 记 知识链接

77 与增发新股筹资相比，留存收益筹资的优点有（   ）。

A.筹资成本低

B.有助于增强公司的社会声誉

C.有助于维持公司的控制权分布

D.筹资规模大

第24记 翻记 知识链接

78 一般而言，与发行普通股相比，发行优先股的特点有（   ）。

A.可以降低公司的资本成本

B.可以增加公司的财务杠杆效应

C.可以保障普通股股东的控制权

D.可以降低公司的财务风险

第25记 翻记 知识链接

79 下列各项中，关于永续债和普通债券的区别，错误的有（   ）。

A.永续债的票面利率一般低于同期国债收益率

B.永续债没有明确到期日或期限非常长

C.永续债的附加条款中包括赎回条款和回售条款

D.发行人能够无条件避免交付现金或者其他金融资产合同义务情况发生的永续债属于权益工具

第25记 翻记 知识链接

80 下列关于私募股权投资特点的说法中，错误的有（   ）。

A.私募股权投资多采取权益性投资方式，投资机构享有一定表决权

B.投资的企业一般是已形成一定规模和产生稳定现金流的上市企业

C.投资期限较短，一般在1~2年

D.流动性差，没有现成的股权交易市场

第26记 翻记 知识链接

81 非公开定向债务融资工具（PPN）是一种创新的债务筹资方式。下列选项中，不属于PPN特点的有（   ）。

A.更严格的信息披露要求

B.发行规模有限

C.发行方案更灵活

D.发行利率相较于公开发行的同类债券要高

第26记 翻记 知识链接

82　非公开定向债务融资工具（PPN）和中期票据融资都是创新的融资工具，这两者的共同点有（　　）。

A.均属于债务融资工具

B.信用评级均需达到AAA

C.发行规模均无明确限制

D.发行方案均相对灵活

第26记　记 知识链接

三、判断题

83　相对于采用目标价值权数，采用市场价值权数计算的平均资本成本更适用于未来的筹资决策。

（　）

第16记　记 知识链接

84　在银行授予企业的信贷额度中，信贷额度具有法律义务。 （　）

第23记　记 知识链接

85　如果企业利用应付账款进行筹资而无须支付利息，则可以认为采用这种商业信用形式是没有筹资成本的。 （　）

第23记　记 知识链接

86　新股网上定价发行方式要求事先确定发行底价，并通过抽签决定认购成功者。该方式下，对于承销商的定价能力要求较高，因此发行周期较长。 （　）

第24记　记 知识链接

87　中期票据的发行采用注册制，注册通过后需要在一年内完成发行完毕。 （　）

第26记　记 知识链接

88　能效信贷是指银行业金融机构为支持环保产业、倡导绿色文明、发展绿色经济而提供的信贷融资。 （　）

第26记　记 知识链接

第五模块 财务管理内容之投资管理

一、单项选择题

89 下列投资活动中，属于间接投资的是（ ）。

A.建设新的生产线

B.开办新的子公司

C.吸收合并其他企业

D.进行股票投资

第30记 记 知识链接

90 某投资项目某年的营业收入为600 000元，付现成本为400 000元，折旧额为100 000元，所得税税率为25%，则该年营业现金净流量为（ ）元。

A.250 000　　　　　　　　　　　　B.175 000

C.75 000　　　　　　　　　　　　　D.100 000

第31记 记 知识链接

91 已知某投资项目的净现值为25万元，原始投资额现值为100万元，则该项目的现值指数为（ ）。

A.0.25　　　　　　　　　　　　　　B.0.75

C.1.05　　　　　　　　　　　　　　D.1.25

第32记 记 知识链接

92 某投资项目需要在第一年年初投资840万元，寿命期为10年，每年可带来营业现金流量180万元，已知按照必要收益率计算的10年期普通年金现值系数为7.0，则该投资项目的年金净流量为（ ）万元。

A.60　　　　　　　　　　　　　　　B.120

C.96　　　　　　　　　　　　　　　D.126

第32记 记 知识链接

93 如果某投资项目在建设起点一次性投入资金，随后每年都有正的现金净流量，在采用内含收益率对该项目进行财务可行性评价时，下列说法正确的是（ ）。

A.如果内含收益率大于折现率，则项目净现值大于1

B.如果内含收益率大于折现率，则项目现值指数大于1

C.如果内含收益率小于折现率，则项目现值指数小于0

D.如果内含收益率等于折现率，则项目动态回收期小于项目寿命期

第32记　记　知识链接

94 　在对某投资方案进行分析时发现，当折现率为8%时，净现值为25万元，当折现率为10%时，净现值为8万元，当折现率为12%时，净现值为–12万元。若该投资方案只存在一个内含收益率，则其内含收益率的数值区间为（　　　）。

A.介于10%与12%之间

B.大于12%

C.小于8%

D.介于8%与10%之间

第32记　记　知识链接

95 　某投资项目只有第一年年初产生现金净流出，随后各年均产生现金净流入，且其动态回收期短于项目的寿命期，则该投资项目的净现值（　　　）。

A.大于0　　　　　　　　　　　　　　　　B.无法判断

C.等于0　　　　　　　　　　　　　　　　D.小于0

第32、33记　记　知识链接

96 　某投资项目需在开始时一次性投资50 000元，其中固定资产投资为45 000元，营运资金垫支5 000元，没有建设期。各年营业现金净流量分别为10 000元、12 000元、16 000元、20 000元、21 600元、14 500元。则该项目的静态投资回收期是（　　　）年。

A.3.35　　　　　　　　　　　　　　　　B.4.00

C.3.60　　　　　　　　　　　　　　　　D.3.40

第32记　记　知识链接

97 　一般认为，企业利用闲置资金进行债券投资的主要目的是（　　　）。

A.控制被投资企业　　　　　　　　　　　B.谋取投资收益

C.降低投资风险　　　　　　　　　　　　D.增强资产流动性

第37记　记　知识链接

98 　市场利率和债券期限对债券价值都有较大的影响。下列相关表述中，不正确的是（　　　）。

A.市场利率上升会导致债券价值下降

B.长期债券的价值对市场利率的敏感性小于短期债券

C.债券期限越短，债券票面利率对债券价值的影响越小

D.债券票面利率与市场利率不同时，债券面值与债券价值存在差异

第37记　记　知识链接

99 某公司当期每股股利为3.30元，预计未来每年以3%的速度增长，假设投资者的必要收益率为8%，则该公司每股股票的价值为（　　）元。

A.41.25

B.67.98

C.66.00

D.110.00

第37记 记 知识链接

100 某公司股票的当前市场价格为10元/股，今年发放的现金股利为0.2元/股〔$D_0=0.2$（元/股）〕，预计未来每年股利增长率为5%，则该股票的内部收益率为（　　）。

A.7.1%

B.7%

C.5%

D.2%

第37记 记 知识链接

101 甲公司已进入稳定增长状态，本期每股股利为0.75元，预计未来股利将保持6%的速度增长，甲公司股票当前每股股价为15元，则甲公司股票的预期股利收益率为（　　）。

A.5%

B.11.3%

C.5.3%

D.6%

第37记 记 知识链接

102 投资者乙准备购买M公司股票，并准备长期持有，他要求达到的收益率为12%。已知M公司今年每股股利0.8元，预计未来会稳定增长。假设M公司当前的股票市价为29.07元，则股利增长率至少应达到（　　），乙才会选择投资。

A.9.00%

B.11.68%

C.8.56%

D.10.25%

第37记 记 知识链接

103 在评价投资项目的各项指标中，同时考虑了资本成本、现金流量时点、项目寿命期以及项目残值的是（　　）。

A.边际贡献

B.净现值

C.内含收益率

D.投资回收期

第32记 记 知识链接

104 私募基金与公募基金对比，下列选项中，不属于公募基金特点的是（　　）。

A.监管宽松

B.发行对象不确定

C.投资金额较低

D.要求更高的信息透明度

第38、39记 记 知识链接

105 某投资者出售一份看跌期权，期权费5元，售出1股执行价格为100元、一年后到期的A公司股票的看跌期权。如果一年后该股票的市场价格为70元，则出售该看跌期权的净损益为（   ）元。

A.25
B.–20
C.–25
D.–30

第40记 记 知识链接

二、多项选择题

106 按照企业投资的分类，下列各项中，属于发展性投资的有（   ）。

A.企业间兼并合并的投资
B.更新替换旧设备的投资
C.大幅度扩大生产规模的投资
D.开发新产品的投资

第30记 记 知识链接

107 下列各项中，不属于投资项目营业现金流量构成内容的有（   ）。

A.赊销收入
B.固定资产当前的变现价值
C.付现运营成本
D.利息费用

第31记 记 知识链接

108 如果某项目投资方案的内含收益率大于必要收益率，则（   ）。

A.年金净流量大于原始投资额现值
B.现值指数大于1
C.净现值大于0
D.静态回收期小于项目寿命期的一半

第32、33记 记 知识链接

109 甲公司目前面临三个投资项目，每个项目的有关资料如下表所示。

项目	项目X	项目Y	项目Z
原始投资额现值（元）	–10 000	–18 000	–18 000
项目期限	5年	5年	8年
净现值（元）	5 164	6 642	8 675
内含收益率	28.6%	23.1%	22.8%
年金净流量（元）	1 362	1 752	1 626

根据上述信息,下列各项中,正确的有(　　　)。

A.若甲公司有足够的资金进行投资,应优先投资项目X

B.若甲公司有足够的资金进行投资,应优先投资项目Z

C.若甲公司只投资一个项目,应优先投资项目Y

D.若甲公司只投资一个项目,应优先投资项目X

第35记 记 知识链接

110 投资者甲拟测算其股票投资的内部收益率,首先以12%的折现率对其所获的股利收益和资本利得进行贴现,测算出的股票投资净现值为0.824。甲进一步测算所应选取的折现率可能有(　　　)。

A.10%

B.11%

C.13%

D.14%

第37记 记 知识链接

111 投资者对基金进行业绩评价时,需要考虑若干种因素。下列关于基金业绩评价的说法中,正确的有(　　　)。

A.被动型基金和货币型基金的收益不具有可比性

B.基金规模越大,越有利于投资对象的选择

C.应选择风险调整前的收益作为业绩评价指标

D.不同业绩计算期下的基金业绩存在较大差异

第38记 记 知识链接

112 下列关于看涨期权到期日价值的表述中,正确的有(　　　)。

A.买入看涨期权净损失的最大值为期权价格,而净收益却潜力巨大

B.卖出看涨期权净收益的最大值为期权价格,而净损失却潜力巨大

C.买入看涨期权净收益的最大值为期权价格,而净损失却潜力巨大

D.卖出看涨期权净损失的最大值为期权价格,而净收益却潜力巨大

第40记 记 知识链接

三、判断题

113 投资项目是否具有财务可行性,完全取决于该项目在整个寿命周期内获得的利润总额是否超过整个项目投资成本。　　　　　　　　　　　　　　　　　　　　(　　　)

第33记 记 知识链接

第六模块　财务管理内容之营运资金管理

一、单项选择题

114 下列流动资产融资策略中，收益和风险均较低的是（　　　）。

A.保守融资策略

B.激进融资策略

C.产权匹配融资策略

D.期限匹配融资策略

第42记 记 知识链接

115 某公司用长期资金来源满足非流动资产和部分永久性流动资产的需要，而用短期资金来源满足剩余部分永久性流动资产和全部波动性资产的需要，则该公司的流动资产融资策略是（　　　）。

A.激进融资策略

B.保守融资策略

C.折中融资策略

D.期限匹配融资策略

第42记 记 知识链接

116 某公司基于随机模型进行现金管理，目标现金余额为42万元，现金余额下限为27万元。公司当前的现金持有量为60万元，此时公司应采取的策略为（　　　）。

A.无需调整现金持有量

B.买入有价证券21万元

C.卖出有价证券12万元

D.卖出有价证券18万元

第43记 记 知识链接

117 在其他条件相同的情况下，下列各项中，可以加速现金周转的是（　　　）。

A.减少存货量

B.减少应付账款

C.放宽赊销信用期

D.利用供应商提供的现金折扣

第43记 记 知识链接

118 某企业与客户结算的信用条件为"4/10，2/20，n/30"。假设某客户从该企业购入价款为20 000元的商品，并于第15天付款，则该客户实际支付的价款为（　　）元。

A.19 400　　　　　　　　　　　　B.19 500

C.19 600　　　　　　　　　　　　D.20 000

第44记 记 知识链接

119 甲公司收款模式如下，销售当月收回销售额的20%，销售后的第一个月收回销售额的50%，销售后的第二个月收回销售额的30%。假设甲公司没有坏账费用，第一季度各月份的销售额分别为25 000元、30 000元、40 000元。甲公司3月底的应收账款账户余额是（　　）元。

A.29 000　　　　　　　　　　　　B.30 500

C.41 000　　　　　　　　　　　　D.42 500

第44记 记 知识链接

120 企业通常使用比率分析法评价顾客的财务状况。下列各项中，不属于评价顾客盈利能力的指标是（　　）。

A.销售回报率

B.总资产回报率

C.利息保障倍数

D.净资产收益率

第44记 记 知识链接

121 基于经济订货扩展模型进行存货管理，若每批订货数为600件，每日送货量为30件，每日耗用量为10件，则进货期内平均库存量为（　　）件。

A.400　　　　　　　　　　　　　B.300

C.200　　　　　　　　　　　　　D.290

第45记 记 知识链接

122 某公司全年（按360天计算）材料采购量预计为7 200吨，假定材料均衡消耗，从订货到送达正常需要3天，鉴于延迟交货会产生较大损失，公司按照延误天数2天建立保险储备。不考虑其他因素，材料再订货点为（　　）吨。

A.80　　　　　　　　　　　　　B.40

C.60　　　　　　　　　　　　　D.100

第45记 记 知识链接

二、多项选择题

123　下列关于营运资金管理的表述中，正确的有（　　　）。

A.加速营运资金周转，有助于降低资金使用成本

B.销售变数较大而难以预测时，通常要维持较低的流动资产与销售收入比率

C.管理者偏好高风险高收益时，通常会保持较低的流动资产投资水平

D.销售稳定并可预测时，投资于流动资产的资金可以相对少一些

第41记　记　知识链接

124　不考虑其他因素，企业采用宽松的流动资产投资策略将导致（　　　）。

A.较低的流动资产

B.较低的偿债能力

C.较低的流动资产短缺成本

D.较低的收益水平

第41记　记　知识链接

125　在最佳现金持有量的存货模式下，若企业持有的现金越多，则下列说法中，正确的有（　　　）。

A.机会成本越高

B.管理成本越高

C.交易成本越低

D.短缺成本越低

第43记　记　知识链接

126　甲公司拟委托收款代理机构协助催收某一客户的款项。下列说法中，正确的有（　　　）。

A.甲公司应将该客户划为A类客户

B.该客户的逾期金额比重大

C.类似客户的数量占比较高

D.甲公司可以通过打电话的方式进行催收

第44记　记　知识链接

127　下列成本费用中，一般属于存货变动储存成本的有（　　　）。

A.存货占用资金应计利息

B.存货毁损和变质损失

C.仓库折旧费

D.订货发生的差旅费

第45记　记　知识链接

128 根据存货经济订货批量扩展模型计算材料进货数量时，需要考虑的因素有（　　　）。

A.采购单价

B.每日送货量

C.每次订货的变动成本

D.材料总需要量

第45记 ⊞记 知识链接

129 甲公司生产需用某种零件，全年需求量3 600件，假设一年按360天计算。该零件的采购单价为100元/件，每次订货的变动成本与采购单价相同，储存单个零件的破损成本为采购单价的2.5%，假设存货占用资金用于等风险投资的最低收益率为10%。下列各项中，正确的有（　　　）。

A.单位变动储存成本为10元

B.经济订货批量为240件

C.经济订货批量平均占用资金为24 000元

D.最佳订货周期为24天

第45记 ⊞记 知识链接

130 在存货订货量决策中，下列关于保险储备的表述正确的有（　　　）。

A.保险储备增加，存货的缺货损失减小

B.保险储备增加，存货中断的概率变小

C.保险储备增加，存货的再订货点降低

D.保险储备增加，存货的储存成本提高

第45记 ⊞记 知识链接

三、判断题

131 为满足每年双十一大促销的备货需求而增持现金，反映了企业持有现金的交易性需求。

（　　　）

第43记 ⊞记 知识链接

第七模块　财务管理内容之成本管理

一、单项选择题

132 2021年末，公司正在对下一年的研发支出制定预算。从成本习性上，该项支出属于（　　）。

A.酌量性固定成本

B.约束性固定成本

C.技术性变动成本

D.酌量性变动成本

第49记 知识链接

133 某企业根据过去一段时期的业务量和混合成本资料，应用最小二乘法原理，寻求最能代表二者关系的函数表达式，据以对混合成本进行分解，则该企业采用的混合成本分解法为（　　）。

A.回归分析法

B.高低点法

C.账户分析法

D.工业工程法

第49记 知识链接

134 某产品本期产量为60套，直接材料标准用量为18千克/套，直接材料标准价格为270元/千克，直接材料实际用量为1 200千克，实际价格为210元/千克，则该产品的直接材料用量差异为（　　）元。

A.10 800　　　　　　　　　　　　　B.12 000

C.32 400　　　　　　　　　　　　　D.33 600

第50记 知识链接

135 甲公司生产制造某种产品，当月预算产量1 200件，材料标准用量5千克/件，材料标准单价2元/千克。经统计，当月实际产量1 100件，购买并耗用材料4 500千克。假设实际采购价格比标准价格低10%，则当月直接材料用量差异是（　　）元。

A.-1 500　　　　　　　　　　　　　B.-1 200

C.-2 000　　　　　　　　　　　　　D.-1 860

第50记 知识链接

136 某产品的预算产量为10 000件，实际产量为9 000件，实际发生固定制造费用180 000元，固定制造费用标准分配率为8元/小时，工时标准为1.5小时/件，则固定制造费用成本差异为（　　　）。

A.超支72 000元 　　　　　　　　　　B.节约60 000元

C.超支60 000元 　　　　　　　　　　D.节约72 000元

第50记 **記** 知识链接

137 甲公司生产制造某种产品，每件产品的标准工时为3小时，固定制造费用的标准成本为9元，企业预算产量为每月380件。经统计，甲公司3月份实际产量350件，发生固定制造费用2 250元，实际工时为1 100小时。该公司3月份固定制造费用效率差异为（　　　）元。

A.−30 　　　　　　　　　　　　　　B.100

C.150 　　　　　　　　　　　　　　D.−300

第50记 **記** 知识链接

138 根据作业成本管理原理，某制造企业的下列作业中，属于增值作业的是（　　　）。

A.废品清理作业

B.次品返工作业

C.产品检验作业

D.产品加工作业

第51记 **記** 知识链接

二、多项选择题

139 甲公司的业务量以直接人工小时为单位，最近5年维修成本随业务量的变化如下表所示。由于人员操作失误，表中某个数据丢失，暂用M表示。拟用高低点法对维修成本这一混合成本进行分解，下列说法中，正确的有（　　　）。

项目	20×0年	20×1年	20×2年	20×3年	20×4年	平均值
业务量（万小时）	5	6.5	M	6.2	5.3	6
维修成本（万元）	90	98	106	92	89	95

A.单位变动成本为10万元/万小时

B.单位变动成本为8万元/万小时

C.固定成本总额为36万元

D.固定成本总额为50万元

第49记 **記** 知识链接

140 下列选项中，主要由生产部门承担责任的成本差异有（　　　）。

A.直接材料的耗用量差异

B.直接材料的价格差异

C.直接人工工资率差异

D.直接人工效率差异

第50记　Ⅲ记　知识链接

141 作为成本管理的一个重要内容是寻找非增值作业，将非增值成本降至最低，下列各项中，属于非增值作业的有（　　　）。

A.从仓库到车间的材料运输作业

B.零部件加工作业

C.零部件组装作业

D.产成品质量检验作业

第51记　Ⅲ记　知识链接

三、判断题

142 成本计划是进行成本管理的第一步，也是组织成本决策和编制成本计划的前提。　（　　　）

第48记　Ⅲ记　知识链接

第八模块　财务管理内容之收入与分配管理

一、单项选择题

143　某公司生产并销售单一产品，适用的消费税税率为5%，本期计划销售量为80 000件，公司产销平衡，完全成本总额为360 000元，公司将目标利润定为400 000元，则单位产品价格应为（　　）元。

A.10　　　　　　　　　　　　　　　B.5

C.9.5　　　　　　　　　　　　　　D.4.5

第53记 记 知识链接

144　甲生产D产品，单位变动成本为95元，单位固定成本为190元，该产品适用的消费税税率为5%，成本利润率必须达到20%，目前甲公司的产能未被充分利用。现接到一个额外的D产品订单，正好可以用闲置产能安排生产，则额外订单的价格应当高于（　　），才可接受订单。

A.120元　　　　　　　　　　　　　B.360元

C.240元　　　　　　　　　　　　　D.114元

第53记 记 知识链接

145　甲公司生产销售A产品，该产品20×4年的销售单价为1 000元，销量为500万件。为进一步扩大销量，甲公司计划在20×5年降价10%，预计实现息税前利润增长30%。假设甲公司经营杠杆系数为1.5，并保持不变，则该产品的需求价格弹性系数为（　　）。

A.2　　　　　　　　　　　　　　　B.−6

C.−0.5　　　　　　　　　　　　　D.−2

第53记 记 知识链接

146　某大型钢铁厂所在行业为产品标准化的行业，最适合作该钢铁厂定价目标的是（　　）。

A.保持或提高市场占有率

B.应对和避免市场竞争

C.实现利润最大化

D.稳定市场价格

第54记 记 知识链接

147　下列各项中，正确反映公司净利润分配顺序的是（　　）。
　　A.提取法定公积金、提取任意公积金、弥补以前年度亏损、向投资者分配股利
　　B.向投资者分配股利、弥补以前年度亏损、提取法定公积金、提取任意公积金
　　C.弥补以前年度亏损、向投资者分配股利、提取法定公积金、提取任意公积金
　　D.弥补以前年度亏损、提取法定公积金、提取任意公积金、向投资者分配股利

　　　　　　　　　　　　　　　　　　　　　　　　　　第56记　[■记] 知识链接

148　厌恶风险的投资者偏好确定的股利收益，而不愿将收益留存在公司内部去承担未来的投资风
　　险，因此公司采用高现金股利政策有利于提升公司价值，这种观点的理论依据是（　　）。
　　A.代理理论
　　B.所得税差异理论
　　C.信号传递理论
　　D."手中鸟"理论

　　　　　　　　　　　　　　　　　　　　　　　　　　第57记　[■记] 知识链接

149　某股利分配理论认为，由于对资本利得收益征收的税率低于对股利收益征收的税率，企业应
　　采用低股利政策。该股利分配理论是（　　）。
　　A.代理理论
　　B.信号传递理论
　　C."手中鸟"理论
　　D.所得税差异理论

　　　　　　　　　　　　　　　　　　　　　　　　　　第57记　[■记] 知识链接

150　公司在采用固定股利支付率政策时，考虑的理由通常是（　　）。
　　A.保持目标资本结构
　　B.稳定股票市场价格
　　C.保持较低资本成本
　　D.使股利与公司盈余紧密配合

　　　　　　　　　　　　　　　　　　　　　　　　　　第58记　[■记] 知识链接

151　要获得收取股利的权利，投资者购买股票的最迟日期是（　　）。
　　A.股利宣告日
　　B.股利发放日
　　C.除息日
　　D.股权登记日

　　　　　　　　　　　　　　　　　　　　　　　　　　第60记　[■记] 知识链接

152 如果某公司以所持有的其他公司的有价证券作为股利发放给本公司股东，则该股利支付方式属于（　　）。

A.负债股利

B.现金股利

C.财产股利

D.股票股利

第60记 知识链接

153 关于股票股利与股票分割，下列说法正确的是（　　）。

A.均会改变股票面值

B.均会增加股份数量

C.均会增加股东权益总额

D.均会改变股东权益的结构

第61记 知识链接

154 股票股利与股票分割都将增加股份数量，二者的主要差别在于是否会改变公司的（　　）。

A.资产总额

B.股东权益总额

C.股东权益的内部结构

D.股东持股比例

第61记 知识链接

二、多项选择题

155 下列关于股利政策的说法中，符合代理理论观点的有（　　）。

A.股利政策应当向市场传递有关公司未来获利能力的信息

B.股利政策是协调股东与管理者之间代理关系的约束机制

C.高股利政策有利于降低公司的代理成本

D.理想的股利政策应当是发放尽可能高的现金股利

第57记 知识链接

156 下列各项中，属于固定或稳定增长的股利政策优点的有（　　）。

A.稳定的股利有利于稳定股价

B.稳定的股利有利于树立公司的良好形象

C.稳定的股利使股利与公司盈余密切挂钩

D.稳定的股利有利于优化公司资本结构

第58记 知识链接

157　对公司而言，发放股票股利的优点有（　　）。

A.减轻公司现金支付压力

B.使股权更为集中

C.可以向市场传递公司未来发展前景良好的信息

D.有利于股票交易和流通

第61记　记　知识链接

158　假设某股份公司按照1：2的比例进行股票分割，下列正确的有（　　）。

A.股本总额增加一倍

B.每股净资产保持不变

C.股东权益总额保持不变

D.股东权益内部结构保持不变

第61记　记　知识链接

159　下列各项中，属于股票回购的动机的有（　　）。

A.改变资本结构

B.巩固控制权

C.传递股价被高估的信息

D.替代现金股利

第62记　记　知识链接

三、判断题

160　甲公司的产品每期销售量波动较大，应当采用算数平均法进行产品的销售预测。（　　）

第52记　记　知识链接

161　当公司处于经营稳定或成长期，对未来的盈利和支付能力可作出准确判断并具有足够把握时，可以考虑采用稳定增长的股利政策，增强投资者的信心。（　　）

第58记　记　知识链接

162　业绩股票激励模式只对业绩目标进行考核，而不要求股价的上涨，因而比较适合业绩稳定的上市公司。（　　）

第63记　记　知识链接

第九模块　财务报表分析

一、单项选择题

163 下列财务比率中，属于效率比率的是（　　）。

A.速动比率

B.成本利润率

C.资产负债率

D.所有者权益增长率

第64记 知识链接

164 下列事项中，有助于提高企业短期偿债能力的是（　　）。

A.利用短期借款增加对流动资产的投资

B.为扩大营业面积，与租赁公司签订一项新的长期房屋租赁合同

C.企业从某国有银行取得3年期到期一次还本付息的500万元贷款

D.提高流动负债中应付账款的比重

第65记 知识链接

165 如果公司现有的流动比率介于0和1之间，下列举措将导致流动比率提高的是（　　）。

A.收回应收账款

B.偿还短期借款

C.赊购原材料

D.库存商品抵债

第65记 知识链接

166 关于产权比率指标和权益乘数指标之间的数量关系，下列表达式中正确的是（　　）。

A.权益乘数 × 产权比率=1

B.权益乘数−产权比率=1

C.权益乘数+产权比率=1

D.权益乘数/产权比率=1

第65记 知识链接

167 产权比率越高，通常反映的信息是（　　）。

A.财务结构越稳健

B.长期偿债能力越强

C.财务杠杆效应越强

D.股东权益的保障程度越高

第65记 记 知识链接

168 已知利润总额为700万元，利润表中的财务费用为50万元，资本化利息为30万元，则利息保障倍数为（　　）。

A.9.375

B.15

C.8.75

D.9.75

第65记 记 知识链接

169 甲公司的生产经营存在季节性，每年的6月到10月是生产经营旺季，11月到次年5月是生产经营淡季。如果使用应收账款年初余额和年末余额的平均数计算应收账款周转次数，计算结果会（　　）。

A.高估应收账款周转速度

B.低估应收账款周转速度

C.正确反映应收账款周转速度

D.无法判断对应收账款周转速度的影响

第66记 记 知识链接

170 下列财务分析指标中能够反映收益质量的是（　　）。

A.营业毛利率

B.每股收益

C.现金营运指数

D.净资产收益率

第69记 记 知识链接

171 关于获取现金能力的有关财务指标，下列表述中正确的是（　　）。

A.全部资产现金回收率指标不能反映公司获取现金的能力

B.用长期借款方式购买固定资产会影响营业现金比率

C.公司将销售政策由赊销调整为现销方式后，不会对营业现金比率产生影响

D.每股营业现金净流量是经营活动现金流量净额与普通股股数之比

第69记 记 知识链接

172 甲公司2022年初流通在外的普通股8 000万股，优先股200万股，面值100元/股，股息率为6%；2022年3月31日用6 000万元以每股15元的价格回购股票用于员工持股计划。如果2022年净利润为17 180万元，甲公司的基本每股收益为（　　）。

A.2.10

B.2.23

C.2.00

D.2.08

第70记 记 知识链接

二、多项选择题

173 丙公司2022年流动资产为5 000万元，其中货币资金为200万元，应收账款为3 000万元，存货1 500万元，预付账款300万元。流动负债为2 000万元，下列财务指标计算正确的有（　　）。

A.流动比率为2.5

B.速动比率为1.6

C.速动比率为1.75

D.现金比率为0.1

第65记 知识链接

174 下列关于营运资金的说法中，正确的有（　　）。

A.营运资金越多的企业，流动比率越大

B.当营运资金小于0时，部分非流动资产以流动负债作为资金来源

C.营运资金具有较强的变现力，可通过迅速变卖获取现金

D.营运资金越多的企业，短期偿债能力越强

第65记 知识链接

175 当企业资产负债率降低时，下列说法中，正确的有（　　）。

A.权益乘数和产权比率提高

B.企业的财务杠杆下降

C.说明企业财务风险降低

D.企业长期偿债能力变强

第65记 知识链接

176 丙公司2022年末负债总额为200万元，资产总额为500万元，当年利息费用为20万元，无资本化利息，净利润为100万元，所得税30万元，则该公司（　　）。

A.年末资产负债率为40%

B.年末产权比率为2/3

C.权益乘数为4/3

D.当年利息保障倍数为7.5

第65记 知识链接

177 在一定时期内，应收账款周转次数多、周转天数少表明（　　）。

A.收账速度快　　　　　　　　　　B.信用管理政策宽松

C.应收账款流动性强　　　　　　　D.应收账款管理效率高

第66记 知识链接

178　丁公司2022年营业收入1 500万元，营业净利率30%，非经营净收益为135万元，非付现费用为85万元，经营活动现金流量净额为360万元，全年平均总资产为5 000万元。下列关于丁公司的财务指标计算正确的有（　　　）。
A.净收益营运指数为0.7
B.现金营运指数为0.9
C.营业现金比率为24%
D.总资产净利率为6.3%

第69记 记 知识链接

179　关于上市公司管理层讨论与分析，正确的有（　　　）。
A.管理层讨论与分析是对本公司过去经营状况的评价，而不对未来发展作前瞻性判断
B.管理层讨论与分析包括报表及附注中没有得到充分揭示，而对投资者决策有用的信息
C.管理层讨论与分析包括对财务报告期间有关经营业绩变动的解释
D.管理层讨论与分析不是定期报告的组成部分，并不要求强制性披露

第71记 记 知识链接

三、判断题

180　为了保障企业的短期偿债能力，企业应当尽量多保留营运资金。　　　　　　（　　　）

第65记 记 知识链接

181　现金比率不同于速动比率之处主要在于剔除了应收账款对短期偿债能力的影响。　（　　　）

第65记 记 知识链接

182　市盈率是反映股票投资价值的重要指标，该指标数值越大，表明投资者越看好该股票的投资预期。　　　　　　　　　　　　　　　　　　　　　　　　　　　　　（　　　）

第70记 记 知识链接

第十模块　管理会计之预算管理

一、单项选择题

183 下列各项中，不属于零基预算法优点的是（　　　）。

A.不受历史期经济活动中的不合理因素影响

B.有助于增加预算编制透明度

C.能够灵活应对内外环境的变化

D.编制预算的工作量小

第74记 记 知识链接

184 运用公式法编制财务预算时，固定制造费用为1 000元，如果业务量为100%时，变动制造费用为3 000元；如果业务量为120%，则总制造费用为（　　　）元。

A.3 000

B.4 000

C.4 600

D.3 600

第74记 记 知识链接

185 某公司在编制生产预算时，2018年第四季度期末存货量为13万件，2019年四个季度的预计销售量依次为100万件、130万件、160万件和210万件，每季度末预计产品存货量占下季度销售量的10%，则2019年第三季度预计生产量为（　　　）万件。

A.210　　　　　　　　　　　　　　B.133

C.100　　　　　　　　　　　　　　D.165

第76记 记 知识链接

186 某企业2017年度预计生产某产品1 000件，单位产品耗用材料15千克，该材料期初存量为1 000千克，预计期末存量为3 000千克，则全年预计采购量为（　　　）千克。

A.18 000

B.16 000

C.15 000

D.17 000

第76记 记 知识链接

187 甲公司正在编制直接材料预算。预计单位产成品材料消耗量10千克。材料价格40元/千克，第一季度期初、期末材料存货分别为600千克和550千克；第一季度、第二季度产成品销量分别为300件和250件；期末产成品存货按下季度销量10%安排。预计第一季度材料采购金额是（　　）元。

A.120 000

B.118 000

C.116 000

D.140 000

第76记 **日日记** 知识链接

188 甲公司的采购付款政策是采购当月支付60%，次月支付40%。2021年年初应付账款的余额为200万元，1至3月份采购金额分别为400万元、500万元和600万元，则甲公司预计一季度现金支出额是（　　）万元。

A.1 500

B.1 260

C.1 460

D.1 700

第76记 **日日记** 知识链接

189 制造业企业在编制预计利润表时，"销售成本"项目数据的来源是（　　）。

A.产品成本预算

B.生产预算

C.销售预算

D.直接材料预算

第76记 **日日记** 知识链接

190 下列各类预算中，不会影响资金预算的是（　　）。

A.专门决策预算

B.直接人工预算

C.销售及管理费用预算

D.预计资产负债表

第76记 **日日记** 知识链接

二、多项选择题

191 下列关于全面预算体系的说法中，正确的有（　　　）。

A.经营预算包括销售预算、生产预算、资本支出预算等

B.财务预算也被称为总预算，总括反映了企业经营预算与专门决策预算的结果

C.财务预算包括资金预算和预计资产负债表

D.专门决策预算通常为长期预算

第72记 记 知识链接

192 下列预算中，涉及现金收支的预算有（　　　）。

A.销售与管理费用预算

B.销售预算

C.产品成本预算

D.直接材料预算

第76记 记 知识链接

193 某公司采用弹性预算法编制制造费用预算，制造费用与工时密切相关，若业务量为500工时，制造费用预算为18 000元，若业务量为300工时，制造费用预算为15 000元，则下列说法中，正确的有（　　　）。

A.若业务量为0，则制造费用为0

B.若业务量为320工时，则制造费用为15 300元

C.制造费用中固定部分为10 500元

D.单位变动制造费用预算为15元/工时

第74记 记 知识链接

194 关于预计资产负债表，下列表述中错误的有（　　　）。

A.资本支出预算的结果不会影响到预计资产负债表的编制

B.编制预计资产负债表的目的在于了解企业预算期的经营成果

C.预计利润表编制应当先于预计资产负债表编制而成

D.预计资产负债表是预算编制的起点和基础

第76记 记 知识链接

195 假设不考虑其他情况，会对预计资产负债表中"固定资产"项目产生影响的预算有（　　　）。

A.销售预算

B.制造费用预算

C.产品成本预算

D.销售及管理费用预算

第76记 记 知识链接

196　M公司在编制第三季度资金预算时，要求的期末现金余额不得低于300 000元，资金不足可以向银行借入短期借款。已知第三季度当前的现金余缺为-6 000 000元，长期借款利息为450 000元，短期借款利息为18 750元。假设M公司确定在第三季度另借入长期借款7 000 000元，借款年利率为12%。根据上述信息，M公司以下举措中，正确的有（　　　）。

A.借入短期借款

B.无须借入短期借款

C.出售有价证券

D.偿还短期借款

第76记　知识链接

三、判断题

197　企业正式下达执行的预算，执行部门一般不能调整。但是，市场环境、政策法规等发生重大变化，将导致预算执行结果产生重大偏差时，可经逐级审批后调整。（　　　）

第77记　知识链接

第十一模块　管理会计之本量利分析

一、单项选择题

198　某企业生产某一产品，年销售收入为100万元，变动成本总额为60万元，固定成本总额为16万元，则该产品的边际贡献率为（　　　）。

A.40%　　　　　　　　　　　　　　　B.76%

C.24%　　　　　　　　　　　　　　　D.60%

第78记 记 知识链接

199　某企业生产销售A产品，且产销平衡。其销售单价为25元/件，单位变动成本为18元/件，固定成本为2 520万元。若A产品的正常销售量为600万件，则安全边际率为（　　　）。

A.30%　　　　　　　　　　　　　　　B.50%

C.60%　　　　　　　　　　　　　　　D.40%

第78记 记 知识链接

200　根据本量利分析原理，下列各项中，将导致保本点销售额提高的是（　　　）。

A.降低单位变动成本　　　　　　　　　B.降低变动成本率

C.降低边际贡献率　　　　　　　　　　D.降低固定成本总额

第79记 记 知识链接

201　下列各项指标中，能直接体现企业经营风险程度的是（　　　）。

A.安全边际率　　　　　　　　　　　　B.边际贡献率

C.净资产收益率　　　　　　　　　　　D.变动成本率

第79记 记 知识链接

202　根据本量利关系图，下列各项中，正确的是（　　　）。

A.单位变动成本越大，总成本线斜率越大，保本点越高

B.单位变动成本越大，总成本线斜率越小，保本点越高

C.单位变动成本越小，总成本线斜率越小，保本点越高

D.单位变动成本越小，总成本线斜率越大，保本点越低

第79记 记 知识链接

203　对于生产多种产品的企业而言，如果能够将固定成本在各种产品之间进行合理分配，则比较适用的综合盈亏平衡分析方法是（　　　）。

　　A.联合单位法　　　　　　　　　　　B.主要产品法

　　C.分算法　　　　　　　　　　　　　D.加权平均法

第80记　知识链接

204　某公司生产和销售单一产品，预计计划年度销售量为10 000件，单价为300元，单位变动成本为200元，固定成本为200 000元。假设销售单价增长了10%，则销售单价的敏感系数（即息税前利润变化百分比相当于单价变化百分比的倍数）为（　　　）。

　　A.0.1　　　　　　　　　　　　　　B.3.75

　　C.1　　　　　　　　　　　　　　　D.3

第82记　知识链接

205　甲公司只生产和销售某一种产品，该产品的售价为10元，单位变动成本为6元，2022年销售量为20万件，利润为50万元。假设成本性态保持不变，则销售量的利润敏感系数是（　　　）。

　　A.2.2　　　　　　　　　　　　　　B.1.6

　　C.1.2　　　　　　　　　　　　　　D.0.8

第82记　知识链接

206　在利润敏感性分析中，销售单价对利润的敏感系数为5，单位变动成本对利润的敏感系数为−3，销售量对利润的敏感系数为2，固定成本对利润的敏感系数为−0.5。上述四个因素中，对利润影响最小的因素是（　　　）。

　　A.销售量

　　B.销售单价

　　C.单位变动成本

　　D.固定成本

第82记　知识链接

二、多项选择题

207　根据本量利分析原理，下列计算利润的公式中，错误的有（　　　）。

　　A.利润=（销售收入−保本销售额）×边际贡献率

　　B.利润=保本销售量×边际贡献率

　　C.利润=销售收入×（1−边际贡献率）−固定成本

　　D.利润=销售收入×变动成本率−固定成本

第78记　知识链接

208 当企业经营处于盈亏平衡点时，下列表述中，正确的有（　　　　）。

A.安全边际等于0

B.销售额等于销售收入线与总成本线交点处销售额

C.边际贡献等于固定成本

D.经营杠杆系数等于0

第79记　｜记｜知识链接

第十二模块　管理会计之责任会计

一、单项选择题

209 关于成本中心及其业绩考核，下列说法错误的是（　　　）。

A.成本中心既对可控成本负责，又对不可控成本负责

B.成本中心一般不会产生收入

C.与利润中心相比，成本中心的权利和责任都较小

D.成本中心仅考核发生的成本，不考核收入

第83记　知识链接

210 在责任中心评价指标中，用于评价利润中心管理者业绩的理想指标是（　　　）。

A.部门税前利润

B.边际贡献

C.可控边际贡献

D.部门边际贡献

第83记　知识链接

211 在以成本为基础制定内部转移价格时，下列各项中，不适合作为转移定价基础的是（　　　）。

A.变动成本

B.变动成本加固定制造费用

C.固定成本完全成本

D.完全成本

第84记　知识链接

212 企业在构建内部转移定价体系时，应当充分考虑企业所处的行业特征、企业战略、业务流程等，确保企业能够统筹各责任中心利益，对内部转移价格达成其识。这符合内部转移定价的（　　　）。

A.一致性原则

B.合规性原则

C.效益性原则

D.适应性原则

第84记　知识链接

二、多项选择题

213 在责任成本管理体制下，下列关于成本中心的说法错误的有（　　）。

A.成本中心对利润负责

B.成本中心对可控成本负责

C.成本中心对边际贡献负责

D.成本中心对不可控成本负责

第83记 ⊞记 知识链接

214 根据责任成本管理基本原理，成本中心只对可控成本负责。可控成本应具备的条件有（　　）。

A.该成本是成本中心可计量的

B.该成本的发生是成本中心可预见的

C.该成本是成本中心可调节和控制的

D.该成本是为成本中心取得收入而发生的

第83记 ⊞记 知识链接

第十三模块 管理会计之评价与考核

一、单项选择题

215 关于杜邦分析体系所涉及的财务指标，下列表述错误的是（ ）。

A.营业净利率可以反映企业的盈利能力

B.权益乘数可以反映企业的偿债能力

C.总资产周转率可以反映企业的营运能力

D.总资产收益率是杜邦分析体系的起点

第85记 知识链接

216 甲公司2024年销售净利率为5.73%，总资产周转率为2.17；2025年销售净利率为4.88%，总资产周转率为2.88。假定两年的资产负债率保持不变，则2025年权益净利率相较于2024年的变化趋势为（ ）。

A.上升

B.下降

C.不变

D.难以确定

第85记 知识链接

217 甲公司2021年的税后净营业利润为7 000万元，资产总额为80 000万元，债务资本成本为5%，股权资本成本为10%，产权比率为3，假设没有需要调整的项目，则甲公司的经济增加值为（ ）万元。

A.1 664   B.-1 000

C.1 000   D.2 000

第87记 知识链接

二、多项选择题

218 企业综合绩效评价可分为财务绩效定量评价与管理绩效定性评价两部分，下列各项中，属于财务绩效定量评价内容的有（ ）。

A.资产质量   B.盈利能力

C.债务风险   D.经营增长

第88记 知识链接

三、判断题

219　现代沃尔评分法认为企业财务评价的内容首先是盈利能力，其次是成长能力，再次是偿债能力。　　　　　　　　　　　　　　　　　　　　　　　　　　　　　　（　　）

第86记　㊙记 知识链接

220　经济增加值考虑了所有资本的成本，能够更加真实地反映企业的价值创造，可以衡量企业长远发展战略的价值创造。　　　　　　　　　　　　　　　　　　　　　　　（　　）

第87记　㊙记 知识链接

必刷主观题

第十四模块　集训主观题

221　某证券在行情好的情况下的收益率为10%，其他情况下的收益率为5%，行情好的概率为0.4，其他情况的概率为0.6。该证券的贝塔系数为2.4，无风险收益率为4%，市场平均风险收益率为3%。

要求：

（1）计算该证券的期望收益率和收益率的方差。

（2）计算该证券收益率的标准差和标准差率。

（3）计算该证券的必要收益率。

第11、14记 ⅲ记 知识链接

222　为顺应产业升级的要求，A公司计划投资一个智能制造项目。该公司目前的资本结构为负债/股东权益为2/3，投资该项目后仍维持该目标结构。在该目标资本结构下，债务资本成本为6%。智能制造领域的代表企业是M公司，该公司的资本结构为负债/股东权益为7/10，$\beta_{权益}$为1.2。已知无风险利率为5%，市场风险溢价为8%，两家公司适用的所得税税率均为25%。

要求：

（1）运用可比公司法，计算M公司的$\beta_{资产}$。

（2）运用可比公司法，计算智能制造项目的$\beta_{权益}$和A公司的权益资本成本。

（3）计算A公司的综合资本成本。

第16记 ⅲ记 知识链接

223　乙公司是一家上市公司，适用的企业所得税税率为25%，当年息税前利润为900万元，预计未来年度保持不变。为简化计算，假定净利润全部分配，债务资本的市场价值等于其账面价值，确定债务资本成本时不考虑筹资费用。证券市场平均收益率为12%，无风险收益率为4%，两种不同的债务水平下的税前利率和β系数如表1所示。公司价值和平均资本成本如表2所示。

表1　不同债务水平下的税前利率和β系数

债务账面价值（万元）	税前利率	β系数
1 000	6%	1.25
1 500	8%	1.5

表2　公司价值和平均资本成本

债务 市场价值 （万元）	股票 市场价值 （万元）	公司总价值 （万元）	税后债务 资本成本	权益资本 成本	平均资本 成本
1 000	4 500	5 500	（A）	（B）	（C）
1 500	（D）	（E）	＊	16%	＊

注：表中的"＊"表示省略的数据。

要求：

（1）确定表2中英文字母代表的数值（不需要列示计算过程）。

（2）依据公司价值分析法，确定上述两种债务水平的资本结构哪种更优，并说明理由。

第16、20记 ⅲⅲ记 知识链接

224　甲公司拟购置一套监控设备，有X和Y两种设备可供选择，二者具有同样的功用。X设备的购买成本为480 000元，每年付现成本为40 000元，使用寿命为6年。该设备采用直线法折旧，年折旧额为80 000元，税法残值为0，最终报废残值为12 000元。Y设备使用寿命为5年，经测算，年金成本为105 000元。投资决策采用的折现率为10%，公司适用的企业所得税税率为25%。有关货币时间价值系数如下：（P/F，10%，6）=0.5645，（P/A，10%，6）=4.3553，（F/A，10%，6）=7.7156。

要求：

（1）计算X设备每年的税后付现成本。

（2）计算X设备每年的折旧抵税额和最后一年末的税后残值收入。

（3）计算X设备的年金成本。

（4）运用年金成本方式，判断公司应选择哪一种设备。

第31、32、33、35记 ⅲⅲ记 知识链接

225　乙公司2017年采用"N/30"的信用条件，全年销售额（全部为赊销）为10 000万元，平均收现期为40天，平均存货量为1 000件，每件存货的变动成本为6万元。2018年初，乙公司为了尽早收回货款，提出了"2/10，N/30"的信用条件。新的折扣条件使销售额增加10%，达到11 000万元，平均存货量增加10%，达到1 100件，每件存货的变动成本仍为6万元，坏账损失和收账费用共减少200万元。预计占销售额一半的客户将享受现金折扣优惠，享受现金折扣的客户均在第10天付款；不享受现金折扣的客户，平均付款期为40天。该公司的资本成本为15%，变动成本率为60%。假设一年按360天计算，不考虑增值税及其他因素的影响。

要求：

（1）计算信用条件改变引起的现金折扣成本的增加额。

（2）计算信用条件改变后的应收账款平均收现期。

（3）计算信用条件改变引起的应收账款机会成本的增加额。

（4）计算信用条件改变引起的存货机会成本的增加额。

（5）计算信用条件改变引起的边际贡献增加额。

（6）计算信用条件改变引起的应收账款成本的增加额。

（7）计算提供现金折扣后的税前损益增加额，判断提供现金折扣是否可行，并说明理由。

第44记　记 知识链接

226　甲公司是一家标准件分销商，主要业务是采购并向固定客户供应某种标准件产品。有关资料如下：

（1）该标准件上一年订货次数为60次，全年订货成本为80万元，其中固定成本总额为26万元，其余均为变动成本。单位变动成本和固定成本总额不变。

（2）该标准件仓储总费用中，每年固定租金为10万元，每增加一件标准件就增加1元仓储费。每件标准件的占用资金为50元，资金利息率为6%。

（3）该标准件年需要量为180万件，一年按照360天计算。

（4）该标准件从发出订单到货物送达需要5天。

要求：

（1）计算每次订货变动成本。

（2）计算单位变动储存成本。

（3）根据经济订货模型，计算该标准件的经济订货批量和最佳订货周期（按天表示）。

（4）计算再订货点。

第45记　记 知识链接

227　甲公司是一家生产经营比较稳定的制造企业，假定只生产一种产品，并采用标准成本法进行成本计算分析。单位产品用料标准为6千克/件，材料标准单价为1.5元/千克。2019年1月份实际产量为500件，实际用料2 500千克，直接材料实际成本为5 000元。另外，直接人工实际成本为9 000元，实际耗用工时为2 100小时，经计算，直接人工效率差异为500元，直接人工工资率差异为-1 500元。

要求：

（1）计算单位产品直接材料标准成本。

（2）计算直接材料成本差异，直接材料数量差异和直接材料价格差异。

（3）计算该产品的直接人工单位标准成本。

第50记　记 知识链接

228 甲公司发放股票股利前，投资者张某持有甲公司普通股20万股，甲公司的股东权益账户情况如下，股本为2 000万元（发行在外的普通股为2 000万股，面值1元），资本公积为3 000万元，盈余公积为2 000万元，未分配利润3 000万元。公司每10股发放2股股票股利。按市值确定的股票股利总额为2 000万元。

要求：

(1) 计算股票股利发放后的"未分配利润"项目金额。

(2) 计算股票股利发放后的"股本"项目金额。

(3) 计算股票股利发放后的"资本公积"项目金额。

(4) 计算股票股利发放后张某持有公司股份的比例。

第61记 知识链接

229 甲公司生产销售产品，现将该产品人工成本分解为产品产量、单位产品消耗人工工时和小时工资率三个影响因素，采用因素分析法对其人工成本变动进行分析，基期、报告期人工成本信息如下：

项目	基期	报告期
产品产量（件）	200	220
单位产品消耗人工工时（小时）	20	18
小时工资率（元/小时）	25	30

要求：

(1) 计算该产品报告期与基期的差额。

(2) 使用因素分析法，依次计算下列因素变化对报告期与基期人工成本差额的影响：

①产品产量。

②单位产品消耗人工工时。

③小时工资率。

第64记 知识链接

230 丁公司2014年末的长期借款余额为12 000万元，短期借款余额为零。该公司的最佳现金持有量为500万元，如果资金不足，可向银行借款。假设：银行要求借款的金额是100万元的整倍数，而偿还本金的金额是10万元的整倍数；新增借款发生在季度期初，偿还借款本金发生在季度期末，先偿还短期借款；借款利息按季度平均计提，并在季度期末偿还。丁公司编制了2015年度各季度的资金预算，部分信息如下表所示：

公司2015年资金预算的部分信息

单位：万元

季度	一	二	三	四
现金余缺	−7 500	(C)	*	−450
长期借款	6 000	0	5 000	0
短期借款	2 600	0	0	(E)
偿还短期借款	0	1 450	1 150	
偿还短期借款利息 （年利率8%）	52	(B)	(D)	*
偿还长期借款利息 （年利率12%）	540	540	*	690
期末现金余额	(A)	503	*	*

注：表中"*"表示省略的数据。

要求：

确定上表中英文字母代表的数值（不需要列示计算过程）。

第49、74记　记 知识链接

231 丁公司采用逐季滚动预算和零基预算相结合的方法编制制造费用预算，相关资料如下：

资料一：2024年分季度的制造费用预算如表所示。

项目	第一季度	第二季度	第三季度	第四季度	合计
人工预算总工时（小时）	11 400	12 060	12 360	12 600	48 420
变动制造费用	91 200	*	*	*	387 360
其中：间接人工费用	50 160	53 064	54 384	55 440	213 048
固定制造费用	56 000	56 000	56 000	56 000	224 000
其中：					
设备租金	48 500	48 500	48 500	48 500	194 000
生产准备与车间管理费	*	*	*	*	*

注：表中"*"表示省略的数据。

资料二：2024年第二季度至2025年第一季度滚动预算期间。将发生如下变动：

（1）人工预算总工时为50 000小时。

（2）间接人工费用预算工时分配率将提高10%。

（3）2024年第一季度末重新签订设备租赁合同，新租赁合同中设备年租金将降低20%。

资料三：2024年第二季度至2025年第一季度，公司管理层决定将固定制造费用总额控制在185 200万元以内，固定制造费用由设备租金、生产准备费用和车间管理费组成，其中设备租金属于约束性固定成本，生产准备费和车间管理费属于酌量性固定成本，根据历史资料分析，生产准备费的成本效益远高于车间管理费。为满足生产经营需要，车间管理费总预算额的控制区间为12 000元～15 000元。

要求：

（1）根据资料一和资料二，计算2024年第二季度至2025年第一季度滚动期间的下列指标：

①间接人工费用预算工时分配率。

②间接人工费用总预算额。

③设备租金总预算额。

（2）根据资料二和资料三，在综合平衡的基础上，并基于成本效益原则，完成2024年第二季度至2025年第一季度滚动期间的下列事项：

①确定车间管理费用总预算额。

②计算生产准备费总预算额。

第74记 🕮记 知识链接

232 甲公司生产销售A、B、C三种产品，采用联合单位法进行本量利分析，由2件A产品、1件B产品和2件C产品构成一个联合单位。已知固定成本总额为72 000元，产品产销量、单价和单位变动成本数据如下表所示。

项目	A产品	B产品	C产品
产销量（件）	2 000	1 000	2 000
单价（元）	60	90	75
单位变动成本（元）	40	60	50

要求：

（1）计算联合单价。

（2）计算联合单位变动成本。

（3）计算联合盈亏平衡点的销售量。

（4）计算A产品盈亏平衡点的销售量。

（5）计算三种产品的综合边际贡献率。

第80记 🕮记 知识链接

233 丙公司是一家汽车生产企业，只生产C型轿车，相关资料如下：

资料一：C型轿车年设计生产能力为60 000辆。2016年C型轿车销售量为50 000辆，销售单价为15万元。公司全年固定成本总额为67 500万元，单位变动成本为11万元，适用的消费税税率为5%，假设不考虑其他税费。2017该公司将继续维持原有产能规模，且成本性态不变。

资料二：预计2017年C型轿车的销售量为50 000辆，公司目标是息税前利润比2016年增长9%。

资料三：2017年某跨国公司来国内拓展汽车租赁业务，向丙公司提出以每辆12.5万元价格购买500辆C型轿车。假设接受该订单不冲击原有市场。

要求：

（1）根据资料一和资料二，计算下列指标：

①2017年目标税前利润。

②2017年C型轿车的目标销售单价。

③2017年目标销售单价与2016年单价相比的增长率。

（2）根据要求（1）的计算结果和资料二，计算C型轿车单价对利润的敏感系数。

（3）根据资料一和资料三，判断公司是否应该接受这个特殊订单，并说明理由。

第81、82记　知识链接

234　甲公司是一家制造业股份有限公司，计划投资建设一条新产品生产线。有关资料如下：

资料一：生产线需要于建设起点一次性投入建设资金7 500 000元，建设期为0，生产线预计使用年限为5年，采用直线法计提折旧，预计净残值为0。

资料二：生产线投入运营之初需要垫支营运资金1 000 000元，垫支营运资金于运营期满时全额收回。新产品预计年产销量为100 000件，单价为50元/件，单位变动成本（均为付现成本）为20元/件，每年付现固定成本为700 000元，非付现固定成本仅包括折旧费。不考虑相关利息费用及其影响。公司适用的企业所得税税率为25%。

资料三：生产线项目折现率为10%。

有关货币时间价值系数如下：（P/F，10%，5）=0.6209，（P/A，10%，5）=3.7908。

资料四：对于生产线投资所需资金，如果通过发行新股筹集，公司资产负债率将调整为60%，负债资本成本为5%，股东权益资本成本根据资本资产定价模型确定。

公司股票的 β 系数为1.5，市场平均收益率为10%，无风险收益率为4%。

要求：

（1）根据资料一和资料二，计算生产线投产后每年产生的息税前利润和净利润。

（2）根据资料一和资料二，计算：

①投资时点的现金净流量。

②第1～4年的营业现金净流量。

③第5年的现金净流量。

（3）根据资料一、资料二和资料三，计算生产线项目的净现值，并判断是否具有财务可行性。

（4）根据资料四，计算：

①股东权益资本成本。

②加权平均资本成本率。

第16、31、32记　知识链接

235 甲公司是一家制造业公司，两年来经营状况稳定，并且产销平衡，相关资料如下：

资料一：公司2019年资产负债表和利润表，如下表（单位：万元）所示：

资产负债表项目				利润表项目	
项目	2019年年末余额	项目	2019年年末余额	项目	2019年发生额
货币资金	1 000	应付账款	2 100	营业收入	30 000
应收账款	5 000	短期借款	3 100	营业成本	18 000
存货	2 000	长期借款	4 800	期间费用	6 000
固定资产	12 000	股东权益	10 000	利润总额	6 000
资产合计	20 000	负债和股东权益	20 000	净利润	4 500

假定有关资产负债项目年末余额均代表全年平均水平。

资料二：全年购货成本9 450万元，公司永久性流动资产为2 500万元，一年按360天计算。

资料三：公司收紧赊销政策导致收入减少6 000万元，变动成本率为70%，机会成本减少500万元，收账费用减少200万元。

要求：

（1）根据资料一，计算2019年末营运资金数额。

（2）根据资料一，计算：

①营业毛利率。

②资产周转率。

③净资产收益率。

（3）根据资料一和资料二，计算：

①存货周转期。

②应付账款周转期。

③应收账款周转期。

④现金周转期（以上计算结果均用天数表示）。

（4）根据资料一和资料二，依据公司资产与资金来源期限结构的匹配情况，判断该公司流动资产融资策略属于哪种类型。

（5）根据资料三，计算收缩信用政策对税前利润的影响额（税前利润增加用正数，减少用负数）判断是否应收缩信用政策。

第42、43、44、65、66、67记 🔖记 知识链接

236 甲公司是一家制造企业，适用的企业所得税税率为25%。公司考虑用效率更高的新生产线来代替现有旧生产线。有关资料如下。

资料一：旧生产线原价为5 000万元，预计使用年限为10年，已经使用5年。采用直线法计提折旧。使用期间无残值。每年生产的产品销售收入为3 000万元，变动成本总额为1 350万元，固定成本总额为650万元。

资料二：旧生产线每年的全部成本中，除折旧外均为付现成本。

资料三：如果采用新生产线取代旧生产线。相关固定资产投资和垫支营运资金均于开始时一次性投入（建设期为0），垫支营运资金于营业期结束时一次性收回。新生产线使用直线法计提折旧。使用期满无残值。有关资料如下表所示。

项目	固定资产投资	垫支营运资金	使用年限	年营业收入	年营运成本
数额	2 400万元	600万元	8年	1 800万元	500万元

资料四：公司进行生产线更新投资决策时采用的折现率为15%。

有关资金时间价值系数如下：（P/F，15%，8）=0.3269，（P/A，15%，7）=4.1604，（P/A，15%，8）=4.4873。

资料五：经测算，新生产线的净现值大于旧生产线的净现值，而其年金净流量小于旧生产线的年金净流量。

要求：

（1）根据资料一，计算旧生产线的边际贡献总额和边际贡献率。

（2）根据资料一和资料二，计算旧生产线的年营运成本（即付现成本）和年营业现金净流量。

（3）根据资料三，计算新生产线的如下指标：

①投资时点（第0年）的现金流量。

②第1年到第7年营业现金净流量。

③第8年的现金净流量。

（4）根据资料三和资料四，计算新生产线的净现值和年金净流量。

（5）根据资料五，判断公司是否采用新生产线替换旧生产线，并说明理由。

第31、32、35、78记　🔖记　知识链接

237　甲公司是一家制造企业，适用的企业所得税税率为25%，公司计划购置一条生产线，用于生产一种新产品，现有A、B两个互斥投资方案可供选择，有关资料如下：

（1）A方案需要一次性投资2 000万元，建设期为0年，该生产线可用4年，按直线法计提折旧，预计净残值为0，折旧政策与税法保持一致，生产线投产后每年可获得营业收入1 500万元，每年付现成本为330万元，假定付现成本均为变动成本，固定成本仅包括生产线折旧费，在投产期初需垫支营运资金300万元，项目期满时一次性收回。在需要计算方案的利润现金流量时，不考虑利息费用及其对所得税的影响。

（2）B方案需要一次性投资3 000万元，建设期为0年，该生产线可用5年，按直线法计提折旧，预计净残值为120万元，折旧政策与税法保持一致，生产线投产后每年可获得营业收入1 800万元，第一年付现成本为400万元，以后随着设备老化，设备维修费将逐年递增20万元。在投产期初需垫支营运资金400万元，项目期满时一次性收回，在需要计算方案的利润成现金流量时，不考虑利息费用及其对所得税的影响。

（3）甲公司要求的最低投资收益率为10%。

有关货币时间价值系数如下：

（P/F，10%，1）=0.9091，（P/F，10%，2）=0.8264，（P/F，10%，3）=0.7513，（P/F，10%，4）=0.6830，（P/F，10%，5）=0.6209，（P/A，10%，4）=3.1699，（P/A，10%，5）=3.7908。

（4）对于投资所需资金，其中有一部分计划通过长期借款于以筹集，借款年利率为6%，每年付息一次，到期一次还本，借款手续费率为0.3%。

要求：

(1) 计算A方案的下列指标：

①边际贡献率。

②盈亏平衡点销售额。

(2) 计算A方案的下列指标：

①第1～3年的营业现金净流量。

②第4年的现金净流量。

③现值指数。

(3) 计算B方案的下列指标：

①第1～4年的营业现金净流量。

②第5年的现金净流量。

③净现值。

(4) 计算A方案和B方案的年金净流量，并判断甲公司应选择哪个方案。

(5) 计算银行借款的资本成本率（不考虑货币时间价值）。

第16、31、32、35、78记 📖记 知识链接

238　甲公司对下设的A部门作为投资中心进行管理，该部门只生产一种M产品。假定不考虑所得税，有关资料如下：

资料一：20×2年M产品销售量为500万件，单价为25元，变动成本率为40%，盈亏临界点作业率为20%。

资料二：20×2年甲公司对M产品投资额为25 000万元。

资料三：甲公司计划采用指数平滑法对M产品20×3年的销量进行预测。由于M产品是甲公司的王牌产品，站在长期发展的角度，该公司对20×2的原预测销售量为1 500万件。假设平滑指数为0.3。

资料四：为实现指数平滑法所预测的销量目标，经可行性研究后，20×3年拟增加35 000万元投资额。新产能投入运营后，每年增加2 700万元的固定成本。假设公司产销平衡，产能扩张不影响产品单位边际贡献。

资料五：假定公司整体的预期最低投资收益率为15%。

要求：

(1) 根据资料一，计算M产品盈亏平衡点销售量。

（2）根据（1）的结果、资料一和资料二，计算M产品的下列指标：

①固定成本总额；

②息税前利润；

③经营杠杆系数；

④投资收益率。

（3）根据资料三，计算M产品在20×3年的销售量。

（4）根据（2）的结果、资料四和资料五，计算下列指标并说明理由：

①20×3年息税前利润；

②20×3年投资收益率，并评价A部门是否会考虑该投资以及甲公司是否会考虑该投资；

③若采用剩余收益法进行衡量，请评价A部门是否会考虑该投资。

第17、25、52、78、79、83记 知识链接

239 甲公司为一家制造企业，拟在原有产品基础上投产一种新产品，资料如下：

（1）公司目前仅生产销售A产品，年产销量为30 000件，单价为100元/件，单位变动成本为60元/件，年固定总成本为160 000元。

（2）公司已在A产品基础上开发出新产品B产品、C产品，并决定在下年年末从中选取出一种新产品进行投产。具体方案如下：

方案一：投产B产品，年产销量为13 500件，单价为120元，单位变动成本为70元，原有A产品产销量将下降20%，单价、单位变动成本均不变。由此需要额外新增一台生产设备，导致年固定成本增加，具体见资料（3）。

方案二：投产C产品，年产销量为6 000件，单价为150元，单位变动成本为100元，原有A产品产销量将下降15%，单价、单位变动成本均不变。公司现有产能可以满足产品C的生产需求，无需新增生产设备。

（3）新增生产设备可以选择租赁和购买：

选择租赁，设备价款410 000元，租赁期为6年，租赁期届满净残值为50 000元，归设备供应商所有，租金按照等额年金法计算，每年年末支付一次。租赁手续费率为每年3%，年利率为6%。

选择购买，需一次性支付410 000元，按直线法计提折旧，折旧年限为6年，净残值为50 000元，年付现成本为3 000元（全部为固定成本）。不考虑所得税对现金流量的影响，折现率为7%。

已知：$(P/F，6\%，6)$=0.7050，$(P/F，7\%，6)$=0.6663，$(P/F，9\%，6)$=0.5963，$(P/A，6\%，6)$=4.9173，$(P/A，7\%，6)$=4.7665，$(P/A，9\%，6)$=4.4859。

要求：

（1）计算A产品的单位边际贡献和边际贡献率。

（2）如果选择租赁新增生产设备，计算年租金。

（3）如果选择购买新增生产设备，计算年金成本。

（4）根据以上计算结果，判断选择租赁还是购买，并说明理由。

（5）计算投产B产品、C产品所导致的息税前利润增加额，并判断是投产B产品还是C产品。

第23、31、32、35、78记 知识链接

未来的路不会比过去
更宽广、更平坦
但是我并不恐惧
我眼前还闪动着道路前方
玫瑰和蔷薇的影子。

　　　　　　　季羡林《八十抒怀》

财务管理

会计专业技术中级资格考试辅导用书 · 冲刺飞越（全 2 册 · 下册）
斯尔教育 组编

答案与解析

北京理工大学出版社
BEIJING INSTITUTE OF TECHNOLOGY PRESS
·北京·

图书在版编目（CIP）数据

冲刺飞越. 财务管理：全2册 / 斯尔教育组编.
北京：北京理工大学出版社, 2024. 6.
(会计专业技术中级资格考试辅导用书).
ISBN 978-7-5763-4248-2

Ⅰ. F23

中国国家版本馆CIP数据核字第2024E4G545号

责任编辑： 申玉琴　　　　　**文案编辑：** 申玉琴
责任校对： 刘亚男　　　　　**责任印制：** 边心超

出版发行 / 北京理工大学出版社有限责任公司

社　　址 / 北京市丰台区四合庄路6号

邮　　编 / 100070

电　　话 / （010）68944451（大众售后服务热线）
　　　　　　（010）68912824（大众售后服务热线）

网　　址 / http://www.bitpress.com.cn

版 印 次 / 2024年6月第1版第1次印刷

印　　刷 / 天津鸿景印刷有限公司

开　　本 / 787 mm×1092 mm　1/16

印　　张 / 19

字　　数 / 270千字

定　　价 / 40.50元（全2册）

目录

⬇ 必刷客观题　答案与解析

第一模块　总　论 ……………………………………………………… 1

第二模块　财务管理基础之货币时间价值 ……………………… 4

第三模块　财务管理基础之收益与风险 ………………………… 6

第四模块　财务管理内容之筹资管理 …………………………… 9

第五模块　财务管理内容之投资管理 …………………………… 17

第六模块　财务管理内容之营运资金管理 …………………… 21

第七模块　财务管理内容之成本管理 …………………………… 24

第八模块　财务管理内容之收入与分配管理 ………………… 27

第九模块　财务报表分析 …………………………………………… 31

第十模块　管理会计之预算管理 ………………………………… 36

第十一模块　管理会计之本量利分析 ………………………… 39

第十二模块　管理会计之责任会计 ……………………………… 42

第十三模块　管理会计之评价与考核 ………………………… 44

⬇ 必刷主观题　答案与解析

第十四模块　集训主观题 …………………………………………… 47

第一模块　总　论

一、单项选择题

| 1 | C | 2 | B | 3 | D | 4 | B |

二、多项选择题

| 5 | AC | 6 | BCD | 7 | BCD | 8 | BCD |

三、判断题

| 9 | × | 10 | × | 11 | √ | 12 | √ | 13 | × |

一、单项选择题

1 斯尔解析▶ **C** 本题考查的是个人独资企业的优点。个人独资企业具有创立容易、经营管理灵活自由、不需要缴纳企业所得税等优点，因此选项C当选。公司制企业的优点包括：容易转让所有权，有限债务责任，可以无限存续，融资渠道较多，因此选项ABD都是公司制企业的优点。

2 斯尔解析▶ **B** 本题考查的是财务管理目标。相关者利益最大化目标，强调股东的首要地位，并强调企业与股东之间的协调关系，选项B当选。

✔ 应试攻略

　　本题难度不大，但请同学们适当关注选项A，该句并非出自教材原文，需要理解后才能作答。企业价值是所有者权益和债权人权益的市场价值之和，因此并非只强调股东利益，故选项A正确。

3　斯尔解析▶　**D**　本题考查的是不同经济周期的财务管理战略。选项ABC均为衰退期应当采用的财务管理战略，关键词为"停"或"减"，选项ABC不当选。提高产品价格是繁荣期应采用的财务管理战略，选项D当选。

4　斯尔解析▶　**B**　本题考查的是金融市场的分类。选项A的分类标准是金融工具期限，选项C的分类标准是金融工具属性，选项D的分类标准是金融工具功能，因此选项B当选。

二、多项选择题

5　斯尔解析▶　**AC**　本题考查的是财务管理目标与利益冲突。为了协调大股东与中小股东之间的冲突，通常可采取的方式包括：

（1）完善上市公司的治理结构：

①增强中小股东的投票权和知情权。（选项A当选）

②提高董事会中独立董事的比例。（选项B不当选）

③建立健全监事会，并赋予监事会更大的监督与起诉权。

（2）规范上市公司的信息披露制度。（选项C当选）

中小股东不是公司经营者，不存在绩效问题，大股东无法基于绩效授予中小股东股票，只有当股东与经营者存在冲突时，可以选择绩效股的方式予以激励，因此选项D不当选。

6　斯尔解析▶　**BCD**　本题考查的是通货膨胀对财务活动的影响。企业采用比较严格的信用条件，可以减少企业债权，选项A不当选。取得长期负债，保持资本成本的稳定，选项B当选。调整财务政策，防止和减少企业资本流失等，选项C当选。与客户应签订长期购货合同，以减少物价上涨造成的损失，选项D当选。

> ✈ **应试攻略**
>
> 请掌握此类题目的解题技巧：锁定成本或价格（对应选项BD）；多收钱，少花钱（对应选项AC）。

7　斯尔解析▶　**BCD**　本题考查的是金融工具的特点。货币市场上的金融工具具有较强的"货币性"，具有流动性强、价格平稳、风险较小等特性，选项BCD当选。资本性金融工具的期限较长，选项A不当选。

> ✈ **应试攻略**
>
> 很多同学总是不理解为何货币性金融工具具有价格平稳的特点，其实这里的"价格"指的是利率，货币性金融工具由于期限较短，因此其利率波动也相对较小，即价格平稳。

8　斯尔解析▶　**BCD**　本题考查的是金融工具的分类。常见的衍生金融工具包括远期合同、期货合同、互换合同和期权合同等，因此选项BCD当选。银行承兑汇票属于基本金融工具（且属于货币市场工具），选项A不当选。

三、判断题

9　斯尔解析▶　×　本题考查的是有限责任公司和股份有限公司的区别。公司设立时，有限责任公司和股份有限公司对股东人数要求不同。设立有限责任公司的股东人数可以为1人或50人以下；设立股份有限公司，应当有1人以上200人以下为发起人。本题所述错误。

10　斯尔解析▶　×　本题考查的是企业组织形式的特点。公司法对于设立公司制企业的要求比设立独资或合伙企业复杂，并且需要提交一系列法律文件，花费的时间较长。公司成立后，政府对其监管比较严格，需要定期提交各种报告。本题所述错误。

11　斯尔解析▶　√　本题考查的是财务管理原则与财务管理目标与利益冲突。作为国民经济细胞，企业应当关注并自觉改善自身的生态环境，重视履行对员工、消费者、环境、社区等利益相关方的责任，重视其生产行为可能对未来环境的影响，这体现了企业社会责任与利益冲突问题。利益关系协调原则指的是企业在进行财务活动时，离不开处理与股东、债权人、经营者、职工、内部各部门、债务人、被投资企业、国家（政府）、社会公众等利益主体之间的财务关系。由此可知，这两个观点之间可以相互印证。本题所述正确。

12　斯尔解析▶　√　本题考查的是财务管理体制。影响企业财务管理体制集权与分权的选择因素是相对高频的考点，同学们需结合"88记篇"的【通关绿卡】强化理解。本题所述正确。

13　斯尔解析▶　×　本题考查的是金融市场的分类。金融市场可以分为一级市场和二级市场，其中一级市场主要处理金融工具的发行与最初购买者之间的交易。二级市场主要处理现有金融工具转让和变现的交易。本题所述错误。

第二模块　财务管理基础之货币时间价值

一、单项选择题

| 14 | B | 15 | A | 16 | C | 17 | B | 18 | D |

| 19 | D | 20 | C | 21 | A |

二、多项选择题

| 22 | BCD | 23 | ABD |

一、单项选择题

14 斯尔解析▶　**B**　本题考查的是货币时间价值的计算（预付年金）。根据题意列式，500=每年年初支付的金额×$(F/A，7\%，10)$×$(1+7\%)$，求得：每年年初支付的金额=500/$[(F/A，7\%，10)×(1+7\%)]$，虽然没有直接对应的正确选项，但可以直接根据期数判断选项AD不当选。由于预付年金终值系数是在普通年金终值系数的基础上，期数加1，系数减1，因此选项B当选。

15 斯尔解析▶　**A**　本题考查的是货币时间价值的计算（递延年金）。第3年年初开始有现金流入，即第2年开始连续5年每年年末现金流入300万元。所以是递延期为1年（$m=1$），期数为5年（$n=5$）的递延年金，$P=300×(P/A，10\%，5)×(P/F，10\%，1)$，选项A当选。

16 斯尔解析▶　**C**　本题考查的是货币时间价值的计算（年偿债基金）。从现在开始存入第一笔款项，即0时点发生第一笔现金流。每年存一笔，共存款10次，每次存款金额相等，该现金流期数为10次，利率为6%的预付年金。根据预付年金求终值的公式$F=A×[(F/A，i，n)×(1+i)]$，可得$A=100/[(F/A，6\%，10)×(1+6\%)]$，选项C当选。

17 斯尔解析▶　**B**　本题考查的是货币时间价值的计算（系数换算）。$(F/A，9\%，5)=(F/A，9\%，4)×(1+9\%)+1=5.9847$，选项B当选。

◢ 应试攻略

　　本题解题的关键是要理解年金在本质上就是若干复利计算结果的合计数，而本题最容易犯的错误就是少算了第5期的那一笔年金，即少加1。

提示：之所以加1，是因为本题其实是假设了每笔年金都是1，而不是大家所习惯的A。如果按照习惯做法，列式应当是：$A \times (F/A, 9\%, 5) = A \times (F/A, 9\%, 4) \times (1+9\%) + A$，等式两边同时除以A，即为本题答案。

18 斯尔解析▶ D 本题考查的是货币时间价值的计算（系数换算）。

方法一：9年期、折现率为10%的预付年金终值系数 $= (F/A, 10\%, 9) \times (1+10\%) = 14.937$。

方法二：9年期、折现率为10%的预付年金终值系数 $= (F/A, 10\%, 10) - 1 = 14.937$。

方法三：9年期、折现率为10%的预付年金终值系数 $= (F/A, 10\%, 8) \times (1+10\%) + 2.358 = 14.938$，选项D当选。

提示：尾差是由于小数点保留位数不同导致的。

19 斯尔解析▶ D 本题考查的是名义利率与实际利率的关系。按照名义利率与实际利率的换算关系：$i = (1 + r/m)^m - 1$，则年实际利率 $i = (1 + 8\%/4)^4 - 1 = 8.24\%$，选项D当选。

🚀 应试攻略

同学们一定要准确理解此公式，其中r/m指的是计息期利率，而m代表的是计息期的期数，这两者是具有对应关系的，如果题目中给出的直接是计息期利率，则可以直接使用，不应再除以m。

20 斯尔解析▶ C 本题考查的是名义利率与实际利率的关系。实际利率 = （1+名义利率）/ （1+通货膨胀率）-1 = （1+3%）/（1+1%）-1 = 1.98%，选项C当选。

21 斯尔解析▶ A 本题考查的是利率的计算。假设该基金的收益率为i，则 $500 \times (F/A, i, 10) = 9\,000$，$(F/A, i, 10) = 18$；同时，$(F/A, 12\%, 10) = 17.549$，$(F/A, 14\%, 10) = 19.337$，所以，$12\% < i < 14\%$，选项A当选。

二、多项选择题

22 斯尔解析▶ BCD 本题考查的是货币时间价值相关系数的理解。对于普通年金现值系数，利率越大，系数越小，选项A不当选。对于同利率、同期限的普通年金现值和复利现值，年金现值更大（多笔等额款项），选项B当选。对于复利终值系数，利率越大，系数越大，选项C当选。根据上述规律，$(P/A, 3\%, 5) > (P/F, 3\%, 5)$，$(P/F, 3\%, 5) > (P/F, 5\%, 5)$，因此 $(P/A, 3\%, 5) > (P/F, 5\%, 5)$，选项D当选。

23 斯尔解析▶ ABD 本题考查的是递延年金的含义。递延年金的第一次收付发生在第二期期末或第二期以后，若从现金流数轴的角度，从数字2及以后开始的年金才符合递延年金的定义。选项AB属于普通年金，当选。选项C属于递延年金，不当选。选项D属于永续年金，当选。

第三模块　财务管理基础之收益与风险

一、单项选择题

24	C	25	B	26	C	27	B	28	D
29	B	30	D	31	D	32	C		

二、多项选择题

33	BD

三、判断题

34	√	35	×	36	×

一、单项选择题

24 斯尔解析▶　C　本题考查的是资产收益与风险衡量指标。对于期望收益率不同的投资项目，评价和比较其各自的风险程度只能借助于标准差率，标准差率越大，风险越大。标准差率=标准差/期望收益率，甲项目的标准差率=3.2%/10%=32%；乙项目的标准差率=3.2%/14%=22.86%；甲项目的标准差率大于乙项目的标准差率，因此甲项目的风险高于乙项目，选项C当选。

25 斯尔解析▶　B　本题考查的是β系数的理解。β系数是市场组合系统风险的倍数，市场风险组合的β系数等于1，因此β系数大于0只能判断出资产收益率与市场平均收益率呈同方向变动，并无法判断高低，选项A不当选、选项B当选。只有给出具体β值才能判断二者变化幅度的大小关系，选项CD不当选。

✈ **应试攻略**

　　如果$0<\beta<1$，则资产收益率变动幅度小于市场平均收益率变动幅度；如果$\beta>1$，则资产收益率变动幅度大于市场平均收益率变动幅度。

26　斯尔解析▶　C　本题考查的是系统风险与非系统风险的辨析。系统风险是不可分散风险，是影响所有资产的，不能通过资产组合消除的风险，选项A不当选。只要证券组合中相关系数不等于1，该组合就能分散非系统风险，选项B不当选。资本资产定价模型中，β系数是市场组合系统风险的倍数，不能衡量非系统风险，选项C当选。非系统风险是发生于个别公司的特有事件造成的风险，新产品开发失败风险属于个别公司的特有风险，选项D不当选。

27　斯尔解析▶　B　本题考查的是证券投资的风险。价格风险是指由于市场利率上升，从而使证券资产价格普遍下跌的可能性，而非市场利率下降，选项A不当选。系统风险包括价格风险、再投资风险和购买力风险，选项B当选、选项C不当选。破产风险是指在证券资产发行者破产清算时，投资者无法收回应得权益的可能性，证券资产持有者无法在市场上以正常价格平仓出货的可能性属于变现风险，选项D不当选。

28　斯尔解析▶　D　本题考查的是投资组合中的相关系数。系统风险是不可以被分散的，当相关系数为0.8时，组合可以分散一部分非系统风险，不可以分散系统风险，选项D当选。

29　斯尔解析▶　B　本题考查的是投资组合的风险。当投资组合内资产收益率之间的相关系数小于1，资产组合可以分散风险，因此资产组合的标准差小于各个单项资产标准差的加权平均数，选项B当选。

30　斯尔解析▶　D　本题考查的是资本资产定价模型的计算。资本资产定价模型：必要收益率＝无风险收益率＋风险收益率，甲证券的必要收益率＝4%＋甲证券的风险收益率＝10%。解得：甲证券的风险收益率＝6%，乙证券的风险收益率＝6%×1.5＝9%，乙证券的必要收益率＝4+9%＝13%，选项D当选。

31　斯尔解析▶　D　本题考查的是风险管理的原则。疫情的流行是风险，而甲公司将风险转化为增进企业价值的机会，体现了风险管理二重性原则，因此选项D当选。

32　斯尔解析▶　C　本题考查的是风险管理的策略。风险对冲是指引入多个风险因素或承担多个风险，使得这些风险能互相冲抵。

典型举例包括：

（1）资产组合使用。

（2）多种外币结算的使用。

（3）战略上的多种经营等。"公司在保留原有业务的同时，进入雨具生产业务"，采用的是战略上的多种经营，原有风险是"怕雨天"，引入风险是"怕晴天"，即多引入了一个风险因素，使得这些风险互相冲抵，属于风险对冲，选项C当选。

二、多项选择题

33　斯尔解析▶　BD　本题考查的是资产组合的收益与风险。当两项资产的收益率完全正相关时，这样的组合不能抵消任何风险，选项A不当选。投资组合收益率为组合中各单项资产收益率的加权平均数，选项B当选。投资组合能够降低风险，选项C不当选。在证券资产组合中，能够随着资产种类增加而降低直至消除的风险，被称为非系统性风险；不能随着资产种类增加而分散的风险，被称为系统性风险，选项D当选。

✈ **应试攻略**

关于是否能够加权平均的问题：

（1）能加权——单项资产的预期收益率、资产组合的期望收益率、资产组合的 β 系数。

（2）不能加权——投资组合收益率的方差。

三、判断题

34 斯尔解析▶ 　√　本题考查的是非系统性风险。非系统风险是公司特有风险，公司特有风险是以违约风险、变现风险、破产风险等形式表现出来的。破产风险是指在证券资产发行者破产清算时投资者无法收回应得权益的可能性。本题所述正确。

35 斯尔解析▶ 　×　本题考查的是资产组合的风险。当相关系数等于1时，两项资产的收益率完全正相关，此时两项资产的风险完全不能互相抵消，这样的组合不能降低任何风险。只要相关系数不为1（具体来说是小于1）时，资产组合均可以分散风险。本题所述错误。

36 斯尔解析▶ 　×　本题考查的是风险矩阵的局限性。风险矩阵需要对风险重要性等级标准、风险发生可能性、后果严重程度等作出主观判断，可能影响使用的准确性。本题所述错误。

第四模块　财务管理内容之筹资管理

一、单项选择题

37	B	38	C	39	C	40	C	41	B
42	B	43	C	44	C	45	B	46	C
47	B	48	A	49	D	50	D	51	D
52	B	53	C	54	C	55	D	56	A
57	C	58	D	59	B	60	C	61	B
62	A	63	B						

二、多项选择题

64	ACD	65	BCD	66	ABCD	67	AD	68	ABCD
69	BCD	70	CD	71	AD	72	ABD	73	AB
74	AD	75	AD	76	ABCD	77	AC	78	ABC
79	AC	80	BC	81	AB	82	AD		

三、判断题

83	×	84	×	85	×	86	×	87	×
88	×								

一、单项选择题

37 斯尔解析▶ **B** 本题考查的是资本成本的含义。债券利息费属于资金占用费用，选项B当选。借款手续费、借款公证费、债券发行费均属于资金筹资费用，选项ACD不当选。

38 斯尔解析▶ **C** 本题考查的是个别资本成本的计算。根据公式，优先股资本成本率=优先股年固定股息/［优先股发行价格×（1-筹资费用率）］。因此，优先股发行费用（即筹资费用率）和优先股的发行价格会影响优先股资本成本的计算，选项BD不当选。由于优先股股利是由税后利润（即净利润）支付，所得税税率不影响优先股资本成本，选项C当选。如果是浮动股息率优先股，由于各期股利是波动的，因此其资本成本率只能按照贴现模式计算，且计算出的资本成本率会由于股利的波动而变动，即股息支付方式会影响资本成本，因此选项A不当选。

39 斯尔解析▶ **C** 本题考查的是补偿性余额模式下的实际利率计算。借款的实际年利率=100×8%/［100×（1-12%）］=9.09%，选项C当选。

40 斯尔解析▶ **C** 本题考查的是普通股资本成本的股利增长模型法。根据股利增长模型，普通股资本成本=2.5×（1+5%）/（35-0.5）+5%=12.61%，选项C当选。

41 斯尔解析▶ **B** 本题考查的是股权资本成本的计算。根据资本资产定价模型，权益资本成本=6%+1.2×（10%-6%）=10.8%，根据股利增长模型，10.8%=0.8×（1+g）/10+g，求解：g=2.6%，选项B当选。

42 斯尔解析▶ **B** 本题考查的是经营杠杆系数的计算。经营杠杆系数=基期边际贡献/基期息税前利润=（200+300）/300=1.67，选项B当选。

> ### 应试攻略
>
> 　　虽然题目中的数字均为"基期"的数字，但是同学们要注意，杠杆系数本身是一个预测类的指标，是用当期数据预测下一期的指标。

43 斯尔解析▶ **C** 本题考查的是财务杠杆系数的计算。根据财务杠杆系数的推导公式可知，如果固定融资成本（债务利息和优先股股利）等于0，则财务杠杆系数为1，即不存在财务杠杆效应，因此选项C当选。

44 斯尔解析▶ **C** 本题考查的是经营杠杆系数的分析。根据经营杠杆系数的推导式，当分母$EBIT$等于0时，经营杠杆无限大，此时企业处于盈亏平衡状态，选项C当选。

45 斯尔解析▶ **B** 本题考查的是资本结构理论。权衡理论认为，有负债企业的价值等于无负债企业价值上税赋节约现值，再减去财务困境成本的现值，选项B当选。

> ### 应试攻略
>
> 　　同学们容易混淆的是代理理论和权衡理论，其中代理理论是在权衡理论的基础之上继续衍生而来的，即除了考虑利息抵税收益和财务困境成本之外，还要考虑债务代理成本和债务代理收益。

46　斯尔解析▶　C　本题考查的是资本结构优化的方法。每股收益分析法、平均资本成本比较法都是从账面价值的角度进行资本结构的优化分析，没有考虑市场反应，也没有考虑风险因素，选项BD不当选。公司价值分析法，是在考虑市场风险基础上，以公司市场价值为标准，进行资本结构优化，选项C当选。

47　斯尔解析▶　B　本题考查的是企业持有现金的动机。支付性筹资动机，是指为了满足经营业务活动的正常波动所形成的支付需要而产生的筹资动机。在企业经营活动过程中，经常会出现超出维持正常经营活动资金需求的季节性、临时性的交易支付需要，如原材料购买的大额支付、员工工资的集中发放、银行借款的提前偿还、股东股利的发放等，选项B当选。

✈ 应试攻略

同学们切勿望文生义地认为支付性筹资动机是为了满足日常经营活动的资金需求而进行的筹资。另外，建议大家牢记教材上提及的4个典型举例，以便在客观题中作出快速判断。

48　斯尔解析▶　A　本题考查的是筹资的分类。直接筹资方式既可以筹集股权资金，也可以筹集债务资金，选项A当选。直接筹资的筹资手续比较复杂，筹资费用较高，选项B不当选。直接筹资方式主要有发行股票、发行债券、吸收直接投资等，选项C不当选。租赁和向金融机构借款均属于间接筹资，选项D不当选。

49　斯尔解析▶　D　本题考查的是不同筹资类型的特点。银行借款的筹资特点包括：（1）筹资速度快；（2）资本成本较低；（3）筹资弹性较大；（4）限制条款多；（5）筹资数额有限，选项D当选。

提示：在债务筹资方式中，限制条件由高到低的排序为银行借款、发行债券、租赁。

50　斯尔解析▶　D　本题考查的是银行借款筹资的特点。与发行公司债券、租赁等债务筹资其他方式相比，银行借款的程序相对简单，所花时间较短，公司可以迅速得到所需资金，选项D当选。需要提示的是，信用贷款的风险较高，银行通常要收取较高的利息，往往还要附加一定的限制条件，选项A不当选。

51　斯尔解析▶　D　本题考查的是债券的提前偿还。具有提前偿还条款的债券可使公司筹资有较大的弹性，选项A不当选。提前偿还所支付的价格通常要高于债券的面值，并随到期日的临近而逐渐下降，选项BC不当选。当公司资金有结余时，可提前赎回债券；当预测利率下降时，也可提前赎回债券，而后以较低的利率来发行新债券，选项D当选。

52　斯尔解析▶　B　本题考查的是租金的测算。根据题干，可直接列式：$350 = A \times (P/A, 10\%, 8) + 15 \times (P/F, 10\%, 8)$，求得租金 $A = [350 - 15 \times (P/F, 10\%, 8)] / (P/A, 10\%, 8)$，选项B当选。

✈ 应试攻略

对于租赁租金测算问题关注三个问题：
（1）残值收入归谁所有；　（2）折现率是两项之和；　（3）租金是年初支付还是年末支付。

53　斯尔解析▶　C　本题考查的是短期借款实际利率的计算。借款的实际利率=6.5%/（1-12%）=7.39%，选项C当选。

提示：计算"实际利率"时，不需要扣除所得税。

54　斯尔解析▶　C　本题考查的是短期借款实际利率的计算。利息=60×10%=6（万元），承诺费=（100-60）×0.5%=0.2（万元），则当年实际的借款成本=利息+承诺费=6+0.2=6.2（万元），选项C当选。

55　斯尔解析▶　D　本题考查的是短期借款的成本。加息法下，实际利率是2倍的名义利率，因此名义利率为12%。若改用贴现法付息，则实际利率为12%/（1-12%）×100%=13.64%，选项D当选。

56　斯尔解析▶　A　本题考查的是放弃现金折扣成本的分析。根据放弃现金折扣的信用成本率的公式可知，选项A当选。折扣期、折扣率不变，付款期缩短，将导致放弃现金折扣成本的分母减少，放弃现金折扣的成本提高，选项B不当选。折扣率不变，付款期和折扣期等量延长，对放弃现金折扣的成本没有影响，选项C不当选。折扣率、付款期不变，折扣期延长，享受现金折扣的优惠加大，放弃现金折扣的成本提高，选项D不当选。

57　斯尔解析▶　C　本题考查的是我国证券交易所概况和股票发行程序。注册制下，由证券交易所作出准予或不准发行的决定，选项C当选。

📎 应试攻略

（1）在注册制下，由证券交易所作出同意或不同意发行的决定（交易所进行实质审查），由证监会履行注册手续即可（证监会进行形式审查）。

（2）本题选项D，需要提醒关注的是上海证券交易所设有科创板，而深圳证券交易所不设有科创板，仅设有创业板。

58　斯尔解析▶　D　本题考查的是普通股股东的权利。优先股股东相对于普通股股东的优先权有优先股利分配权和优先剩余财产分配权，选项AB不当选。而普通股股东相对于优先股股东的特权是优先认股权，选项D当选。普通股股东和优先股股东都具有股份转让权，选项C不当选。

59　斯尔解析▶　B　本题考查的是可转换债券的基本要素。可转换债券的回售条款有利于降低投资者的持券风险，选项A不当选。可转换债券的转换比率是债券面值与转换价格之比，选项C不当选。可转换债券的赎回条款有助于可转换债券顺利转换成股票，选项D不当选。

📎 应试攻略

到底对谁有利？

（1）赎回条款+强制性转换条款：发债公司。

（2）回售条款：债券持有人。

60 斯尔解析▶ **C** 本题考查的是优先股筹资的特点。优先股股东无表决权，因此不影响普通股股东对企业的控制权，基本上也不会稀释原普通股的权益，选项C当选。优先股筹资的股利是相对固定的，且在利润分配前必须要先支付优先股股利，因此与普通股筹资相比，会增大公司的财务风险，选项A不当选。优先股股息是税后支付的，无法抵减所得税，选项B不当选。优先股股利的固定性可能成为公司的一项财务负担，增加了公司现金支付的财务压力，选项D不当选。

61 斯尔解析▶ **B** 本题考查的是资金需要量测算中的因素分析法。资金需要量=（基期资金平均占用额−不合理资金占用额）×（1+预测期销售增减率）÷（1+预测期资金周转速度增长率）=（3 500−500）×（1+5%）÷（1+2%）=3 088（万元），选项B当选。

62 斯尔解析▶ **A** 本题考查的是资金需要量测算中的销售百分比法。外部融资额=（3 200/8 000−1 000/8 000）×8 000×20%−8 000×（1+20%）×8%×40%=133（万元），选项A当选。

63 斯尔解析▶ **B** 本题考查的是资金需要量测算中的高低点法。高低点的选择应以业务量（产销量、销售收入）为标准，即以自变量为标准，选项B当选。

二、多项选择题

64 斯尔解析▶ **ACD** 本题考查的是影响资本成本的因素。如果经济过热，通货膨胀持续居高不下，投资者投资的风险大，预期报酬率高，筹资的资本成本就高，选项A当选。如果资本市场缺乏效率，证券的市场流动性低，投资者投资风险大，要求的预期报酬率高，那么通过资本市场融通的资本，其资本成本水平就比较高，相反，则资本成本就越低，选项B不当选。企业的经营风险和财务风险共同构成企业总体风险，如果企业经营风险高，财务风险大，则企业总体风险水平高，投资者要求的预期报酬率高，企业筹资的资本成本相应就高，选项C当选。资本是一种稀缺资源，因此，企业一次性需要筹集的资金规模大、占用资金时限长，资本成本就高，选项D当选。

65 斯尔解析▶ **BCD** 本题考查的是银行借款的资本成本。资本成本是指企业为筹集和使用资本而付出的代价，包括筹资费用和占用费用，选项A不当选、选项B当选。无风险收益率也称无风险利率，它是指无风险资产的收益率，它的大小由纯粹利率（资金的时间价值）和通货膨胀补偿两部分组成。纯粹利率是指在没有通货膨胀、无风险利率情况下资金市场的平均利率。而银行借款的资本成本是存在风险的，选项C当选。还本付息方式会影响银行借款的利息费用，进而影响资本成本的计算，选项D当选。

66 斯尔解析▶ **ABCD** 本题考查的是股权资本成本的理解。根据资本资产定价模型，β系数越大，股权资本成本越高，选项A当选。根据股利增长模型，预期股利增长率越大，股权资本成本越高，选项B当选。留存收益属于内部筹资，无须发生筹资费用，选项C当选。留存收益的资本成本率，表现为股东追加投资要求的收益率，其计算与普通股成本相同，选项D当选。

67 斯尔解析▶ **AD** 本题考查的是经营杠杆系数的分析。根据经营杠杆系数的推导式，$DOL=(EBIT+F)/EBIT=1+F/EBIT$，其中，$EBIT=(P-VC)\times Q-F$。因此，固定成本和单位变动成本越高、产品销售量和销售价格水平越低，经营杠杆效应越大，反之则相反，选项AD当选。

68 斯尔解析▶ **ABCD** 本题考查的是影响资本结构的因素。影响企业资本结构的因素有：（1）企业经营状况的稳定性和成长性；（2）企业的财务状况和信用等级；（3）企业的资产结构；（4）企业投资人和管理当局的态度；（5）行业特征和企业发展周期；（6）经济环境的税收政策和货币政策，选项ABCD当选。

69 斯尔解析▶ **BCD** 本题考查的是资本结构理论。修正的MM理论认为企业可以利用财务杠杆增加企业价值，因负债利息可以带来避税利益，企业价值会随着资产负债率的增加而增加，选项A不当选。优序融资理论认为企业偏好内部融资，当需要进行外部融资时，债务筹资优于股权筹资，选项B当选。代理理论认为债务筹资能够降低由于两权分离而产生的代理成本（股权代理成本），但是债务筹资可能带来另一种代理成本，即企业接受债权人监督而产生的成本（债务代理成本），选项C当选。最初的MM理论认为不考虑企业所得税，有无负债不改变企业的价值。因此企业价值不受资本结构的影响。而且，有负债企业的股权成本随着负债程度的增大而增大，选项D当选。

70 斯尔解析▶ **CD** 本题考查的是双重股权结构的特点。双重股权结构的优点：同股不同权制度能避免企业内部股权纷争（选项A不当选），保障企业创始人或管理层对企业的控制权，防止公司被恶意收购（选项B不当选）；提高企业运行效率，有利于企业的长期发展。双重股权结构的缺点：容易导致管理中独裁行为的发生（选项C当选）；控股股东为自己谋利而损害非控股股东的利益，不利于非控股股东利益的保障；可能加剧企业治理中实际经营者的道德风险和逆向选择（选项D当选）。

71 斯尔解析▶ **AD** 本题考查的是直接筹资和间接筹资的对比。直接筹资的特点：筹资手续比较复杂、筹资费用较高；筹资领域广阔，能够直接利用社会资金，有利于提高企业知名度和资信度。间接筹资的特点：手续相对比较简便，筹资效率高，筹资费用较低；但容易受金融政策的制约和影响，选项AD当选。

72 斯尔解析▶ **ABD** 本题考查的是杠杆租赁的特点。租赁的设备通常是出租人根据设备需要者的要求重新购买的，然后再将购进的设备出租给承租方，用收取的租金偿还贷款，因此选项C不当选、选项ABD当选。

73 斯尔解析▶ **AB** 本题考查的是商业信用筹资的缺点。商业信用筹资的缺点包括：（1）商业信用筹资成本高；（2）容易恶化企业的信用水平；（3）受外部环境影响较大。因此，选项AB当选。商业信用一般不用提供担保，选项C不当选。商业信用筹资方式下，企业拥有较大的机动权，选项D不当选。

74 斯尔解析▶ **AD** 本题考查的是不同筹资方式特点的比较。由于投资者要求较高的风险补偿，因此，股权筹资的资本成本较高，与之相反，债务筹资的资本成本低，选项A当选。债务筹资中的银行借款数额往往受到贷款机构资本实力的制约，一般难以像发行股票那样一次筹集到大笔资金，选项B不当选。债务资本有固定的到期日，有固定的债息负担，导致企业财务风险增加，选项C不当选。债务筹资无永久性资本成本负担，而且可以灵活商定债务条件，控制筹资数量和安排取得资金时间，筹资弹性较大，选项D当选。

75　斯尔解析▶　**AD**　本题考查的是放弃现金折扣成本。根据"放弃现金折扣成本=折扣%/（1-折扣%）×360天/［付款期（信用期）-折扣期］"，放弃现金折扣成本与折扣百分比大小、折扣期长短正相关，与付款期（或信用期）长短负相关。因此，选项AD会提高放弃现金折扣成本，选项B会降低放弃现金折扣成本，选项C不改变放弃现金折扣成本（相当于"信用期-折扣期"的差额不变），综上，选项AD当选。

76　斯尔解析▶　**ABCD**　本题考查的是股票发行的方式。股票上网竞价发行方式下，发行人和主承销商利用证券交易所的交易系统，由主承销商作为新股的唯一卖方，以发行人宣布的发行底价为最低价，以新股实际发行量为总的卖出数，由投资者在指定的时间内竞价委托申购，发行人和主承销商以价格优先的原则确定发行价格并发行股票。这体现了网上发行的经济性和高效性。另外，该方式具有以下优点：

（1）市场性。即通过市场竞争最终决定较为合理的发行价格。

（2）连续性。即保证了发行市场与交易市场价格的平稳顺利对接。

因此，选项ABCD当选。

77　斯尔解析▶　**AC**　本题考查的是不同筹资方式特点的比较。与普通股筹资相比较，留存收益筹资不需要发生筹资费用，资本成本较低，选项A当选。利用留存收益筹资，不用对外发行新股或吸收新投资者，由此增加的权益资本不会改变公司的股权结构，不会稀释原有股东的控制权，选项C当选。增发新股更有利于增强社会声誉，选项B不当选。增发新股可以募集更多资金，而留存收益的筹资数额有限，最大数额是当期净利润，选项D不当选。

78　斯尔解析▶　**ABC**　本题考查的是优先股的特点。相对于普通股而言，优先股的股利是相对固定的，而且在利润分配前必须要先支付优先股股利，因而会增加公司的财务风险，选项D不当选。

79　斯尔解析▶　**AC**　本题考查的是永续债和普通债券的区别。永续债和普通债券的区别在于：第一，永续债不设定债券的到期日（选项B不当选）；第二，票面利率较高，永续债的利率一般远远高于同期国债收益率（选项A当选）；第三，大多数永续债的附加条款中包括赎回条款以及利率调整条款（选项C当选）。另外，永续债实质是一种介于债权和股权之间的融资工具。发行人能够无条件地避免交付现金或者其他金融资产合同义务情况发生的永续债属于权益工具，结合永续债募集说明书条款，按照经济实质重于法律形式原则判断（选项D不当选）。

80　斯尔解析▶　**BC**　本题考查的是私募股权投资的特点。私募股权投资的企业一般是非上市企业，选项B当选。投资期限较长，一般可达3～5年或更长，属于中长期投资，选项C当选。

81　斯尔解析▶　**AB**　本题考查的是PPN的特点。PPN的特点：（1）简化的信息披露要求（选项A当选）；（2）发行规模没有明确限制（选项B当选）；（3）发行方案灵活（选项C不当选）；（4）融资工具有限度流通；（5）发行价格存在流动性溢价，因此定向工具的利率比公开发行的同类债券利率要高（选项D不当选）。

82　斯尔解析▶　**AD**　本题考查的是创新筹资方式的特点。非公开定向债务融资工具（PPN）和中期票据融资均为非金融类企业在银行间债券市场发行的债务融资工具，选项A当选。中期票据融资要求发行人信用评级达到AAA，但PPN并无此要求，选项B不当选。PPN对发行规模没有明确限制，中期票据融资发行额度最多可达企业净资产的40%，选项C不当选。由于采取非公开方式发行，利率、规模、资金用途等条款可由发行人与投资者通过一对一的谈判协商确定，因此PPN发行方案灵活；PPN在发行机制和用款方式上也相对灵活，选项D当选。

三、判断题

83 斯尔解析▶ × 本题考查的是平均资本成本价值权重的选择。现行市价处于经常变动之中，不容易取得，而且现行市价反映的只是现时的资本结构，不适用未来的筹资决策。对于公司筹措新资金，需要反映期望的资本结构来说，目标价值是有益的，所以采用目标价值权数计算的平均资本成本更适用于未来的筹资决策。本题所述错误。

84 斯尔解析▶ × 本题考查的是短期借款的相关条款。信贷额度即贷款限额，是借款企业与银行在协议中规定的借款最高限额，信贷额度的有限期限通常为1年。一般情况下，在信贷额度内，企业可以随时按需要支用借款。但是，银行并不承担必须支付全部信贷数额的义务。本题所述错误。

85 斯尔解析▶ × 本题考查的是商业信用筹资的特点。在附有现金折扣条件的应付账款融资方式下，由于现金折扣的存在，其筹资成本与银行信用相比较高。本题所述错误。

86 斯尔解析▶ × 本题考查的是股票发行的方式。新股网上定价发行方式是事先确定价格，而竞价发行要求事先确定发行底价。另外，网上定价方式对于承销商的定价能力要求较高，但大大减少了人力成本，发行周期短，有效避免了认股权的炒作。本题所述错误。

🚩 应试攻略

上网竞价发行与上网定价发行的不同点。

区别点	定价发行	竞价发行
发行价格确定方式	事先确定价格	事先确定发行底价，由发行时竞价决定发行价
认购成功者确认方式	按抽签决定	按价格优先、同等价位时间优先原则决定

87 斯尔解析▶ × 本题考查的是中期票据的特点。中期票据的发行采用注册制，一次注册通过后两年内可分次发行。本题所述错误。

88 斯尔解析▶ × 本题考查的是创新筹资方式的特点。绿色信贷是指银行业金融机构为支持环保产业、倡导绿色文明、发展绿色经济而提供的信贷融资。本题所述错误。

第五模块　财务管理内容之投资管理

一、单项选择题

89	D	90	B	91	D	92	A	93	B
94	A	95	A	96	C	97	B	98	B
99	B	100	A	101	C	102	A	103	B
104	A	105	C

二、多项选择题

106	ACD	107	ABD	108	BC	109	AC	110	CD
111	AD	112	AB

三、判断题

113	×

一、单项选择题

89 （斯尔解析▶） **D** 本题考查的是投资的分类。间接投资是指将资金投放于股票、债券等权益性资产上的企业投资，选项D当选。选项ABC均属于直接投资。

90 （斯尔解析▶） **B** 本题考查的是营业现金净流量的计算。年营业现金净流量=税后收入-税后付现成本+非付现成本抵税=600 000×（1-25%）-400 000×（1-25%）+100 000×25%=175 000（元），或者年营业现金净流量=税后营业利润+非付现成本=（600 000-400 000-100 000）×（1-25%）+100 000=175 000（元），选项B当选。

91 （斯尔解析▶） **D** 本题考查的是现值指数的计算。根据公式"净现值=未来现金净流量现值-原始投资额现值"可知：未来现金净流量现值=100+25=125（万元）；现值指数=未来现金净流量现值/原始投资额现值=125/100=1.25，选项D当选。

92　斯尔解析▶　**A**　本题考查的是年金净流量的计算。年金净流量=净现值/年金现值系数=（180×7－840）/7=60（万元），选项A当选。

93　斯尔解析▶　**B**　本题考查的是净现值与内含收益率的关系。内含收益率是使净现值等于0时的贴现率。内含收益率大于项目折现率时，项目净现值大于0（选项A不当选），即未来现金净流量现值＞原始投资额现值，所以现值指数大于1（选项B当选）。反之，如果内含收益率小于折现率，则现值指数小于1（选项C不当选）。内含收益率等于项目折现率时，项目动态回收期等于项目寿命期（选项D不当选）。

> ### 应试攻略
>
> 对于NPV与IRR的关系，建议同学们结合两者之间的函数关系图进行快速判断。
>
>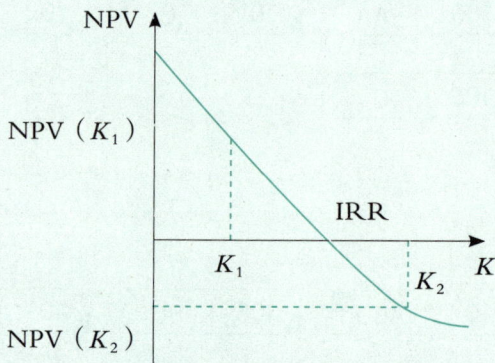
>
> 传统型现金流量下的NPV图

94　斯尔解析▶　**A**　本题考查的是内含收益率的基本原理。内含收益率是要使净现值等于零时的贴现率。当折现率为10%时，净现值＞0，当折现率为12%时，净现值＜0，因此该方案的内含收益率数值区间介于10%与12%之间，选项A当选。

95　斯尔解析▶　**A**　本题考查的是动态回收期和净现值之间的关系。动态回收期是以未来现金净流量的现值等于原始投资额现值时所经历的时间。本题中动态回收期短于项目的寿命期（相当于提前回本），所以项目未来现金净流量现值大于项目原始投资额现值。净现值=未来现金净流量现值－原始投资额现值＞0，选项A当选。

96　斯尔解析▶　**C**　本题考查的是静态回收期的计算。截止第三年年末还未补偿的原始投资额=50 000－10 000－12 000－16 000=12 000（元），所以静态投资回收期=3+12 000/20 000=3.6（年），选项C当选。

97　斯尔解析▶　**B**　本题考查的是证券投资的目的。企业在生产经营过程中，由于各种原因有时会出现资金闲置、现金结余较多的情况。这些闲置的资金可以投资于股票、债券等有价证券上，谋取投资收益，这些投资收益主要表现在股利收入、债息收入、证券买卖差价等方面，选项B当选。

98 斯尔解析▶ **B** 本题考查的是债券价值的影响因素。长期债券对市场利率的敏感性会大于短期债券，在市场利率较低时，长期债券的价值远高于短期债券，在市场利率较高时，长期债券的价值远低于短期债券，选项B当选。

99 斯尔解析▶ **B** 本题考查的是股票价值的计算。根据题干，该公司每股股票的价值$=D_1/(R_s-g)=3.30×（1+3\%）/（8\%-3\%）=67.98$（元），选项B当选。

100 斯尔解析▶ **A** 本题考查的是股票的内部收益率。股票的内部收益率$=D_1/P_0+g=0.2×（1+5\%）/10+5\%=7.1\%$，选项A当选。

101 斯尔解析▶ **C** 本题考查的是股票的内部收益率。预期股利收益率$=D_1/P_0=0.75×（1+6\%）/15=5.3\%$，选项C当选。

提示：股票内部收益率由两部分组成，一部分是预期股利收益率D_1/P_0，另一部分是股利增长率g，本题要求的是股利收益率，不要画蛇添足加上了g。

102 斯尔解析▶ **A** 本题考查的是股利增长模型下的股票价值计算。投资者乙选择投资的前提是股票价值大于等于股票市价。假设股票价值=股票市价=29.07元，根据股利增长模型，则有：$0.8×（1+g）/（12\%-g）=29.07$，求得：$g=9\%$，选项A当选。

103 斯尔解析▶ **B** 本题考查的是投资项目评价指标。边际贡献不是评价投资项目的指标，选项A不当选。内含收益率并未考虑资本成本，选项C不当选。投资回收期并未考虑项目寿命期以及项目残值，其中静态投资回收期未考虑资本成本，动态投资回收期考虑了资本成本，选项D不当选。

104 斯尔解析▶ **A** 本题考查的是基金投资的分类。公募基金可以面向社会公众公开发售，募集对象不确定（选项B不当选），投资金额较低（选项C不当选），适合中小投资者，由于公募基金涉及的投资者数量较多，因此受到更加严格的监管（选项A当选）并要求更高的信息透明度（选项D不当选）。

105 斯尔解析▶ **C** 本题考查的是期权到期日价值与净损益的计算。由于一年后该股票的价格低于执行价格，因此看跌期权的购买者将会行权。卖出看跌期权到期日价值$=-Max（执行价格-股权市价，0）=-30$（元），卖出看跌期权净损益=卖出看跌期权到期日价值+期权价格$=-30+5=-25$（元），选项C当选。

二、多项选择题

106 斯尔解析▶ **ACD** 本题考查的是投资的分类。发展性投资是指对企业未来的生产经营发展全局有重大影响的企业投资。发展性投资也可以称为战略性投资，如企业间兼并合并的投资（选项A当选）、转换新行业和开发新产品投资（选项D当选）、大幅度扩大生产规模的投资等（选项C当选）。更新替换旧设备的投资属于维持性投资（选项B不当选）。

107 斯尔解析▶ **ABD** 本题考查的是投资项目营业现金流量。营业现金流量包括营业收入、付现成本、所得税，因此选项C不当选。除此之外，非付现成本也会通过所得税引起现金流量的变动。若能够明确区分现销收入和赊销收入，那么仅有现销收入属于营业现金流量的构成，选项A当选。固定资产当前的变现价值属于投资期的现金流量，选项B当选。利息费用是金融活动产生的，与营业现金流量无关，选项D当选。

108 斯尔解析▶ **BC** 本题考查的是项目投资评价指标。内含收益率是使净现值等于0时的折现率，内含收益率大于必要收益率时，项目的净现值大于0，未来现金净流量现值大于原始投资额现值，现值指数大于1，年金净流量大于0。静态回收期会小于项目寿命期，但是不能说静态回收期小于项目寿命期的一半，因此，选项AD不当选、选项BC当选。

109 斯尔解析▶ **AC** 本题考查的是项目投资决策。若甲公司有足够的资金进行投资，则属于独立投资方案决策，应采用内含收益率指标进行比较决策，因此选项A当选、选项B不当选。若甲公司只投资一个项目，则属于互斥投资方案决策，年限相同时，选用净现值进行决策，年限不同时，选用年金净流量进行决策。对于项目X和项目Y，年限相同，项目Y的净现值大于项目X，因此优先选择项目Y。对于项目Y和项目Z，年限不同，项目Y的年金净流量大于项目Z，因此仍是优先投资项目Y。综上，项目Y为最优投资项目，选项C当选、选项D不当选。

110 斯尔解析▶ **CD** 本题考查的是有限期持股下股票的内部收益率的测算（逐次测试法）。股票投资的内部收益率是使股票投资净现值为0时的贴现率。由于折现率为12%时，净现值为正，且折现率与现值存在反向变动关系，因此应进一步测算所应选取的折现率需大于12%，因此选项CD当选。

111 斯尔解析▶ **AD** 本题考查的是基金业绩评价的考虑因素。进行业绩评价时，需要考虑投资目标与范围，不同目标与范围的基金不具有可比性，选项A当选。基金规模增大，虽然会降低平均固定成本以及非系统风险，但也会对投资对象选择以及被投资对象流动性产生不利影响，选项B不当选。业绩评价时应当以风险调整后的收益为评价指标，选项C不当选。在比较不同的基金业绩时需要注意是否处在同样的业绩计算期，不同业绩计算期下的基金业绩存在较大差异，选项D当选。

112 斯尔解析▶ **AB** 本题考查的是期权到期日价值与净损益。买入看涨期权到期日价值=Max（股票市价−执行价格，0），买入看涨期权净损益=买入看涨期权到期日价值−期权价格，即买入看涨期权净损失的最大值为期权价格，而净收益却潜力巨大，选项A当选。卖出看涨期权到期日价值=−Max（股票市价−执行价格，0），卖出看涨期权净损益=卖出看涨期权到期日价值+期权价格，即卖出看涨期权净收益的最大值为期权价格，而净损失却潜力巨大，选项B当选。

三、判断题

113 斯尔解析▶ **×** 本题考查的是项目投资的评价原则。对于投资方案财务可行性来说，项目的现金流量状况比会计期间盈亏状况更为重要。一个投资项目能否顺利进行，有无经济上的效益，不一定取决于有无会计期间利润，而在于能否带来正现金流量，即整个项目能否获得超过项目投资的现金回收。本题所述错误。

第六模块　财务管理内容之营运资金管理

一、单项选择题

114	A		115	A		116	A		117	A		118	C

119	C		120	C		121	C		122	D

二、多项选择题

123	ACD		124	CD		125	AC		126	AB		127	AB

128	BCD		129	BD		130	ABD

三、判断题

131	√

一、单项选择题

114 〔斯尔解析▶〕 **A** 本题考查的是流动资产融资策略的类型。流动资产的融资策略包括保守融资策略、期限匹配融资策略、激进融资策略。三种融资策略中，保守融资策略的短期来源比重最低，由于短期来源的融资风险大，所以保守融资策略的风险较低。但是由于保守融资策略的长期来源比重最大，而长期负债成本高于短期负债成本，所以保守融资策略的收益较低，选项A当选。

✈ **应试攻略**

三种流动资产融资策略的收益和风险特征是相对重要的考点，同学们需要准确理解：期限匹配融资策略——收益和风险适中、保守融资策略——收益和风险低、激进融资策略——收益和风险高。

115 斯尔解析▶ **A** 本题考查的是流动资产融资策略的类型。在激进融资策略中，长期负债和股东权益为所有的非流动资产融资，仅对一部分永久性流动资产使用长期融资方式融资，而短期融资方式支持剩下的永久性流动资产和所有的波动性流动资产，选项A当选。

116 斯尔解析▶ **A** 本题考查的是目标现金持有量的随机模型。目标现金余额为42万元，即回归线$R=42$（万元），现金余额下限为27万元，即最低控制线$L=27$（万元），因此最高控制线$H=3R-2L=3\times42-2\times27=72$（万元），目前持有现金介于最低控制线和最高控制线之间，公司不需要采取任何措施，选项A当选。

117 斯尔解析▶ **A** 本题考查的是现金周转期管理。现金周转期=应收账款周转期+存货周转期-应付账款周转期，减少存货量会缩短存货周转期，在其他条件不变的情况下，会缩短现金周转期，即加速现金周转，选项A当选。减少应付账款和利用供应商提供的现金折扣均会缩短应付账款周转期，从而延长现金周转期，选项BD不当选。放宽赊销信用期会延长应收账款周转期，从而延长现金周转期，选项C不当选。

118 斯尔解析▶ **C** 本题考查的是信用政策中的信用条件。某客户在第15天付款，错过了第一个折扣期（0～10天），处于第二个折扣期（10天～20天），可享受的折扣率为2%，因此实际支付价款=20 000×（1-2%）=19 600（元），选项C当选。

119 斯尔解析▶ **C** 本题考查的是应收账款账户余额模式。1月份销售额在3月底仍未收回的金额为0元，2月份销售额在3月底仍未收回的金额为30 000×（1-20%-50%）=9 000（元），3月份销售额在3月底仍未收回的金额为40 000×（1-20%）=32 000（元），因此3月底的应收账款账户余额为9 000+32 000=41 000（元），选项C当选。

120 斯尔解析▶ **C** 本题考查的是信用评价的定量分析。盈利指标包括销售回报率、总资产回报率和净资产收益率，选项ABD不当选。利息保障倍数属于债务管理和支付比率，选项C当选。

121 斯尔解析▶ **C** 本题考查的是经济订货批量扩展模型。送货期内平均库存量=1/2×（每批订货数-每批订货数/每日送货量×每日耗用量）=1/2×（600-600/30×10）=200（件），选项C当选。

122 斯尔解析▶ **D** 本题考查的是再订货点决策。每日平均需用量$d=7\ 200/360=20$（吨），再订货点=$B+L\times d=2\times20+3\times20=100$（吨），选项D当选。

二、多项选择题

123 斯尔解析▶ **ACD** 本题考查的是营运资金管理的相关概念。加速营运资金周转，意味着实现一定的销售收入占用了较少的营运资金，进而有助于降低资金使用成本，选项A当选。如果销售额不稳定而且难以预测，从而必须维持一个较高的流动资产存量水平，保持较高的流动资产与销售收入比率，选项B不当选。管理者偏好高风险高收益，说明企业采取的是紧缩的流动资产投资策略，此时企业维持低水平的流动资产与销售收入比率，选项C当选。如果销售既稳定又可预测，则只需维持较低的流动资产投资水平，选项D当选。

124 斯尔解析▶ **CD** 本题考查的是流动资产的投资策略。在宽松的流动资产投资策略下，企业将保持较高的流动资产（选项A不当选），增加流动资产投资会增加流动资产的持有成本，降低资产的收益性（选项D当选），增加流动资产投资会提高资产的流动性，短缺成本会降低（选项C当选），资产流动性提高会提高偿债能力（选项B不当选）。

▸ **应试攻略**

关键结论：流动资产的流动性和收益性呈反向关系。

125 斯尔解析▸ **AC** 本题考查的是最佳现金持有量的存货模式。存货模式下，只需要考虑机会成本和交易成本，且机会成本和交易成本随着现金持有量的变动而呈现出相反的变动趋势，持有现金越多，机会成本越高，交易成本越低，选项AC当选、选项BD不当选。

126 斯尔解析▸ **AB** 本题考查的是应收账款监控的ABC分析法。委托收款代理机构进行催收，说明该客户属于A类客户，这类客户的逾期金额比重大、数量比例低，因此选项AB当选、选项C不当选。对于A类客户，公司还可以发出言辞较为严厉的信件催收或派专人催收，甚至通过法律解决，对于B类客户，则可以多发几封信函催收，或打电话催收，因此选项D不当选。

127 斯尔解析▸ **AB** 本题考查的是存货的各类成本。变动储存成本与存货的数量有关，如存货占用资金的应计利息、存货的破损和变质损失、存货的保险费用等，选项AB当选。仓库折旧费属于固定储存成本，选项C不当选。订货发生的差旅费属于订货成本，而非储存成本，选项D不当选。

128 斯尔解析▸ **BCD** 本题考查的是存货经济订货批量的扩展模型。在扩展模型下，需要考虑的因素包括：每日送货量（选项B当选）、每日耗用量、每次订货的变动成本（选项C当选）、单位变动储存成本以及存货年需要量（选项D当选），因此选项A不当选。

提示：经济订货批量模型的假设条件之一为单位货物成本为常数，且无批量折扣，因此采购单价不应作为进货时的考虑因素。

129 斯尔解析▸ **BD** 本题考查的是存货经济订货批量的相关计算。本题中，单位变动储存成本包含两个部分，其一是单位破损成本，其二是单位零件占用资金的应计利息，破损成本=$100\times2.5\%=2.5$（元），存货占用资金的应计利息=$100\times10\%=10$（元），因此单位变动储存成本=$2.5+10=12.5$（元），选项A不当选。每次订货的变动成本=100（元），因此经济订货批量=$\sqrt{2\times3\,600\times100\div12.5}=240$（件），选项B当选。经济订货批量平均占用资金=$240\div2\times100=12\,000$（元），选项C不当选。最佳订货次数=$3\,600\div240=15$（次），最佳订货周期=$360\div15=24$（天），选项D当选。

130 斯尔解析▸ **ABD** 本题考查的是涉及保险储备的再订货点决策。较高的保险储备可降低存货中断的概率和存货中断的损失，即降低缺货损失，但也增加了存货的储存成本。因此，最佳的保险储备应该是使缺货损失和保险储备的储存成本之和达到最低，选项ABD当选。再订货点=预计交货期内的需求+保险储备，因此保险储备增加，存货的再订货点将会提高，选项C不当选。

三、判断题

131 斯尔解析▸ **√** 本题考查的是持有现金的动机。企业的交易性需求是指企业为了维持日常周转及正常商业活动所需持有的现金额。每年都有的双十一大促销是企业的正常经营活动，为此增持现金属于企业持有现金的交易性需求。本题所述正确。

第七模块　财务管理内容之成本管理

一、单项选择题

| 132 | A | | 133 | A | | 134 | C | | 135 | C | | 136 | A |
| 137 | C | | 138 | D |

二、多项选择题

| 139 | BD | | 140 | AD | | 141 | AD |

三、判断题

| 142 | × |

一、单项选择题

132 斯尔解析▶ **A** 本题考查的是成本性态的分类。酌量性固定成本是指管理当局的短期经营决策行动能改变其数额的固定成本。例如，广告费、职工培训费、新产品研究开发费用，因此选项A当选。另外，酌量性固定成本通常关系到企业的竞争能力（研发最为典型），而约束性固定成本则是企业生产能力一经形成就必然要发生的最低支出（如租金、折旧、管理人员工资等）。

133 斯尔解析▶ **A** 本题考查的是混合成本分解的方法。回归分析法是一种较为精确的方法，它根据过去一定期间的业务量和混合成本的历史资料，应用最小二乘法原理，算出最能代表业务量与混合成本关系的回归直线，借以确定混合成本中固定成本和变动成本的方法，选项A当选。

134 斯尔解析▶ **C** 本题考查的是直接材料用量差异。直接材料用量差异=（实际用量−实际产量下标准用量）×标准价格=（1 200−60×18）×270=32 400（元），选项C当选。

135 斯尔解析▶ **C** 本题考查的是直接材料用量差异。直接材料用量差异（量差）=（实际用量−实际产量下标准用量）×标准价格=（4 500−1 100×5）×2=−2 000（元），选项C当选。

提示：本题有很多干扰选项，切勿被迷惑。

136 斯尔解析▶　A　本题考查的是固定制造费用成本差异分析。固定制造费用成本差异=180 000-9 000×8×1.5=72 000（元）（超支），选项A当选。

137 斯尔解析▶　C　本题考查的是固定制造费用成本差异分析。固定制造费用效率差异=（实际产量下实际工时-实际产量下标准工时）×标准分配率=（1 100-350×3）×（9/3）=150（元），选项C当选。

提示：本题的难点在于标准分配率的确定，解题关键是理解"固定制造费用的标准成本"。固定制造费用标准成本=单位产品人工工时×标准分配率（即"单耗×单价"），所以标准分配率=9/3=3（元/小时）。

138 斯尔解析▶　D　本题考查的是增值作业的判定条件。增值作业必须同时满足三个条件，同时满足：（1）该作业导致了状态的改变；（2）该状态的变化不能由其他作业来完成；（3）该作业使其他作业得以进行。产品运输、检验都不会引起产品状态改变，次品返工作业对其他作业的进行没有影响。只有产品加工作业满足上述条件，选项D当选。

二、多项选择题

139 斯尔解析▶　BD　本题考查的是混合成本分解的高低点法。高低点法下，自变量为业务量，因变量为维修成本，因此需要确定的是业务量的最高点和最低点。由于业务量的平均值为6万小时，因此可反推出M=6×5-5-6.5-6.2-5.3=7（万小时），因此业务量最低点为5万小时，对应维修成本为90万元，业务量最高点为7万小时，对应维修成本为106万元。因此，单位变动成本=（106-90）/（7-5）=8（万元/万小时），固定成本总额=90-5×8=50（万元）或106-7×8=50（万元），因此选项BD当选。

140 斯尔解析▶　AD　本题考查的是成本差异的责任归属。直接材料的价格差异与采购部门的关系更为密切，所以其差异主要由采购部门承担责任，选项B不当选。直接人工的工资率差异主要由劳动人事部门承担责任，选项C不当选。直接材料和直接人工的量差主要由生产部门承担责任，选项AD当选。

141 斯尔解析▶　AD　本题考查的是增值作业与非增值作业。非增值作业，是指即便消除也不会影响产品对顾客服务的潜能，不必要的或可消除的作业，如果一项作业不能同时满足增值作业的三个条件，就可断定其为非增值作业。从仓库到车间的材料运输作业，可以通过将原料供应商的交货方式改变为直接送达原料使用部门从而消除，且未导致状态的改变，故属于非增值作业，选项A当选。产成品质量检验作业只能说明产品是否符合标准，而不能改变其形态，属于非增值作业，选项D当选。

📣 应试攻略

增值作业的判断标准要求必须同时满足三个条件，缺一不可，包括：

（1）该作业导致了状态的改变；

（2）该状态的变化不能由其他作业来完成；

（3）该作业使其他作业得以进行。

三、判断题

142 [斯尔解析▶] ×　本题考查的是成本管理的主要内容。成本预测是进行成本管理的第一步，也是组织成本决策和编制成本计划的前提。本题所述错误。

第八模块　财务管理内容之收入与分配管理

一、单项选择题

143	A		144	A		145	D		146	D		147	D
148	D		149	D		150	D		151	D		152	C
153	B		154	C									

二、多项选择题

155	BC		156	AB		157	ACD		158	CD		159	ABD

三、判断题

160	×		161	√		162	√

一、单项选择题

143 斯尔解析▶ **A** 本题考查的是目标利润定价法。单位产品价格=（400 000+360 000）/ [80 000×（1−5%）]=10（元），或者假设单价为P，则列式有：$P×80 000×（1−5\%）$= 360 000+400 000，求得P=10（元），选项A当选。

144 斯尔解析▶ **A** 本题考查的是变动成本加成定价法。追加的订单属于计划外生产的产品，应采用变动成本加成定价法进行价格预测，假设价格为P，则有：$P×（1−5\%）$=95× （1+20%），可得P=120（元），则额外订单的价格应当高于120元才可接受，选项A当选。

145 斯尔解析▶ **D** 本题考查的是需求价格弹性系数的计算。根据经营杠杆系数为1.5，可知： 息税前利润变动率/销量变动率=1.5，由于息税前利润变动率=30%，因此销量变动率=20%。 根据需求价格弹性系数的计算公式，E=销量变动率/价格变动率，因此E=20%/（−10%）=−2， 选项D当选。需要注意的是，计算变动率时，一定要注意变动方向，从而确定符号的正负。

146 斯尔解析▶ **D** 本题考查的是企业的定价目标。保持或提高市场占有率适用于能够薄利多销 的企业，选项A不当选。应对和避免市场竞争适用于中小型企业，选项B不当选。实现利润最 大化适用于在市场中处于领先或垄断地位的企业，或者在行业竞争中具有很强的竞争优势， 并能长时间保持这种优势的企业，选项C不当选。稳定市场价格适用于产品标准化的行业， 如钢铁制造业等，选项D当选。

147 斯尔解析 ▶ D   本题考查的是利润分配顺序。根据我国《公司法》及相关法律制度的规定，公司净利润的分配应按照下列顺序进行：（1）弥补以前年度亏损；（2）提取法定公积金；（3）提取任意公积金；（4）向股东（投资者）分配股利（利润），选项D当选。

148 斯尔解析 ▶ D   本题考查的是股利分配理论。"手中鸟"理论认为，用留存收益再投资给投资者带来的收益具有较大的不确定性，并且投资的风险随着时间的推移会进一步加大，因此，厌恶风险的投资者会偏好确定的股利收益，而不愿将收益留存在公司内部去承担未来的投资风险，选项D当选。

> ### 应试攻略
>
> 关键结论：偏向高股利政策的股利理论是"手中鸟"理论和信号传递理论，偏向低股利政策的股利理论是所得税差异理论。代理理论要求使得代理成本与融资成本之和最小，故应具体情况具体分析。

149 斯尔解析 ▶ D   本题考查的是股利分配理论。所得税差异理论认为，由于普遍存在的税率以及纳税时间的差异，资本利得收益比股利收益更有助于实现收益最大化目标，公司应当采用低股利政策。一般来说，对资本利得收益征收的税率低于对股利收益征收的税率。即使两者没有税率上的差异，由于投资者对资本利得收益的纳税时间选择更具有弹性，投资者仍可以享受延迟纳税带来的收入差异。因此企业应采用低股利政策，选项D当选。

150 斯尔解析 ▶ D   本题考查的是股利政策。采用固定股利支付率政策，股利与公司盈余紧密配合，体现了"多盈多分、少盈少分、不盈不分"的股利分配原则，选项D当选。

151 斯尔解析 ▶ D   本题考查的是股利支付形式与程序。股权登记日，即有权领取本期股利的股东资格登记截止日期，在这一天之后取得股票的股东则无权领取本次分派的股利，选项D当选。

152 斯尔解析 ▶ C   本题考查的是股利支付形式与程序。财产股利是以现金以外的其他资产支付的股利，主要是以公司所拥有的其他公司的有价证券，如债券、股票等作为股利支付给股东，选项C当选。

153 斯尔解析 ▶ B   本题考查的是股票股利与股票分割。股票分割会降低每股面值而股票股利不会改变每股面值，选项A不当选。股票股利与股票分割都会使股数增加，选项B当选。股票股利与股票分割都不会改变资产、负债、股东权益总额，也不会改变资本结构，股票股利会改变股东权益的结构，股票分割不会改变股东权益的结构，选项CD不当选。

154 斯尔解析 ▶ C   本题考查的是股票股利与股票分割。股票分割与股票股利，都是在不增加股东权益的情况下增加了股份的数量，选项B不当选。不同的是，股票股利会引起股东权益内部结构发生变化，而股票分割之后，股东权益总额及其内部结构都不会发生任何变化，变化的只是股票面值，选项C当选。由于股票股利和股票分割均不影响股东权益总额，因此也不会影响负债总额、资产总额，选项A不当选。股票股利和股票分割均不会影响股东的持股比例，选项D不当选。

✈ **应试攻略**

　　对比一下：股票回购会改变公司的资本结构，减少股东权益，具体而言是减少流通在外的股份数，影响股本金额。

二、多项选择题

155 斯尔解析▶ **BC**　本题考查的是股利政策。代理理论认为，股利政策有助于减缓管理者与股东之间的代理冲突，即股利政策是协调股东与管理者之间代理关系的一种约束机制，选项B当选。代理理论认为，高水平的股利政策降低了企业的代理成本，选项C当选。但同时增加了外部融资成本，因此理想的股利政策应当使两种成本之和最小，选项D不当选。股利政策应当向市场传递有关公司未来获利能力的信息属于信号传递理论的观点，选项A不当选。

156 斯尔解析▶ **AB**　本题考查的是股利政策。固定或稳定增长股利政策的优点：（1）稳定的股利向市场传递着公司正常发展的信息，有利于树立公司的良好形象（选项B当选），增强投资者对公司的信心，稳定股票的价格（选项A当选）。（2）稳定的股利额有助于投资者安排股利收入和支出，有利于吸引那些打算进行长期投资并对股利有很高依赖性的股东。（3）固定或稳定增长的股利政策可能会不符合剩余股利理论，但考虑到股票市场会受多种因素影响（包括股东的心理状态和其他要求），为了将股利或股利增长率维持在稳定的水平上，即使推迟某些投资方案或暂时偏离目标资本结构，也可能比降低股利或股利增长率更为有利（选项D不当选）。固定或稳定增长股利政策的缺点是股利的支付与企业的盈利相脱节（选项C不当选）。另外，能够优化公司资本结构的股利政策应当是剩余股利政策，再次证明选项D不当选。

✈ **应试攻略**

　　股利波动带来的影响往往是影响公司形象、不利于股价稳定、不利于股东安排收入或支出等，而股利稳定带来的影响则是相反，同学们可以对比记忆。

157 斯尔解析▶ **ACD**　本题考查的是股票股利。对公司来讲，股票股利的优点主要有：（1）发放股票股利不需要向股东支付现金，在再投资机会较多的情况下，公司就可以为再投资提供成本较低的资金，从而有利于公司的发展，选项A当选。（2）发放股票股利可以降低公司股票的市场价格，既有利于促进股票的交易和流通，又有利于吸引更多的投资者成为公司股东，进而使股权更为分散（股数N增大），有效地防止公司被恶意控制，因此选项B不当选、选项D当选。（3）股票股利的发放可以传递公司未来发展前景良好的信息，从而增强投资者的信心，在一定程度上稳定股票价格，选项C当选。

158 斯尔解析▶ **CD**　本题考查的是股票分割。股票分割之后，股东权益总额及其内部结构都不会发生任何变化，选项CD当选、选项A不当选。因为股数增加，股东权益总额不变，所以每股净资产下降，选项B不当选。

159 斯尔解析▶ **ABD** 本题考查的是股票回购的动机。在证券市场上，股票回购的动机多种多样，主要有以下几点：（1）现金股利的替代（选项D当选）；（2）改变公司的资本结构（选项A当选）；（3）传递公司信息。由于信息不对称和预期差异，证券市场上的公司股票价格可能被低估，而过低的股价将会对公司产生负面影响。一般情况下，投资者会认为股票回购意味着公司认为其股票价值被低估而采取的应对措施（选项C不当选）；（4）基于控制权的考虑。控股股东为了保证其控制权不被改变，往往采取直接或间接的方式回购股票，从而巩固既有的控制权（选项B当选）。

三、判断题

160 斯尔解析▶ **×** 本题考查的是销售预测的定量分析法。算数平均法适用于每期销售量波动不大的产品的销售预测。本题所述错误。

161 斯尔解析▶ **√** 本题考查的是不同股利政策的适用条件。采用固定或稳定增长的股利政策，要求公司对未来的盈利和支付能力能够作出准确的判断。固定或稳定增长的股利政策通常适用于经营比较稳定或正处于成长期的企业，但很难被长期采用。本题所述正确。

162 斯尔解析▶ **√** 本题考查的是股权激励的模式。业绩股票激励模式只对公司的业绩目标进行考核，不要求股价的上涨，因此比较适合业绩稳定型的上市公司及其集团公司、子公司。本题所述正确。

✈ **应试攻略**

四种股权激励模式的适用条件是重要考点，大家需要在理解的基础上进行记忆：

（1）股票期权：成长初期或扩张期的企业；

（2）限制性股票：成熟期企业；

（3）股票增值权：现金流量充裕的企业；

（4）业绩股票激励：只对业绩目标考核，不要求股价上涨的企业。

第九模块　财务报表分析

一、单项选择题

| 163 | B | 164 | C | 165 | C | 166 | B | 167 | C |
| 168 | A | 169 | A | 170 | C | 171 | D | 172 | D |

二、多项选择题

| 173 | ABD | 174 | BC | 175 | BCD | 176 | ABD | 177 | ACD |
| 178 | ABC | 179 | BC |

三、判断题

| 180 | × | 181 | √ | 182 | √ |

一、单项选择题

163 斯尔解析▶ **B** 本题考查的是财务分析方法中的比率分析法。效率比率是某项财务活动中所费与所得的比率，反映投入与产出的关系。利用效率比率指标，可以进行得失比较，考察经营成果，评价经济效益。比如，将利润项目与销售成本、销售收入、资本金等项目加以对比，可以计算出成本利润率、销售利润率和资本金利润率等指标，从不同角度观察比较企业获利能力的高低及其增减变化情况，选项B当选。

✈ 应试攻略

　　找到效率比率最快的方法就是找"利润"，因为利润反映的就是"所得"，因此如果某一个指标的计算公式中有"利润"相关的要素，大概率可以判断为效率比率。

164 斯尔解析▶ **C** 本题考查的是短期偿债能力分析。利用短期借款增加对流动资产的投资时，流动比率计算公式中的分子分母同时增加相同数额，流动比率不一定提高（假设流动资产=2，流动负债=1，流动比率=2/1=2，若分子、分母同时增加1，则流动比率=3/2=1.5，流动比率减少，短期偿债能力减弱），选项A不当选。长期房屋租赁合同的租金支付导致现金流出企业（租金通常是按照小于等于一年的周期进行支付，按季支付或按月支付，所以相当于短期负债增加），降低企业短期偿债能力，选项B不当选。从银行取得长期贷款，流动比率计算公式中的分子增加，分母不变，流动比率变大，提高了企业的短期偿债能力，选项C当选。提高流动负债中应付账款的比重不影响流动比率，选项D不当选。

165 斯尔解析▶ **C** 本题考查的是短期偿债能力分析的相关指标。流动比率=流动资产/流动负债。收回应收账款，导致现金增加，应收账款减少，流动资产总额不变，流动负债不变，流动比率不变，选项A不当选。偿还短期借款，流动负债减少，流动资产减少，假设流动比率为=0.5，流动资产=1，流动负债=2，偿还短期借款为0.25，则变化后的流动比率=0.75/1.75=0.43，流动比率变小，选项B不当选。赊购原材料，流动资产和流动负债增加相同数额，假设流动比率为=0.5，流动资产=1，流动负债=2，流动资产和流动负债都增加0.5，则变化后的流动比率=1.5/2.5=0.6，流动比率变大，选项C当选。库存商品抵债，流动资产和流动负债减少相同数额，假设流动比率为=0.5，流动资产=1，流动负债=2，流动资产和流动负债都减少0.25，则变化后的流动比率=0.75/1.75=0.43，流动比率降低，选项D不当选。

🛫 应试攻略

其实同学们也无需按照上述方法做如此严谨的判断，回归问题本质，更有利于快速得出答案。选项B，在企业当前流动性不是很好的情况下，仍然把借款还给银行，降低流动性，无疑是雪上加霜，因此可直接判定该选项不当选。选项C，在企业当前流动性不是很好的情况下，拿了货但不给钱，这是机智的做法，有利于企业流动性提高，因此该选项当选。选项D，在企业当前流动性不是很好的情况下，还要用自己的资产去抵债，相当于变相把钱还给别人，这是火上浇油，因此可直接判定该选项不当选。

166 斯尔解析▶ **B** 本题考查的是长期偿债能力分析的相关指标。产权比率=负债总额/所有者权益=（总资产−所有者权益）/所有者权益=总资产/所有者权益−所有者权益/所有者权益=权益乘数−1，即权益乘数−产权比率=1，选项B当选。

167 斯尔解析▶ **C** 本题考查的是长期偿债能力分析的相关指标。产权比率=负债总额/所有者权益总额×100%，这一比率越高，表明企业长期偿债能力越弱，债权人权益保障程度越低，选项BD不当选。产权比率高，是高风险、高报酬的财务结构，财务杠杆效应强，选项C当选、选项A不当选。

提示：产权比率反映的是债权人资本受股东权益保障的程度，而不是反映对股东权益的保障程度。

168 斯尔解析▶ **A** 本题考查的是长期偿债能力分析的相关指标。利息保障倍数=息税前利润/应付利息=（700+50）/（50+30）=9.375，选项A当选。

📢 应试攻略

利息保障倍数公式中的应付利息（分母）是指本期发生的全部应付利息，包括财务费用中的利息费用，也包括计入固定资产成本的资本化利息。

169 斯尔解析▶ **A** 本题考查的是营运能力分析。应收账款的年初余额是在1月月初，应收账款的年末余额是在12月月末，这两个月份都是该企业的生产经营淡季，应收账款的数额较少，因此使用这两个月份的应收账款余额的平均数计算出的应收账款周转速度会比较高，选项A当选。

170 斯尔解析▶ **C** 本题考查的是现金流量分析。财务分析指标中，能够反映收益质量的财务指标有净收益营运指数和现金营运指数，选项C当选。

171 斯尔解析▶ **D** 本题考查的是现金流量分析。全部资产现金回收率指标是反映公司获取现金能力的指标，选项A不当选。营业现金比率=经营活动现金流量净额/营业收入，而用长期借款方式购买固定资产影响的是投资活动现金流量净额，不会影响经营活动现金流量净额，因此也不影响营业现金比率，选项B不当选。公司将销售政策由赊销调整为现销方式后，会影响营业收入的金额（通常为降低），从而影响营业现金比率，选项C不当选。每股营业现金净流量是通过企业经营活动现金流量净额与普通股股数之比来反映的，选项D当选。

172 斯尔解析▶ **D** 本题考查的是基本每股收益的计算。甲公司2022年流通在外的普通股加权平均股数=期初发行在外普通股股数+当期新发行普通股股数×已发行时间÷报告期时间−当期回购普通股股数×已回购时间÷报告期时间=8 000−6 000/15×9/12=7 700（万股）；甲公司每股收益=（净利润−优先股股利）÷流通在外的普通股加权平均股数=（17 180−200×100×6%）÷7 700=2.08（元/股），选项D当选。

提示：已回购时间是从2022年3月31日起算，截至2022年12月31日，共计9个月，但一定要小心前面的符号为负号。

二、多项选择题

173 斯尔解析▶ **ABD** 本题考查的是短期偿债能力相关指标的计算。流动比率=5 000/2 000=2.5，选项A当选。速动比率=（200+3 000）/2 000=1.6，选项B当选、选项C不当选。现金比率=200/2 000=0.1，选项D当选。

174 斯尔解析▶ **BC** 本题考查的是短期偿债能力分析中的营运资金。营运资金越多的企业，流动比率并不一定越大，例如甲企业流动资产100，流动负债10，则营运资金90，流动比率10；乙企业流动资产1 000，流动负债400，则营运资金600，流动比率2.5，因此，选项A不当选。营运资金=流动资产−流动负债，当营运资金<0时，说明流动负债>流动资产，即部分非流动资产以流动负债作为资金来源，选项B当选。营运资金具有较强的变现力，可通过迅速变卖获取现金，应付临时性资金需求，选项C当选（本选项是第七章的结论）。营运资金为绝对数指标，不便于不同企业之间的比较，选项D不当选。

175 斯尔解析▶ **BCD**   本题考查的是长期偿债能力分析。资产负债率与权益乘数、产权比率同向变动，所以资产负债率降低，权益乘数和产权比率也会降低，选项A不当选。资产负债率降低，意味着负债占总资产的比重下降，企业的财务杠杆下降，企业财务风险降低，选项BC当选。资产负债率降低，长期偿债能力增强，选项D当选。

提示：资产负债率、权益乘数和产权比率与长期偿债能力是反向结论。

176 斯尔解析▶ **ABD**   本题考查的是长期偿债能力分析。资产负债率=200/500=40%，选项A当选。产权比率=200/（500−200）=2/3，选项B当选。权益乘数=500/（500−200）=5/3，选项C不当选。利息保障倍数=（100+30+20）/20=7.5，选项D当选。

177 斯尔解析▶ **ACD**   本题考查的是营运能力指标的分析。应收账款周转率反映了企业应收账款周转速度的快慢及应收账款管理效率的高低（选项D当选）。在一定时期内应收账款周转次数多、周转天数少表明：（1）企业收账迅速（选项A当选），信用销售管理严格（选项B不当选）；（2）应收账款流动性强（选项C当选），从而增强企业短期偿债能力；（3）可以减少收账费用和坏账损失，相对增加企业流动资产的投资收益；（4）通过比较应收账款周转天数及企业信用期限，可评价客户的信用程度，调整企业信用政策。

178 斯尔解析▶ **ABC**   本题考查的是现金流量分析。净收益营运指数=经营净收益÷净利润=（1 500×30%−135）/（1 500×30%）=0.7，选项A当选。现金营运指数=经营活动现金流量净额÷经营所得现金=360/（1 500×30%−135+85）=0.9，选项B当选。营业现金比率=360÷1 500=24%，选项C当选。总资产净利率=净利润÷全年平均总资产=1 500×30%÷5 000=9%，选项D不当选。

179 斯尔解析▶ **BC**   本题考查的是管理层讨论与分析。管理层讨论与分析是上市公司定期报告中管理层对于本企业过去经营状况的评价分析以及对企业未来发展趋势的前瞻性判断，选项A不当选。管理层讨论与分析信息大多涉及"内部性"较强的定性型软信息，无法对其进行详细的强制规定和有效监控，因此，西方国家的披露原则是强制与自愿相结合，企业可以自主决定如何披露这类信息，我国也基本实行这种原则，选项D不当选。

三、判断题

180 斯尔解析▶ **×**   本题考查的是短期偿债能力分析中的营运资金。营运资金并不是越多越好，营运资金过多说明有大量资金闲置，可能缺乏投资机会，无法给股东创造价值。本题所述错误。

181 斯尔解析▶ **√**   本题考查的是短期偿债能力的相关指标。现金资产包括货币资金和交易性金融资产等。现金比率剔除了应收账款对偿债能力的影响，最能反映企业直接偿付流动负债的能力，表明每1元流动负债有多少现金资产作为偿债保障。本题所述正确。

📐 **应试攻略**

相关结论的对比记忆：存货和应收账款的变现能力是影响流动比率可信度的重要因素；应收账款的变现能力是影响速动比率可信度的重要因素。

182 〔斯尔解析▶〕　√　本题考查的是上市公司特殊财务分析指标。市盈率的高低反映了市场上投资者对股票投资收益和投资风险的预期，市盈率越高，意味着投资者对股票的收益预期越看好，投资价值越大。本题所述正确。

✈ **应试攻略**

　　虽然市盈率的数值越大意味着投资价值越大，但同时也意味着投资风险越大。对比一下市净率：市净率较低的股票，投资价值较高，但较低市净率反映的可能是投资者对公司前景的不良预期，因此这一部分的结论都不是定论，同学们一定要结合具体的题目背景和描述进行判断。

第十模块　管理会计之预算管理

一、单项选择题

183	D		184	C		185	D		186	D		187	C

188	C		189	A		190	D

二、多项选择题

191	BD		192	ABD		193	BCD		194	ABD		195	BD

196	BD

三、判断题

197	√

一、单项选择题

183 〔斯尔解析▶〕 **D**　本题考查的是零基预算的特点。零基预算法的优点：不受历史期经济活动中的不合理因素影响，能够灵活应对内外环境的变化，预算编制更贴近预算期企业经济活动需要；有助于增加预算编制透明度，有利于进行预算控制，选项ABC不当选。零基预算编制工作量大，选项D当选。

184 〔斯尔解析▶〕 **C**　本题考查的是弹性预算。弹性预算公式法的公式为：$y=a+bx$，其中a为固定成本，b为单位变动成本。本题中，变动制造费用相当于是bx，当业务量为100%时，$bx=3\,000$（元），因此当业务量为120%时，$bx=1.2\times3\,000$，即总制造费用$=1.2\times3\,000+1\,000=4\,600$（元），选项C当选。

185 〔斯尔解析▶〕 **D**　本题考查的是生产预算的编制。第三季度期初存货量=第二季度期末存货量$=160\times10\%=16$（万件），第三季度期末存货量$=210\times10\%=21$（万件）。所以，第三季度预计生产量=第三季度销售量+第三季度期末存货量−第三季度期初存货量$=160+21-16=165$（万件），选项D当选。

186 斯尔解析▶　D　本题考查的是直接材料预算的编制。材料生产需用量=预计生产量×单位产品材料耗用量=1 000×15=15 000（千克），材料预计采购量=材料生产需用量+期末存量−期初存量=15 000+3 000−1 000=17 000（千克），选项D当选。

应试攻略

　　在编制直接材料相关预算时，同学们一定要看清楚题干要求，是计算"采购量"还是"采购金额"。另外，在计算采购量时，需要使用某材料的"生产需用量"，这个数字不是直接从"生产预算"得出的数字，而是需要在预计生产量的基础上，乘以单位产品材料耗用量。

---

187 斯尔解析▶　C　本题考查的是直接材料预算的编制。有一定综合性。本题要求的是计算采购金额，即"采购量×采购单价"，因此首先需要解决"采购量"。根据"采购量=生产需用量+期末材料存量−期初材料存量"，所以还需要先求"生产需用量"，而"生产需用量=生产量×单位产品材料用量"，紧接着又要解决"生产量"，而"生产量=销售量+期末产成品存货量−期初产成品存货量"。综上，反推上述过程，计算过程如下：第一季度生产量=300+250×10%−300×10%=295（件），第一季度材料采购量=295×10+550−600=2 900（千克），预计第一季度材料采购金额=2 900×40=116 000（元），选项C当选。

188 斯尔解析▶　C　本题考查的是直接材料预算的编制。根据企业的付款政策，1月份的现金支出额=200+400×60%=440（万元），2月份的现金支出额=400×40%+500×60%=460（万元），3月份的现金支出额=500×40%+600×60%=560（万元）。一季度合计现金支出额=440+460+560=1 460（万元），选项C当选。

189 斯尔解析▶　A　本题考查的是预计利润表的编制。在利润表预算的编制中，"销售成本"项目的数据来自产品成本预算，选项A当选。

应试攻略

　　"产品成本预算"包含了很多的成本信息，包括产品的单位成本、总生产成本、期末存货成本以及销货成本。

---

190 斯尔解析▶　D　本题考查的是资金预算的编制依据。资金预算是以经营预算和专门决策预算为依据编制的，而预计资产负债表是预算编制的终点，不会影响资金预算的编制，选项D当选。需要注意的是，在经营预算中，生产预算和产品成本预算也不会影响资金预算的编制。

二、多项选择题

191 斯尔解析▶　BD　本题考查的是预算管理体系。资本支出预算属于专门决策预算，不属于经营预算，选项A不当选。财务预算作为全面预算体系的最后环节，它是从价值方面总括地反映企业经营预算与专门决策预算的结果，故亦称为总预算，选项B当选。财务预算包括资金预算、预计利润表和预计资产负债表，选项C不当选。专门决策预算通常为长期预算，经营预算和财务预算通常为短期预算，选项D当选。

192 (斯尔解析▶) **ABD** 本题考查的是经营预算与资金预算的关系。产品成本预算主要内容是产品的单位成本和总成本，不涉及现金收支，选项C不当选。除此之外，生产预算也不涉及现金收支，仅与实物量有关。

193 (斯尔解析▶) **BCD** 本题考查的是弹性预算。根据成本与业务量之间的数量关系，可联立"预算成本总额=固定基数+预计业务量×与业务量相关的弹性定额"的方程组，18 000=$a+500×b$，15 000=$a+300×b$，解得$a=10\ 500$（元），$b=15$（元/工时），选项CD当选。业务量为0时，制造费用为10 500元，选项A不当选。业务量为320工时，制造费用为10 500+320×15=15 300（元），选项B当选。

194 (斯尔解析▶) **ABD** 本题考查的是预计资产负债表。预计资产负债表的编制需以计划期开始日的资产负债表为基础，结合计划期间各项业务预算、专门决策预算、资金预算和预计利润表进行编制，选项A当选。编制预计资产负债表的目的，在于判断预算反映的财务状况的稳定性和流动性，选项B当选。预计资产负债表是编制全面预算的终点，选项C不当选。销售预算是预算编制的起点和基础，选项D当选。

195 (斯尔解析▶) **BD** 本题考查的是预计资产负债表的编制。"固定资产"项目的预算金额为年初余额扣除累计折旧，而累计折旧可能源于制造费用预算和销售及管理费用预算，因此选项BD当选。

196 (斯尔解析▶) **BD** 本题考查的是资金预算的编制。根据题目信息，第三季度长期借款利息合计=450 000+7 000 000×12%/4=660 000（元），此时现金余缺（−6 000 000元）+借入长期借款（7 000 000元）−长期借款利息支出（660 000元）−短期借款利息支出（18 750元）的结果为321 250元，大于期末现金余额的要求（300 000元），因此不需要取得短期借款，选项B当选、选项A不当选。由于现金余缺＞期末现金余额的要求，因此企业可以运用现金，例如偿还短期借款或购入有价证券，选项D当选、选项C不当选。

三、判断题

197 (斯尔解析▶) **√** 本题考查的是预算管理工作的组织及流程。企业正式下达执行的预算，一般不予调整。预算执行单位在执行中由于市场环境、经营条件、政策法规等发生重大变化，致使预算的编制基础不成立，或者将导致预算执行结果产生重大偏差的，可以调整预算。本题所述正确。

第十一模块　管理会计之本量利分析

一、单项选择题

198	A		199	D		200	C		201	A		202	A
203	C		204	B		205	B		206	D			

二、多项选择题

207	BCD		208	ABC

一、单项选择题

198 斯尔解析▶ **A** 本题考查的是本量利相关计算。边际贡献率=边际贡献总额/销售收入=（100−60）/100=40%，选项A当选。

199 斯尔解析▶ **D** 本题考查的是保本分析相关指标的计算。保本销售量=固定成本/（单价−单位变动成本）=2 520/（25−18）=360（万件），安全边际量=正常销售量−保本销售量=600−360=240（万件），安全边际率=安全边际量/正常销售量×100%=240/600×100%=40%，选项D当选。

200 斯尔解析▶ **C** 本题考查的是保本分析。保本点销售额=固定成本/边际贡献率，其中，边际贡献率=单位边际贡献/单价=（单价−单位变动成本）/单价，降低单位变动成本，边际贡献率提高，保本点销售额降低，选项A不当选。降低变动成本率，边际贡献率提高，保本点销售额降低，选项B不当选。降低边际贡献率，保本点销售额提高，选项C当选。降低固定成本总额，保本点销售额降低，选项D不当选。

201 斯尔解析▶ **A** 本题考查的是保本分析。通常采用安全边际率这一指标来评价企业经营是否安全，选项A当选。

应试攻略

与经济意义或指标含义相关的结论：

（1）盈亏平衡作业率表明企业在盈亏平衡状态下对生产能力利用程度的要求。

（2）边际贡献首先用于补偿企业的固定成本，只有当边际贡献大于固定成本时，才能为企业提供利润。

> （3）只有安全边际才能提供利润，而盈亏平衡销售额扣除变动成本后只为企业收回固定成本。
>
> （4）安全边际销售额减去其自身变动成本后成为企业利润，即安全边际中的边际贡献等于企业利润。

202 〔斯尔解析▶〕 **A** 本题考查的是本量利分析图。在本量利分析图中，单位变动成本是总成本线的斜率，所以单位变动成本越大，总成本线斜率越大，那么总成本线和总收入线的交点（即保本点）越高，因此选项A当选。

203 〔斯尔解析▶〕 **C** 本题考查的是产品组合的盈亏平衡分析。分算法是在一定的条件下，将全部固定成本按一定标准在各种产品之间进行合理分配，确定每种产品应补偿的固定成本数额，然后再对每一种产品按单一品种条件下的情况分别进行本量利分析的方法，选项C当选。

✈ **应试攻略**

在分算法下，通常按照边际贡献比重来分配全部固定成本，注意此处是"边际贡献比重"，而非"边际贡献"。

204 〔斯尔解析▶〕 **B** 本题考查的是利润敏感性分析。单价上涨前的息税前利润=10 000×（300-200）-200 000=800 000（元）；单价上涨后的息税前利润=10 000×［300×（1+10%）-200］-200 000=1 100 000（元）；息税前利润增长率=（1 100 000-800 000）/800 000=37.5%，则销售单价的敏感系数=37.5%/10%=3.75，选项B当选。

205 〔斯尔解析▶〕 **B** 本题考查的是利润敏感性分析。根据本量利基本关系式，销售量×（单价-单位变动成本）-固定成本=利润，可得：固定成本=30（万元）。假设销售量上升10%（假设任何数字都可以，选择10%是为了便于计算简便），变化后的销售量=20×（1+10%）=22（万件），变化后的利润=22×（10-6）-30=58（万元），因此利润的变化率=（58-50）/50=16%，销售量的利润敏感系数=16%/10%=1.6，选项B当选。

提示：本题中"假设成本性态不变"说明单位变动成本和固定成本均保持不变。

206 〔斯尔解析▶〕 **D** 本题考查的是利润敏感性分析。敏感系数绝对值大于1，则利润变动幅度大于某因素变动幅度，属于敏感因素；敏感系数绝对值小于1，则利润变动幅度小于某因素变动幅度，属于非敏感因素。判断对利润影响程度的大小，仅需要比较绝对值，与正负号无关。因此，上述四个因素中，对利润影响从大到小的排序是销售单价＞单位变动成本＞销售量＞固定成本，选项D当选。

二、多项选择题

207 〔斯尔解析▶〕 **BCD** 本题考查的是本量利分析的基本原理。利润=安全边际销售额×边际贡献率，选项A不当选、选项B当选。利润=销售收入×（1-变动成本率）-固定成本，选项C当选。利润=销售收入×边际贡献率-固定成本，选项D当选。

208　斯尔解析▶　**ABC**　本题考查的是保本分析。当企业经营处于盈亏平衡点时，企业总收入等于总成本，利润为0，选项B当选。本量利分析法下，利润=边际贡献−固定成本，因此盈亏平衡时，边际贡献=固定成本，选项C当选。安全边际=实际销量−盈亏平衡点销售量，而盈亏平衡时，实际销量与盈亏平衡点销售量相等，选项A当选。根据经营杠杆系数的推导式，DOL=边际贡献/息税前利润，当息税前利润=0时，经营杠杆系数无穷大，选项D不当选。

第十二模块　管理会计之责任会计

一、单项选择题

| 209 | A | | 210 | C | | 211 | C | | 212 | D |

二、多项选择题

| 213 | ACD | | 214 | ABC |

一、单项选择题

209 〔斯尔解析▶〕 **A** 本题考查的是成本中心的特点。成本中心只对可控成本负责，不负责不可控成本，选项A当选。一般情况下，成本中心不能形成真正意义上的收入，故只需衡量投入，而不衡量产出，选项BD不当选。利润中心与成本中心相比，其权利和责任都相对较大，它更强调相对成本的降低，选项C不当选。

210 〔斯尔解析▶〕 **C** 本题考查的是利润中心的评价指标。可控边际贡献也称部门经理边际贡献，它衡量了部门经理有效运用其控制下的资源的能力，是评价利润中心管理者业绩的理想指标，选项C当选。

> **应试攻略**
>
> 部门边际贡献是用于评价部门业绩的指标。

211 〔斯尔解析▶〕 **C** 本题考查的是内部转移价格的制定。采用以成本为基础的转移定价是指所有的内部交易均以某种形式的成本价格进行结算，它适用于内部转移的产品或劳务没有市价的情况，包括完全成本、完全成本加成、变动成本以及变动成本加固定制造费用四种形式，选项C当选。

212 〔斯尔解析▶〕 **D** 本题考查的是内部转移价格的原则。适应性原则是指内部转移定价体系应当与企业所处行业特征、企业战略、业务流程、产品（或服务）特点、业绩评价体系等相适应，使企业能够统筹各责任中心利益，对内部转移价格达成其识，选项D当选。

二、多项选择题

213 斯尔解析▶ **ACD** 本题考查的是成本中心的特点。成本中心具有以下特点：（1）成本中心不考核收入，只考核成本，因此需要通过"收入"计算的指标均不属于成本中心的责任范围，如利润、边际贡献等，选项AC当选。（2）成本中心只对可控成本负责，不负责不可控成本，选项D当选。

214 斯尔解析▶ **ABC** 本题考查的是成本中心的特点。可控成本是指成本中心可以控制的各项耗费，它应具备三个条件：第一，该成本的发生是成本中心可以预见的；第二，该成本是成本中心可以计量的；第三，该成本是成本中心可以调节和控制的。因此，选项ABC当选。

第十三模块　管理会计之评价与考核

一、单项选择题

215	D		216	A		217	D

二、多项选择题

218	ABCD

三、判断题

219	×		220	×

一、单项选择题

215　斯尔解析▶　**D**　本题考查的是杜邦分析法的理解。杜邦分析体系的起点是净资产收益率，选项D当选。

216　斯尔解析▶　**A**　本题考查的是杜邦分析法。根据杜邦分析法，权益净利率=销售净利率×总资产增长率×权益乘数，由于两年的资产负债率保持不变，因此两年的权益乘数也保持不变。假定两年的权益乘数均为M，则2024年权益净利率=$5.73\% \times 2.17 \times M = 12.43\%M$，2025年权益净利率=$4.88\% \times 2.88 \times M = 14.05\%M$，因此2025年的权益净利率上升，选项A当选。

217　斯尔解析▶　**D**　本题考查的是经济增加值的计算。由于产权比率为3，即负债∶所有者权益=3∶1，所以债务比重为3/4，权益比重为1/4。因此，加权平均资本成本=$5\% \times 3/4 + 10\% \times 1/4 = 6.25\%$，经济增加值=$7\,000 - 80\,000 \times 6.25\% = 2\,000$（万元），选项D当选。

二、多项选择题

218　斯尔解析▶　**ABCD**　本题考查的是综合绩效评价。财务绩效定量评价是指对企业一定期间的盈利能力、资产质量、债务风险和经营增长四个方面进行定量对比分析和评判，选项ABCD当选。

三、判断题

219　斯尔解析▶　×　本题考查的是沃尔评分法。现代沃尔评分法认为企业财务评价的内容首先是盈利能力，其次是偿债能力，再次是成长能力。本题所述错误。

220　斯尔解析▶　×　本题考查的是经济增加值的特点。经济增加值仅能衡量企业当期或预判未来1～3年的价值创造情况，无法衡量企业长远发展战略的价值创造。本题所述错误。

第十四模块 集训主观题

221 斯尔解析▶

（1）证券的期望收益率=10%×0.4+5%×0.6=7%（1分）。

证券收益率的方差=0.4×（10%−7%）²+0.6×（5%−7%）²=0.0006（1分）

（2）证券收益率的标准差=$\sqrt{0.0006}$=0.0245（1分）。

证券收益率的标准差率=0.0245/7%=0.35（1分）

（3）证券的必要收益率=4%+2.4×3%=11.2%（1分）。

应试攻略

本题考查的是资产的收益与风险，难度较低，但很容易被忽视，同学们往往只知道期望收益率和方差的概念，却不记得如何计算，一旦考查，必定失分。因此，希望通过此题提醒各位同学，不要忽略基础知识。

222 斯尔解析▶

（1）M公司的$\beta_{资产}$=1.2÷[1+（1−25%）×（7/10）]=0.7869（1分）。

（2）智能制造项目的$\beta_{权益}$=0.7869×[1+（1−25%）×（2/3）]=1.1804（1分）。

A公司的权益资本成本=5%+1.1804×8%=14.44%（2分）

（3）综合资本成本=6%×（2/5）+14.44%×（3/5）=11.06%（1分）。

应试攻略

本题考查的是运用可比公司法估计投资项目的资本成本，易命制计算分析题。在具体计算时，需注意公式中的资本结构数据，切勿"张冠李戴"。另外，本题中给出的"债务资本成本"是税后概念，因此在计算综合资本成本时，无需再扣除所得税。

223 斯尔解析▶

（1）A=4.5%（0.5分）；B=14%（1分）；C=12.27%（0.5分）；D=3 656.25（1分）；E=5 156.25（0.5分）。

说明：

A=6%×（1−25%）=4.5%

B=4%+1.25×（12%-4%）=14%

C=4.5%×（1 000/5 500）+14%×（4 500/5 500）=12.27%

D=（900-1 500×8%）×（1-25%）/16%=3 656.25（万元）

E=1 500+3 656.25=5 156.25（万元）

（2）债务市场价值为1 000万元时的资本结构更优（0.5分）。理由是债务市场价值为1 000万元时，公司总价值最大，平均资本成本最低（1分）。

📄 **应试攻略**

　　本题考查的是资本成本的计算以及资本结构优化的公司价值分析法，难度不高。提示同学们在运用公司价值分析法计算股票市场价值时，分子要从息税前利润转化为净利润，分母则采用股权资本成本。而在计算平均资本成本时，务必记得使用"税后口径"。

224 斯尔解析▶

（1）X设备每年的税后付现成本=40 000×（1-25%）=30 000（元）（1分）。

（2）X设备每年的折旧抵税额=80 000×25%=20 000（元）（1分）。

最后一年末的税后残值收入=12 000-12 000×25%=9 000（元）（1分）

（3）设备的现金净流出量现值=480 000+（30 000-20 000）×（P/A，10%，6）-9 000×（P/F，10%，6）=518 472.5（元）。

X设备的年金成本=518 472.5/（P/A，10%，6）=119 044.04（元）（1分）

（4）选择Y设备（0.5分）。由于X设备的年金成本119 044.04元＞Y设备的年金成本为105 000元，所以选择Y设备（0.5分）。

📄 **应试攻略**

　　本题考查的是固定资产更新决策。题目本身难度适中，但第（3）问容易出现计算失误。请同学们注意，在年金成本法下，现金流出量为正，现金流入量为负。因此，营业期的折旧抵税金额（视为现金流入量）以及终结期的残值收入，均应取负数计算。

225 斯尔解析▶

（1）现金折扣成本增加额=11 000×50%×2%=110（万元）（0.5分）。

（2）应收账款平均收现期=10×50%+40×50%=25（天）（0.5分）。

（3）应收账款机会成本增加额=（11 000/360×25-10 000/360×40）×60%×15%=-31.25（万元）（1分）。

（4）存货机会成本的增加额=1 000×10%×6×15%=90（万元）（0.5分）。

（5）边际贡献增加额=10 000×10%×（1-60%）=400（万元）（0.5分）。

（6）应收账款成本的增加额=-31.25+90-200+110=-31.25（万元）（0.5分）。

（7）税前损益增加额=400-（-31.25）=431.25（万元）（0.5分）。

　　由于提供现金折扣的信用条件可以增加税前损益431.25万元（0.5分），因此提供现金折扣的信用条件可行（0.5分）。

应试攻略

　　本题考查的是信用政策的决策，属于难度较高的题目。提示几处易错点：

　　（1）当涉及现金折扣时，平均收现期需要结合信用条件进行计算，不能直接用题目给出的平均收现期。

　　（2）计算应收账款机会成本时，是用"应收账款平均余额×变动成本率×资本成本"，而计算存货占用资金应计利息时，是用"存货增加量×单位变动成本×资本成本"，要关注两者之间的区别。

226 斯尔解析▶

　　（1）每次订货变动成本=（80-26）×10 000/60=9 000（元）（1分）。

　　（2）单位变动储存成本=1+50×6%=4（元/件）（1分）。

　　（3）经济订货批量=$\sqrt{（2×9\ 000×1\ 800\ 000）/4}$=90 000（件）（1分）。

　　每年最佳订货次数=1 800 000/90 000=20（次）

　　最佳订货周期=360/20=18（天）（1分）

　　（4）每日平均需用量=1 800 000/360=5 000（件）。

　　再订货点=5×5 000=25 000（件）（1分）

应试攻略

　　本题考查的是存货经济订货批量的相关计算，难度适中。本题最容易犯错的地方就是忘记单位换算，请同学们在做题时一定要关注题目条件中的单位，看清楚是"元"还是"万元"，所以第（1）问和第（3）中乘以10 000就是为了单位换算，统一为"元"。当然，实际做题时，同学们也可以按"万元"计算，只要统一即可。类似地，还需要关注时间问题，是按月、按季度还是按年计算等。

227 斯尔解析▶

　　（1）单位产品直接材料标准成本=6×1.5=9（元/件）（1分）。

　　（2）直接材料成本差异=5 000-500×6×1.5=500（元）（超支）（1分）。

　　直接材料数量差异=（2 500-500×6）×1.5=-750（元）（节约）（1分）

　　直接材料价格差异=2 500×（5 000/2 500-1.5）=1 250（元）（超支）（1分）

　　（3）直接人工成本差异=500+（-1 500）=-1 000（元）（节约）。

　　9 000-直接人工标准成本=-1 000

　　直接人工标准成本=10 000（元）

　　该产品的直接人工单位标准成本=10 000/500=20（元/件）（1分）

✈ **应试攻略**

本题考查的是成本差异分析，难度适中，做如下提示：

（1）同学们必须掌握成本差异相关的基本概念，例如"单位产品直接材料标准成本=材料的标准单价×单位产品的材料标准用量"。同样地，本题最后一问的"直接人工单位标准成本"应当等于"单位产品的标准工时×小时标准工资率"（小时/件×P_0）。

（2）本题第（3）问有一定难度，可以参考课上的方法进行计算：

直接人工总差异有两种计算方式：第一，总差异=实际成本−标准成本；第二，总差异=效率差异+工资率差异。

总差异=$P_1 \times Q_1 - P_0 \times Q_0$=9 000−$P_0 \times$500（件）×小时/件

总差异=500+（−1 500）=−1 000（元）

根据上述两式，可求得未知数为$P_0 \times$小时/件=20，恰好是我们要求的直接人工单位标准成本（小时/件×P_0）。

228 斯尔解析 ▶

（1）股票股利发放后的"未分配利润"=3 000−2 000=1 000（万元）（1分）。

（2）股票股利发放后的"股本"项目金额=2 000+2 000/10×2×1=2 400（万元）（1分）。

（3）股票股利发放后的"资本公积"项目金额=3 000+（2 000−2 000/10×2×1）=4 600（万元）（1分）。

（4）股票股利不影响投资人的持股比例，因此股票股利发放后，张某持有公司股份的比例仍为1%，即〔20×（1+0.2）〕/〔2 000×（1+0.2）〕=1%（2分）。

✈ **应试攻略**

本题考查的是股票股利的相关计算，难度不高。对于此类题目，同学们需要关注在计算股票股利价格时是按照市价计算还是按面值计算。如果考试中未明确按照哪种方法计算，先判断是否为我国的企业（如题干会提示在深圳交易所上市），如果无法判断，按国际通行的做法（市价）计算。明确之后，未分配利润的减少数=增发的股数×股票面值或市价。

229 斯尔解析 ▶

（1）该产品报告期与基期人工成本的差额=220×18×30−200×20×25=18 800（元）（2分）。

（2）①产品产量变动对人工成本差额的影响=（220−200）×20×25=10 000（元）（1分）。

②单位产品消耗人工工时变动对人工成本差额的影响=220×（18−20）×25=−11 000（元）（1分）。

③小时工资率变动对人工成本差额的影响=220×18×（30−25）=19 800（元）（1分）。

应试攻略

本题考查的是因素分析法，同学们既可以用连环替代法，也可以用差额分析法，但通常建议大家采用差额分析法，因此计算过程相对简便。

如果用连环替代法，计算过程如下：

标准值（即基期）：200×20×25=100 000（元）　　　①

第一次替代：220×20×25=110 000（元）　　　②

第二次替代：220×18×25=99 000（元）　　　③

第三次替代（即报告期）：220×18×30=118 800（元）　　　④

因此：

（1）产品产量变动对人工成本差额的影响（②-①）=110 000-100 000=10 000（元）。

（2）单位产品消耗人工工时变动对人工成本差额的影响（③-②）=99 000-110 000=-11 000（元）。

（3）小时工资率变动对人工成本差额的影响（④-③）=118 800-99 000=19 800（元）。

230 〔斯尔解析▶〕

A=508（1分）；B=52（1分）；C=2 545（1分）；D=23（1分）；E=1 700（1分）。

说明：

A=-7 500+6 000+2 600-52-540=508（万元）

B=2 600×8%/4=52（万元）

C-1 450-B-540=C-1 450-52-540=503

求得：

C=503+540+52+1 450=2 545（万元）

D=（2 600-1 450）×8%/4=23（万元）

-450+E-E×8%/4-690≥500

求得：E≥1 673.47（万元），由于银行要求借款的金额是100万元的整倍数，所以，E=1 700（万元）。

应试攻略

本题考查的是资金预算的编制，难度适中，提示以下几点：

（1）本题最容易犯错的地方就是在计算短期借款利息时，未将年利率转化为季利率，从而导致后续的计算错误，这是预算编制类题目最常见的"坑"，请同学们务必细心。

（2）在计算偿还利息时，除了要注意利率问题之外，还需要关注本金是否发生变化。如果有借款的偿还，则在计算本金时需要将偿还金额扣掉后再计算利息（关注借款偿还时间）。本题中，第二季度偿还短期借款利息的计算，对应本金为2 600万元，而不应扣除1 450万元，因为这笔1 450万元的短期借款是在期末才会偿还的，所以参与计息的本金部分是2 600万元。同理，第三季度偿还短期借款利息的计算，对应本金则为2 600-1 450=1 150（万元），而不应当扣除当季期末偿还的1 150万元。

（3）如果某个季度出现现金"缺"，且有新增的长期借款，同学们要记得进行测算，判断是否有必要借入短期借款，不要一上来就设未知数列式求解。

（4）在列式求解短期借款（即字母E）时，不等式右边应当是最佳现金持有量或理想期末现金余额，而不是0，切勿犯错。

231 斯尔解析▶

（1）①2024年第一季度至第四节度间接人工费用预算工时分配率＝213 048/48 420＝4.4（元/小时），则2024年第二季度至2025年第一季度间接人工费用预算工时分配率为4.4×（1+10%）=4.84（元/小时）（1分）。

②间接人工费用总预算额=预算总工时×间接人工费用预算工时分配率=50 000×4.84=242 000（元）（1分）。

③设备租金总预算额=194 000×（1-20%）=155 200（元）（1分）。

（2）①由于生产准备费的成本效益远高于车间管理费，因此基于成本效益原则，车间管理费用应取其控制区间内的最小值，即12 000（元）（1分）。

②生产准备费总预算额=固定制造费用总额-设备租金-车间管理费用=185 200-155 200-12 000=18 000（元）（1分）。

✈ **应试攻略**

（1）根据题目表格提示，间接人工费用属于变动制造费用，在计算变动制造费用小时分配率（即本题中所要求的间接人工费用预算工时分配率）时，分母应选用"人工总工时"，即表中的"人工预算总工时"。这是计算"分配率"时的默认算法，不要去找"间接人工总工时"等其他数据进行计算。

（2）设备租金是约束性固定成本，是必须支付的。生产准备费和车间管理费属于酌量性固定成本，发生额的大小取决于管理当局的决策行动，由于生产准备费的成本效益远高于车间管理费，因此基于成本效益原则，应尽量减少车间管理费，提高生产准备费，以发挥更大的收益。

232 斯尔解析▶

（1）联合单价=60×2+90+75×2=360（1分）（元）。

（2）联合单位变动成本=40×2+60+50×2=240（1分）（元）。

（3）联合盈亏平衡点的销售量=72 000/（360-240）=600（联合单位）（1分）。

（4）A产品盈亏平衡点的销售量=600×2=1 200（件）（1分）。

（5）三种产品的综合边际贡献率=〔2 000×（60-40）+1 000×（90-60）+2 000×（75-50）〕/（2 000×60+1 000×90+2 000×75）×100%=33.33%（1分）。

应试攻略

本题考查的是产品组合盈亏平衡分析的联合单位法和加权平均法的部分计算。在运用联合单位法时，往往都是先算出联合盈亏平衡点销售量（而非销售额），再分配至各产品。而在运用加权平均法时，则是先计算综合盈亏平衡点销售额，再分配至各产品。

233 〔斯尔解析▶〕

（1）①2016年税前利润=50 000×15×（1-5%）-50 000×11-67 500=95 000（万元）。

2017年目标税前利润=95 000×（1+9%）=103 550（万元）（1分）

②设2017年C型轿车的目标销售单价为P，则：

50 000×P×（1-5%）=50 000×11+67 500+103 550

求得：P=15.18（万元）（1分）。

③2017年目标销售单价与2016年单价相比的增长率=（15.18-15）/15×100%=1.2%（1分）。

（2）C型轿车单价对利润的敏感系数=9%/1.2%=7.5（1分）。

（3）因为目前丙企业还有剩余生产能力，且接受特殊订单不影响固定成本，故应基于变动成本进行增量产量的决策。

假设单价为A，A×500×（1-5%）=11×500，求得：A=11.58（万元），该特殊订单的单价12.5万元高于按变动成本计算的单价11.58万元（0.5分），所以应该接受这个特殊订单（0.5分）。

应试攻略

本题考查的是销售定价的确定以及敏感系数的计算，具有一定综合性。同学们需要明确在不同场景下应当采用哪种成本口径。通常应当按照全部成本费用进行定价测算；但对于增量产量的定价测算，则应当采用变动成本口径，因为在生产能力有剩余的情况下（例如本题的生产能力为60 000辆，存在剩余），增加生产一定数量的产品，这些增加的产品可以不负担企业的固定成本，只负担变动成本即可。

234 〔斯尔解析▶〕

（1）折旧=7 500 000/10 000/5=150（万元）。

息税前利润=100 000/10 000×（50-20）-700 000/10 000-1 500 000/10 000=80（万元）（1分）

净利润=80×（1-25%）=60（万元）（1分）

（2）①NCF_0=-7 500 000/10 000-1 000 000/10 000=-850（万元）（1分）。

②NCF_{1-4}=60+150=210（万元）（1分）。

③NCF_5=210+100=310（万元）（1分）。

（3）净现值=-850+210×（P/A，10%，5）+100×（P/F，10%，5）=-850+210×3.7908+100×0.6209=8.158（万元）（2分）。

项目净现值大于0（1分），项目值得投资（1分）。

（4）①股东权益资本成本率=$R_f+\beta \times (R_m-R_f)$=4%+1.5×（10%-4%）=13%（2分）。

②加权平均资本成本率=13%×（1-60%）+5%×60%=8.2%（1分）。

应试攻略

本题考查的是项目投资以及资本成本，均为常规考点，但是在考法上略有不同：

（1）本题中给出的数据都很"大"，建议同学们统一按照"万元"为单位进行计算，降低错误概率。

（2）本题第（1）问在计算息税前利润时，需要单独考虑固定成本的金额，既包括付现部分，还要包括非付现部分（即折旧）。另外，由于本题不考虑利息费用，所以净利润=息税前利润×（1-所得税税率）。

（3）本题第（3）问计算净现值时，由于资料未给出4年期的年金现值系数，所以需要将最后一期营业期现金流量与前面几期合并计算，最后一期仅考虑营运资金回收。

---

235 斯尔解析 ▶

（1）2019年末营运资金数额=1 000+5 000+2 000-2 100-3 100=2 800（万元）（1分）。

（2）①营业毛利率=（30 000-18 000）/30 000=40%（1分）。

②资产周转率=30 000÷20 000=1.5（次）（1分）。

③净资产收益率=4 500/10 000=45%（1分）。

（3）①存货周转期=2 000/（18 000/360）=40（天）（1分）。

②应付账款周转期=2 100/（9 450/360）=80（天）（1分）。

③应收账款周转期=5 000/（30 000/360）=60（天）（1分）。

④现金周转期=40+60-80=20（天）（1分）。

（4）公司采用的是保守融资策略（1分）。因为长期需求=永久性流动资产+非流动资产=2 500+12 000=14 500（万元），长期供给=自发性流动负债+长期负债+所有者权益=2 100+4 800+10 000=16 900（万元），即长期供给＞长期需求（1分），或者短期需求=1 000+5 000+2 000-2 500=5 500（万元），短期供给=3 100（万元），即短期需求＞短期供给。

（5）收益影响额=-6 000×（1-70%）=-1 800（万元）。

成本影响额=500+200=700（万元）

税前利润影响额=-1 800+700=-1 100（万元）（1分），为税前利润减少（1分），故不应收缩信用政策（1分）。

应试攻略

本题考查的是营运资金的概念、基本财务报表分析指标计算、流动资产融资策略以及信用政策决策，综合性强，难度较高。需要提示同学们的是：

（1）本题标准答案中计算存货周转期和应收账款周转期的公式均为第七章的公式，而非第十章的公式，但计算结果是相同的。

（2）应付账款周转期的计算，要注意其分母是购货成本，而非销货成本。

（3）信用政策决策的本质是增加的收益与增加的成本之间进行比较，但是这里所指的收益不是收入，而是边际贡献。

236 斯尔解析▶

（1）旧生产线的边际贡献总额=3 000-1 350=1 650（万元）（1分）。

边际贡献率=1 650/3 000=55%（1分）

（2）年折旧额=5 000/10=500（万元）。

旧生产线的年营运成本（即付现成本）=1 350+650-500=1 500（万元）（1分）

年营业现金净流量=（3 000-1 500）×（1-25%）+500×25%=1 250（万元）（1分）

（3）①投资时点（第0年）的现金流量=-2 400-600=-3 000（万元）（1分）。

②年折旧额=2 400/8=300（万元）。

第1年到第7年营业现金净流量=（1 800-500）×（1-25%）+2 400/8×25%=1 050（万元）（1分）

③第8年的现金净流量=1 050+600=1 650（万元）（1分）。

（4）净现值=-3 000+1 050×（P/A，15%，7）+1 650×（P/F，15%，8）=1 907.81（万元）（2分）。

年金净流量=1 907.81/（P/A，15%，8）=425.16（万元）（1分）

（5）不应该采用新生产线替换旧生产线（1分）。因为新、旧生产线的期限不同，所以应采用年金净流量法，因为新生产线的年金净流量小于旧生产线的年金净流量（1分），所以不应该采用新生产线替换旧生产线。

◢ **应试攻略**

本题考查的是投资项目现金流量和评价指标的计算，部分结合了本量利分析的内容，难度适中。遇到这类题目时，同学们一定不要慌张，要提前想清楚每一阶段的现金流量有几种，以及注意一下正负号的运用问题，即可从容应对。

237 斯尔解析▶

（1）固定成本=生产线年折旧额=2 000/4=500（万元）。

边际贡献总额=1 500-330=1 170（万元）

①边际贡献率=1 170/1 500=78%（1分）。

②盈亏平衡点销售额=500/78%=641.03（万元）（1分）。

（2）①$NCF_{1\sim3}$=1 500×（1-25%）-330×（1-25%）+500×25%=1 002.5（万元）（0.5分）。

②NCF_4=1 002.5+300=1 302.5（万元）（0.5分）。

③净现值=1 002.5×（P/A，10%，4）+300×（P/F，10%，4）-（2 000+300）=1 082.72（万元）。

现值指数=净现值/原始投资额的现值+1=1 082.72/2 300+1=1.47（1分）

（3）生产线年折旧额=（3 000-120）/5=576（万元）。

①NCF_1=1 800×（1-25%）-400×（1-25%）+576×25%=1 194（万元）（0.5分）。

NCF_2=1 800×（1-25%）-（400+20）×（1-25%）+576×25%=1 179（万元）（0.5分）

NCF_3=1 800×（1-25%）-（400+20+20）×（1-25%）+576×25%=1 164（万元）（0.5分）

NCF_4=1 800×（1-25%）-（400+20+20+20）×（1-25%）+576×25%=1 149（万元）（0.5分）

②NCF_5=1 800×（1-25%）-（400+20+20+20+20）×（1-25%）+576×25%+120+400=1 654（万元）（1分）。

③净现值=1 194×（P/F,10%,1）+1 179×（P/F,10%,2）+1 164×（P/F,10%,3）+1 149×（P/F,10%,4）+1 654×（P/F,10%,5）-3 400=1 346.04（万元）（2分）。

（4）A方案年金净流量=1 082.72/（P/A,10%,4）=341.56（万元）（1分）

B方案年金净流量=1 346.04/（P/A,10%,5）=355.08（万元）（1分）

B方案的年金净流量大于A方案的年金净流量（0.5分），应选择B方案（0.5分）。

（5）银行借款资本成本率=年利率×（1-所得税税率）/（1-手续费率）=6%×（1-25%）/（1-0.3%）=4.51%（1分）。

应试攻略

　　本题考查的是投资项目现金流量以及指标的计算，难度适中，但是有两个难点。第一，本题将项目现金流量计算与本量利分析相结合，需要准确掌握不同应用场景下的公式，并基于题干中的假设条件进行计算。第二，本题在计算净现值时，着重考查了同学们的细心程度，不但要准确列式，还要准确找到对应系数，才能保证最终结果的正确。

238 斯尔解析▶

（1）根据盈亏平衡点作业率=盈亏平衡点销售量/实际销售量，得出：

盈亏平衡点销售量=500×20%=100（万件）（1分）

（2）①M产品单位变动边际贡献=单价×（1-变动成本率）=25×（1-40%）=15（元）

根据盈亏平衡点销售量=固定成本总额/单位边际贡献，得出：

固定成本总额=100×15=1 500（万元）（1分）

②息税前利润=25×（1-40%）×500-1 500=6 000（万元）（1分）。

③经营杠杆系数=边际贡献总额/息税前利润=15×500/6 000=1.25（1分）。

④投资收益率=息税前利润/投资额=6 000/25 000×100%=24%（1分）。

（3）20×3年销售量=$a×X_{20×2}$+（1-a）×$Y_{20×2}$=0.3×500+（1-0.3）×1 500=1 200（万件）（1分）。

（4）①20×3年息税前利润=15×1 200-（1 500+2 700）=13 800（万元）（0.5分）。

②20×3年投资收益率=13 800/（25 000+35 000）×100%=23%（0.5分）。

从A部门来看，接受投资后，投资收益率下降（从24%下降至23%）（0.5分），该部门可能不会接受这一投资（0.5分）。

但从甲公司角度，接受投资后，投资收益率高于最低投资收益率（15%）（0.5分），应接受这一投资（0.5分）。

③接受投资前，A部门剩余收益=6 000-25 000×15%=2 250（万元）（0.5分）。

接受投资后，A部门剩余收益=13 800-（25 000+35 000）×15%=4 800（万元）（0.5分）。

从公司整体利益角度，A部门应当接受投资（0.5分），因为该投资会使得剩余收益增加（0.5分）。

应试攻略

本题考查的是本量利分析以及投资中心指标的计算，难度较高，综合性强，考查的内容多为同学们容易忽略的知识点。例如，盈亏平衡点作业率的计算、指数平滑法、投资中心业绩评价指标的计算等。需要提示的是，资料四中35 000万元的投资额属于"长期股权投资"，并非固定成本，因此在计算息税前利润时，不应考虑这一金额。

239 斯尔解析 ▶

（1）A产品的单位边际贡献：100-60=40（元）（1分）。

A产品的边际贡献率：40/100×100%=40%（1分）

（2）折现率=6%+3%=9%。

年租金=［410 000-50 000×（P/F，9%，6）］/（P/A，9%，6）=84 751.11（元）（2分）

或假设年租金为A，则有：

410 000=A×（P/A，9%，6）+50 000×（P/F，9%，6），求得A=84 751.11（元）

（3）年金成本=［410 000+3 000×（P/A，7%，6）-50 000×（P/F，7%，6）］/（P/A，7%，6）=82 027.59（元）（2分）。

（4）应该选择购买设备（1分）。

理由：购买设备的年金成本低于租赁设备的年租金（1分）。

（5）新增设备的年折旧=（410 000-50 000）/6=60 000（元）。

投产B产品导致公司年息税前利润的增加额=13 500×（120-70）-60 000-3 000-30 000×20%×（100-60）=372 000（元）（1分）

投产C产品导致公司年息税前利润的增加额=6 000×（150-100）-30 000×15%×（100-60）=120 000（元）（1分）

由于投产B产品增加的息税前利润大于C产品（1分），所以应该投产B产品（1分）。

应试攻略

（1）本题在计算年金成本时，要注意题干的要求是"不考虑所得税"，需要付现成本3 000元不需要额外乘以（1-25%），切记要认真审题。

（2）本题在进行购买或租赁决策时，依据的是租金和年金成本的高低，但需要注意的是，这两个数字对于甲公司而言均为"成本"，因此应选择金额更小的方案。

（3）本题难点在于第5问，综合性较强。计算新产品投产所导致的息税前利润增加时，需要全面考虑新增的成本，包括新增的固定成本和新增的机会成本（即原有产品损失的边际贡献）。本题中，投产C产品不涉及新增设备，因此仅考虑A产品损失的边际贡献即可。而投产B产品会涉及新增设备，因此需要额外考虑新增设备所导致的折旧费用（60 000元）增加和年付现成本（3 000元）增加。